本书得到国家社会科学基金年度项目（20BRK042）、
陕西省社科界 2020 年度重大理论与现实问题研究项目（2020Z185）、
陕西省教育科学"十三五"规划 2020 年度一般项目（SGH20Y1091）的资助。

PARENT-CHILD
RELATIONSHIP AND
RURAL LEFT-BEHIND
CHILDREN'S
PSYCHOLOGICAL RESILIENCE

An Empirical Analysis
in the Context of Population Flow

亲子关系与留守儿童的心理弹性

——人口流动背景下的实证分析

刘红升　靳小怡　著

社会科学文献出版社
SOCIAL SCIENCES ACADEMIC PRESS (CHINA)

摘　要

　　自 20 世纪 80 年代以来，人口流动背景下农村留守儿童的心理健康问题便已成为中国人口社会发展领域亟须解决的重大战略和民生问题。因父母外出务工，亲子两地分居，农村留守家庭结构受损、功能弱化，亲子关系发生改变，可能呈现不同特征，产生不同影响：农村留守儿童可能身陷不利情境中，其中，一些农村留守儿童遭遇了各种心理健康问题，已引起政府和社会各界的广泛关注；另一些农村留守儿童同样身处不利情境，却能良好适应、积极发展，积极心理学用心理弹性概念来解释这种逆境适应现象，心理弹性成为农村留守儿童心理健康研究的重要转向。因此，在人口城乡流动背景下，系统研究流动父母和留守儿童之间的亲子关系现状与类型及其对留守儿童心理弹性的影响，对于提升留守儿童的心理弹性水平、促进留守儿童的心理健康发展具有更为积极的现实意义。

　　本研究利用西安交通大学公共政策与管理学院于 2015 年在河南省平顶山市 Y 县和 2016 年在陕西省汉中市 CG 县和 NQ 县的学生调查数据，采用描述性统计分析、相关分析和多元线性回归模型，系统分析人口流动背景下农村留守家庭亲子关系的现状与类型及对留守儿童心理弹性的影响，并提出了旨在提升留守儿童心理弹性的政策建议。

　　本研究的主要创新工作体现在四个方面。

　　第一，提出了人口流动背景下留守家庭亲子关系类型影响留守儿童心理弹性的分析框架。在系统论证心理弹性相关理论的本土适用空间、全面收集人口流动和亲子关系影响留守儿童心理弹性的量化经验证据、具体介绍人口流动多维特征和亲子关系现实状况后，构建了适用于解释人口流动背景下亲子关系类型影响留守儿童心理弹性的分析框架。框架综合考察父

1

亲、母亲和儿童三类人口流动的空间特征和时间特征的影响，弥补了以往研究忽视人口流动时空特征的不足。框架重点纳入流动父母与留守儿童之间的亲子关系视角，弥补了以往研究忽视亲子关系的不足。框架从多元维度来全面测量亲子关系，克服了以往研究测量维度单一的片面性；引入潜在类别分析方法，基于多元维度的特征分析，识别亲子关系的潜在类型，有利于刻画其整体性面貌、揭示其本质性影响，克服了以往研究的方法局限。框架选择人口就地就近流动和异地流动来分别呼应新型城镇化和传统城镇化，基于不同人口流动模式下父母的亲子关系类型及其组合的群体差异分析，论证了深入研究不同人口流动模式下亲子关系类型对留守儿童心理弹性的影响差异的必要性，弥补了以往研究忽视城镇化背景的不足。

第二，发现了人口就地就近流动模式和异地流动模式下流动父母与留守儿童之间存在的五种亲子关系类型及八种典型亲子关系类型组合均具有显著的群体差异。以往研究对亲子关系重视不足，本研究纳入了亲子关系研究视角，丰富了亲子关系测量指标，识别了亲子关系潜在类型，并配对了亲子关系类型组合，发现了流动父母与留守儿童之间存在五种亲子关系类型，分别是"亲密且强功能型"、"亲近却无功能型"、"中间型"、"疏远但强功能型"和"疏离且弱功能型"；流动父母之间存在八种典型亲子关系类型组合；五种亲子关系类型均有显著的性别差异，"亲密且强功能型"父子关系占比明显低于母子关系，"亲近却无功能型"和"疏离且弱功能型"父子关系占比却明显高于母子关系；人口就地就近流动和异地流动模式下亲子关系类型、父子关系类型、母子关系类型及亲子关系类型组合均存在显著群体差异，人口就地就近流动模式下"亲密且强功能型"和"疏远但强功能型"亲子关系占比均明显高于异地流动模式下，"亲近却无功能型"和"疏离且弱功能型"及"中间型"亲子关系占比明显低于异地流动模式下；就地就近流动父母中"父亲亲近却无功能型－母亲亲密且强功能型"的亲子关系类型组合占比最高，异地流动父母中"双亲疏离且弱功能型"的组合占比最高；人口就地就近流动模式下留守家庭的亲子关系状况在总体上明显好于异地流动模式下。

第三，发现了人口就地就近流动背景下由父子关系类型、母子关系类型、亲子关系类型组合、父母关系、同学关系、师生关系和家校关系共同构成的关系网络是影响留守儿童心理弹性的外部环境因素。以往研究忽略了就地就近流动父母的流动特征和亲子关系类型对留守儿童心理弹性的影响。本研究发现：就地就近流动父母回家频率和父亲流动距离显著影响留守儿童的支持力和总弹性，而父母初次流动时间显著影响其个人力；"疏离且弱功能型"亲子关系或"双亲疏离且弱功能型"的亲子关系类型组合对其心理弹性最为不利，属风险因素，"亲密且强功能型"亲子关系或"父亲亲近却无功能型－母亲亲密且强功能型"的亲子关系类型组合对其心理弹性最为有利，属保护因素；父子关系类型对其心理弹性的影响大于母子关系类型；亲子关系类型对个人力的影响较小，对支持力的影响较大；父母和睦、同学友好、老师关心和家校互动有利于其心理弹性的提升。

第四，发现了与人口就地就近流动背景下相比，人口异地流动背景下留守儿童的心理弹性受外部环境因素的影响较小，父母流动距离、父子关系类型、母子关系类型、亲子关系类型组合、父母关系、老师关心程度、老师家访频率、朋友支持程度和兄弟姐妹的显著影响较为有限。以往研究忽略了不同人口流动模式下父母流动特征和亲子关系类型对留守儿童心理弹性的影响差异。本研究发现：留守儿童中父母异地流动者的心理弹性受外部环境因素的影响较小，尤其体现在个人力上；父母流动特征方面，仅流动距离具有显著负向影响；亲子关系类型方面，"疏离且弱功能型"亲子关系或"双亲疏离且弱功能型"的亲子关系类型组合是最大的风险因素，而能起保护作用的也仅有"疏远但强功能型"父子关系或"父亲亲近却无功能型－母亲亲密且强功能型"的亲子关系类型组合；父子关系类型的影响大于母子关系类型，但仅体现在"疏远但强功能型"父子关系；除了父母关系、老师关心程度和家校互动以外，朋友支持程度对留守儿童总弹性的显著正向影响值得特别关注。

ABSTRACT

Since 1980s, the mental health problems of rural left-behind children have become strategic and immediate issues in the field of population and social development in the context of China's rural-urban population flow. Since parents went out for work and lived in other places, the rural family's structure was destroyed, the rural family's function was weakened, parent-child relationship changed and showed different features, which pushed rural left-behind children in more unfavorable situation and might affect them in some aspects. Some rural left-behind children in unfavorable situation encounter various mental health problems, which has aroused wide concern from both governments and society. Meanwhile other rural left-behind children adjust well and thrive in the similar unfavorable situation, which becomes a new and important focus in studies on rural left-behind children's mental health under the impetus of positive psychology and positive development view. Accordingly a deep and systematical study on parent-child relationship types and their influence on rural left-behind children's resilience has more positive practical significance, which contributes to improve their resilience and promote their mental health.

Using 2015 survey data of middle school students from Y county of Pingdingshan City in Henan province and 2016 survey data of middle school students from CG county and NQ county of Hanzhong City in Shaanxi province conducted by School of Public Policy and Administration, Xi'an Jiaotong University, and adopting Descriptive Statistics Methods, Correlation Analysis, Latent Class Analysis and Multiple Linear Regression Model, this study systematically analyzes parent-child relationship types and their influence on rural left-behind children's resilience in the context of China's rural-urban population flow, and in the end proposes some policy recommendations to improve rural left-behind children's resilience.

The main contributions of this dissertation are the following: First, this study puts forward a framework for explaining rural left-behind children's resilience from perspective of parent-child relationship types in the context of China's rural-urban population flow. Based on redefining the parent-child relationship and resilience of rural left-behind children, expounding the applicability of relevant resilience theories in study on China's rural left-behind children, collecting empirical evidence from previous literature on how rural-urban population flow and parent-child relationship influence rural left-behind children's resilience, introducing the features of China's rural-urban population flow and the realistic situation of parent-child relationship in rural families, this study puts forward a framework which systematically explains parent-child relationship types and their influence on rural left-behind children's resilience. The advantages of this framework are: (1) influence of both spatial and temporal features of parental flow on rural left-behind children's resilience, which was seldom concerned in previous literature, is analyzed; (2) parent-child relationship, which was neglected in previous literature, is brought into as a key variable when analyzing rural left-behind children's resilience; (3) parent-child relationship, which was often measured from a single dimension in previous literature, is measured comprehensively from multiple dimensions; (4) latent class analysis is used to distinguish the latent types of parent-child relationship, which is helpful to reveal the overall feature and essential influence of parent-child relationship; (5) model of parents' local or nearby flow and model of parents' remote flow are brought into as a significant analytical perspective when comparing the influence of parent-child relationship types on rural left-behind children's resilience.

Secondly, it finds that there are significant group differences in both five types of parent-child relationship and eight combinations of parent-child relationship type in rural left-behind families from perspective of different population flow models. This study focuses on parent-child relationship which was neglected in previous literature, measures it with multiple indices, distinguishes its latent types by using LCA, pares father-child relationship types with mother-child relationship types, and finds that: (1) there are five types of parent-child relationship called as "intimate connection and strong function", "close connection but lacking function", "intermedius type", "estranged connection but strong function", "alienation connection and weak function"; (2) there are significant gender differences in five types of parent-child relationship, father-child relationship of "intimate connection and strong function" takes a lower proportion than mother-child relationship, but father-child relationship of both "close connection but lacking function" and "alienation connection and weak function" take higher proportions than mother-child relationship; (3) here are eight classical combinations of parent-child relationship type between father and mother in rural left-behind families; (4) there are statistically significant differences in types of parent-child relationship, types of father-child relationship, types of mother-child relationship, and combinations of parent-child relationship type between parents who flow locally or nearby and parents who flow remotely; (5) parent-child relationship of "intimate connection and strong function" and "estranged connection but strong function" take higher proportions for parents who flow locally or nearby than for parents who flow remotely, parent-child relationship of "close connection but lacking function", "alienation connection and weak function", and "intermedius type" take lower proportions for parents who flow locally or nearby than for parents who flow remotely; (6) the combination of "paternal close connection but lacking function-maternal intimate connection and strong function" takes highest percentage for parents who flow locally or nearby, the combination of "parental alienation connection and weak function" takes highest percentage for parents who flow remotely; (7) the parent-child relationship of those who flow locally or nearby in the mass is better than that of those who flow remotely.

Thirdly, it reveals that the resilience of rural left-behind children whose parents flow locally or nearby is significantly influenced by an external relationship network composed of father-child relationship, mother-child relationship, combinations of parent-child relationship type, parental relationship, classmate relationship, teacher-student relationship, and family-school relationship. The influence of parents' flow features and parent-child relationship types was neglected in previous studies. This study reveals that, for left-behind children whose parents flow locally or nearby: (1) the frequency of parents to go back home and the flow distance of father have significant influence on their "supportive power" and "total resilience" while the time of parents' first flow has significant influence on their "individual power"; (2) parent-child relationship of "alienation connection and weak function" or parent-child relationship combination of "parental alienation connection and weak function" is the most unfavorable factor for their resilience, while parent-child relationship of "intimate connection and strong function" or "paternal close connection but lacking function-maternal intimate connection and strong function" is the most favorable factor; (3) there is gender difference in the significant influence of father-child relationship types and mother-child relationship types, the significant influence of father-child relationship types is stronger than that of mother-child relationship types; (4) the significant influence of parent-child relationship types on their "individual power" is stronger than that on their "supportive power", and parent-child relationship types influence "total resilience" mainly by influencing "supportive power"; (5) harmonious parental relationship, friendly classmates, caring teachers and moderate home-school interaction are favorable for left-behind children's resilience.

Fourthly, it finds that, in comparison with rural left-behind children whose parents flow locally or nearby, the resilience of those whose parents flow remotely is less influenced by external environmental factors, such as flow distance of parents, father-child relationship types, mother-child relationship types, combinations of parent-child relationship type, parental relationship, number of siblings, support from friends, teachers' care and home visit. The different influence of parental flow features and parent-child relationship types between parents who flow locally or nearby and parents who flow remotely was neglected in previous studies. This study finds that: (1) external environmental factors have less significant influence on resilience for rural left-behind children whose parents flow remotely than for those whose parents flow locally or nearby; (2) specifically, only parental flow distance has significantly negative influence, while temporal features of parental flow have no significant influence on their resilience; (3) parent-child relationship of "alienation connection and weak function" or parent-child relationship combination of "parental alienation connection and weak function" is the most unfavorable risk factor, while only father-child relationship of "estranged connection but strong function" or parent-child relationship combination of "paternal close connection but lacking function-maternal intimate connection and strong function" is protective factor for their resilience; (4) there is gender difference in the significant influence of father-child relationship types and mother-child relationship types, the influence of father-child relationship types is stronger than that of mother-child relationship types; (5) The significant influence of parent-child relationship types on their "individual power" is less than that on their "supportive power", and parent-child relationship types may influence "total resilience" mainly by influencing "supportive power"; (6) the significant positive influence of better relationship between parents, more care from teachers, moderate frequency of home-school interaction, and especially more support from friends deserve attention.

目　录

CONTENTS

| 第一章 |

绪　论

第一节　研究背景

一　现实背景

自 20 世纪 80 年代以来，随着中国经济体制改革的持续深入和城市化的不断推进，大量农村劳动力离开家乡，涌入城市务工或经商，以期能促进个人发展，改善家庭生计。近年来，中国流动人口规模不断增长，人口流动速度持续加快。根据《2017 年农民工监测调查报告》，2017 年，农民工总量达到 28652 万人，比上年增加 481 万人，增长 1.7%，增速比上年提高 0.2 个百分点；在农民工总量中，外出农民工达到 17185 万人，比上年增加 251 万人，增长 1.5%，增速比上年提高 1.2 个百分点（中华人民共和国国家统计局，2018）。据预测，到 2025 年和 2030 年，中国流动迁移人口总量将分别增至 3.07 亿和 3.27 亿左右（段成荣等，2017b）。可见，人口大规模、持续性流动已经成为当代中国最令世人瞩目的人口社会现象之一，并将给社会、政治、经济、文化等领域带来巨大而深刻的影响。

近年来，国家就农民工携子女进城务工问题和农民工市民化问题业已出台鼓励性政策。但是，城乡二元化户籍制度及附着其上的公共服务与福利政策依然充当着社会屏蔽机制，将一部分农民工子女区隔在城市之外。于是，农村儿童的内部分化加剧：部分儿童跟随父母流入城市，成为农村流动儿童；部分儿童则被迫留在户口所在地的农村，成为农村留守儿童

1

（简称"留守儿童"）。基于第六次全国人口普查数据的分析结果显示，2010 年，全国 18 岁以下留守儿童的规模已达到 6103 万人，比 2005 年增加 242 万人，增长 4.1%；父母双方流动者占 46.74%，父亲流动母亲留守者占 36%，母亲流动而父亲留守者占 17%（段成荣，2016）。2018 年国家民政部的统计结果显示，全国共有留守儿童 697 万余人，与 2016 年全国摸底排查数据 902 万余人相比，总量下降 22.7%；义务教育阶段留守儿童的比例从 2016 年的 65.3% 上升至 2018 年的 78.2%，在学阶段呈现更为集中的趋势（中华人民共和国民政部，2018）。由两种统计口径下的数据分析结果可见，留守儿童已经成为我国城镇化进程中不可忽视的特殊社会群体。

当前，受到户籍、教育和医疗等制度因素和流动人口自身经济因素的制约，农民工实现举家流动迁移仍然存在较大困难，因此农村地区出现大量留守家庭。诚然，作为留守家庭至关重要的生计策略，父母外出务工对家庭经济状况改善、父母教育理念改变和子女教育投入增加具有积极意义（段成荣、秦敏，2016）。但是，父母外出务工也致使留守儿童身陷不利留守情境。留守儿童问题的根源在于家庭结构的拆分和亲情的缺失（段成荣等，2017b）。无论是父母双方外出务工，还是父母单方外出务工，农村家庭原有结构和功能均将发生重大变化：家庭成员数量减少；家庭成员角色转变；受地理空间阻隔，留守儿童迫不得已与父母异地分居，亲子不能共同生活，不能正常互动，原有亲子关系将发生重大变化；儿童生活和学习中父母角色缺位使家庭情感功能和教育功能遭到削弱，纵使其他家庭成员可能有所补偿。显然，留守儿童是上述重大变化的风险承受者；与非留守儿童相比，留守儿童所处情境确实更为不利。可见，人口流动背景下农村家庭原有结构的损坏和功能的削弱致使留守儿童身陷不利情境，其心理健康发展可能受到更加严重的威胁。

不可否认，农民工进城务工为中国经济快速发展做出了巨大贡献。与此同时，农民工进城务工也付出了沉重的代价（Ye，2011），亲子分离式人口城乡流动对留守儿童心理健康及教育产生了重要影响（刘红艳等，2017；朱斯琴，2016；孙文凯、王乙杰，2016；Zhou et al.，2015）。相比非留守儿童，农村留守儿童面临更为突出的心理健康问题（Wen and Lin，2012）。其一，他们在抑郁（朱清等，2012；王铁柱等，2011）、焦虑（胡义秋等，2018；Dai and Chu，2018）、孤独（范兴华等，2017；范兴华等，

2016）和问题行为（陈锋菊、罗旭芳，2016；金灿灿等，2012）等消极心理发展方面得分明显更高。其二，他们在自尊（陈锋菊、罗旭芳，2016；郝振、崔丽娟，2007b）、幸福感（范兴华等，2017；李晓巍、刘艳，2013）、社会适应（侯珂等，2014；范兴华等，2009）、情绪与行为适应（Liu et al.，2015；Su et al.，2013）、生活满意度（Wen and Lin，2012；池瑾等，2008）等积极心理发展方面得分明显更低。从心理健康角度看，留守儿童属于典型的"问题儿童"，这显然有悖于党中央和国务院的政策导向，不符合新型城镇化的核心宗旨。可见，人口流动背景下留守儿童的心理健康问题已成为社会之殇，如何切实保障和有效促进留守儿童的心理健康发展是中国城镇化进程中亟须解决的公共管理问题，应引起政府与社会各界的广泛关注。

与此同时，同样身处不利留守情境，部分留守儿童却未遭遇明显的心理健康问题。研究发现，留守儿童与非留守儿童在心理健康上无显著差异（胡心怡等，2007；王楠等，2017）。陆续有研究证实，两类儿童在乐观（魏军锋，2014）、幸福感（梁挺等，2014）、情绪和行为问题（申继亮，2009）、安全感和自尊及生活满意度（张娥、訾非，2012）等诸多方面没有显著差异。对全国141000名留守儿童和非留守儿童的分析发现，在健康、营养和教育方面，留守儿童的表现不差于甚至好于非留守儿童（Zhou et al.，2015）。这意味着，留守不利情境并不必然导致儿童适应不良，留守儿童也并非皆为"问题儿童"。大量事实表明，一些儿童尽管经历或遭遇着严重压力或逆境，但其依然能够成功生存、茁壮成长、良好适应、正常发展，甚至还很优秀（Masten and Narayan，2012；Masten，2007，2009，2011；Masten and Osofsky，2010；Brooks，2006；Luthar et al.，2000）。积极心理学用"心理弹性"的概念来解释现实中的逆境适应现象。心理弹性是调节不利情境与消极结果的关系的保护因素（Masten，2007，2009，2011），可以最低的心理和生理成本来应对压力或逆境，使个体实现积极发展的目标（Epstein and Krasner，2013）。关注"问题留守儿童"心理健康的影响因素，其现实价值体现在"问题"的事后处理。关注"弹性留守儿童"心理弹性的影响因素，其现实价值则更多地体现在"问题"的事前预防。因此，探究"弹性留守儿童"为何在留守情境中心理依然健康发展对于提升"问题留守儿童"的心理健康水平具有更为积极的现实意义。

家庭是儿童心理健康发展最重要的微观环境，父母是儿童心理健康发展最重要的基石和资源，亲子关系是父母与子女之间交往互动的过程和结果，是儿童生命历程中最重要的人际关系，它既直接影响儿童心理健康发展，又通过其他关系间接影响儿童心理健康发展。亲子分离是亲子关系的最大威胁，亲子不能共同生活，直接交往互动的机会减少、消失，情感联结可能因此受损、断裂，对儿童心理健康发展构成了严峻挑战。人口城乡流动背景下，父母外出务工，在务工所在地城镇工作和生活；子女无法随迁，在户口所在地农村生活和学习；亲子分居两地，无法一起生活，家庭结构和亲子关系均发生改变，并将威胁子女心理健康。只有把留守儿童心理健康发展问题嵌置于离散化家庭结构和差异化亲子关系中的研究才具有更加贴合现实情境的意义与价值。

中国的家庭结构变迁有着与西方国家不尽相同的社会、经济、文化基础。婚姻因素是西方国家家庭结构变迁的主导因素，表现在高离婚率和高未婚生育率导致单亲家庭数量的急剧增加。结构因素（城乡二元结构和区域经济发展差异等）和制度因素（户籍制度、教育制度和社会保障制度等）是中国家庭结构变迁的主导因素。同时，中国家庭的亲子关系也有着不同于西方家庭的文化特征。其一，在中国的文化传统中，家庭观念根深蒂固，幸福美满是家庭成员的共同期许，无论身在何处，家都是难以割舍的牵挂。其二，望子成龙、望女成凤是中国父母普遍的愿望，教育、帮助、支持子女是他们伟大的使命，他们愿意为此拼搏不止，奋斗不息。其三，子女是父母一辈子甜蜜的负担，父母对子女有颗永远操不完的心。因此，在人口流动背景下，尽管父母外出务工，子女留守在家，亲子分居两地，不能共同生活，但是他们之间的情感联结并未断裂，他们之间的联系沟通还可能有增无减，父母最放心不下的是子女的教育，监督、帮助、支持子女学习是他们工作之余的必修课。那么，流动父母与留守儿童之间的亲子关系状况究竟怎样、对留守儿童心理弹性发展有何影响，是值得深入研究的重要课题。

二　理论背景

心理弹性，也称为心理韧性、复原力、恢复力等。关于心理弹性的概念，学界观点尚未达成一致。概括而言，学界存在三种界说：能力说（如

Terrill et al.，2016；Henley，2010）、结果说（如 Masten，2011；Luthar et al.，2006）和过程说（如 Luthar et al.，2000；Windle，2011；Wang et al.，2015；Fletcher and Sarkar，2013）。无论何种界说下的心理弹性均强调个体在经历不利情境之后可以迅速复原、良好适应、积极发展。作为缓冲器，心理弹性可以在儿童和青少年应对各种负性生命事件时发挥积极的作用（Wu，2011；Martinez-Torteya et al.，2009；Fincham et al.，2009）。心理弹性强的个体，不仅能够克服压力或挫折，而且能够发展得更好（Armstrong et al.，2011；Neff and McGehee，2010）。即使在个体没有遭受挫折或身陷困境的情况下，心理弹性也会发挥积极作用，帮助其维持良好的心理状态（刘丹等，2010）。可见，心理弹性对个体的健康发展具有积极的意义和作用。

国内外研究已经表明，心理弹性水平与心理健康程度显著正相关（Masten and Narayan，2012；Martinez-Torteya，2009；Dray et al.，2014；Haddadi and Besharat，2010；周永红等，2013；宋广文等，2013）。儿童相关研究已证实，心理弹性对不同测度方式下儿童的心理健康水平有着截然相反的显著影响。一方面，心理弹性可显著负向影响焦虑（王瑞等，2015；朱茂玲等，2013）、抑郁（丁慧思等，2017；牛更枫等，2015；Wingo et al.，2010）、孤独（王中会等，2014；董泽松、张大均，2013b；Ai and Hu，2016）、品行问题倾向（徐贤明、钱胜，2012）、社会退缩（李洁等，2018）及创伤后应激障碍症状（孙仕秀等，2012）等消极心理健康指标。另一方面，心理弹性可显著正向影响自尊（Mandleco and Peery，2010）、安全感（徐礼平等，2013a）、积极情绪（应湘等，2014；王永、王振宏，2013）、社会适应（徐礼平等，2013b；王中会、蔺秀云，2012；White et al.，2010）、主观幸福感（柴晓运等，2018；张峰等，2016；李雪平、李双双，2016）、生活满意度（王鑫强、张大均，2012；谢家树等，2014；董泽松、张大均，2013a）和积极应对方式（谢玲平、邹维兴，2015）等积极心理健康指标。可见，心理弹性对儿童的心理健康发展具有重要的影响，探讨留守儿童的心理弹性问题对于保障和促进其心理健康发展具有重要的学理价值。

为什么遭遇负性事件或身处不利情境的个体不仅没有因此使自己心理功能严重受损，反而能够快速恢复、良好适应、积极发展呢？国外学界对心理弹性或逆境适应现象进行了理论分析。生态系统理论认为，个体的发展受到外部环境系统的影响，近端环境系统的影响最为直接、有力；近体过程是个体发展的重要机制，而近体因素是近体过程的必备要素；家庭是儿童最早直接接触的、终生密切联系的近端环境，是影响儿童发展的近体因素，对儿童心理弹性有重要影响（Bronfenbrenner，1986，2005）。风险与弹性框架认为，心理弹性发展是在生活压力或负性生活事件等风险因素与保护因素共同作用的动态过程中实现的，风险因素与心理弹性密切相关，对心理弹性具有负向影响，保护因素可以调节风险因素对个体发展结果产生的消极影响（Masten and Narayan，2012；Masten，2007；Martinez-Torteya et al.，2009；Luthar，2015；Cicchetti，2010；张坤，2016）。概括而言，儿童心理弹性受到个体内部因素和个体外部因素的共同影响；个体内部因素主要包括生物因素和心理因素，个体外部因素主要包括家庭内部因素和家庭外部因素（Mandleco and Peery，2010；曾守锤、李其维，2003）。家庭系统理论认为，由父子关系、母子关系以及父母关系所构成的家庭关系网络影响儿童心理弹性发展（张志学，1990；Minuchin，1985；Beavers and Hampson，2000）。总之，国外儿童心理弹性理论研究成果颇丰，关于家庭环境因素是影响儿童心理弹性的重要因素业已达成共识，对国内留守儿童心理弹性的影响因素研究起到奠基和启迪作用。

国内学界已经开始围绕留守儿童心理弹性的影响因素进行理论分析和经验探索，已有研究将留守儿童心理弹性的影响因素概括为个体、家庭、学校、社会等因素。个体因素如人格特征（李永鑫等，2009）、自我效能感（谢玲平、邹维兴，2015）和留守时间（郝振、崔丽娟，2007b；牛英，2014）；家庭因素包括父母流动类型（董泽松、张大均，2013b；牛英，2014；李永鑫等，2008）、父母流动时长（董泽松、张大均，2013c；李永鑫等，2008；王淑芳，2010；刘巧兰等，2011）、亲子团聚频率或者父母回家频率（董泽松、张大均，2013b；牛英，2014）、父母流动距离（刘红升、靳小怡，2018）、亲子依恋（赵永婧等，2014）、父母教养方式（刘红升、靳小怡，2018；李旭等，2016；唐开聪，2012）、兄弟姐妹情况（刘红升、靳小怡，2018；蒋玉红等，2013）以及儿童监护类型（李永鑫等，2008；刘红升、靳小怡，2018）等；学校因素如学校性质和学校类型（刘红升、靳小怡，2018；朱慧慧等，2012；许松芽，2011），师生关系和同伴关系（刘红升、靳小怡，2018；李燕平、杜曦，2016；江琴，2013），老师的关注、欣赏和支持（李燕平、杜曦，2016；万江红、李安冬，2016）；社会因素主要是社会支持（李永鑫等，2009；牛英，2014；刘巧兰等，2011；许松芽，2011；陈友庆、张瑞，2013；陈惠惠等，2011）；其他因素如生活压力或负性生命事件（朱清等，2012；胡心怡等，2007；周永红等，2013；叶艳等，2014；蔡颖等，2010）。然而，关注流动父母与留守儿童之间的亲子关系影响留守儿童心理弹性的研究却非常少见。

其实，总体而言，人口城乡流动和亲子异地分居背景下，农村留守家庭的亲子关系问题尚未引起重视，相关研究比较少见。关于留守家庭亲子关系的现状与特征、前因与后果、影响机制等，学界尚缺乏系统而规范的量化研究。亲子关系是一个兼具静态意义和动态意义的多维复杂概念（徐晓新、张秀兰，2016）。大多数已有研究是从静态意义上只关注亲子关系的某个离散维度，如亲子依恋（李晓巍、刘艳，2013；赵永婧等，2014）、亲子亲合（赵景欣等，2013a）、教养方式（孙仕秀等，2012；刘红升、靳小怡，2018；唐开聪，2012）等，以及该维度对留守儿童健康发展的影响，却忽略了亲子关系的动态性和多维性，难以准确理解亲子关系的本质属性，难以全面把握亲子关系的整体面貌。相对于单一累加模型，类型学的方法在描述家庭关系的复杂性和矛盾性上具有优势（崔烨、靳小怡，2015；宋璐、李树茁，2017），如针对某个多维复杂概念，潜在类别分析（Latent Class Analysis，LCA）方法便可以通过分析多个维度的基本特征和相互关系来识别出潜在的类型，以此综合反映概念的本质属性、内在结构和外在面貌。显然，运用潜在类别分析方法，分析留守家庭的亲子关系类型，可弥补以往研究的不足。然而，当前亲子关系类型研究还比较少见，代际关系类型研究刚刚浮现，留守家庭亲子关系类型研究极其少见。

本研究先基于一般家庭亲子关系的概念界定，结合留守家庭亲子关系的现实情境，把留守儿童亲子关系从静态和动态相分离拓展为静态和动态相融合，从单一离散维度拓展为多元复合维度；再通过构建留守儿童亲子关系类型来反映亲子关系多元维度的内在结构关系和外在整体面貌；最后通过分析不同亲子关系类型对留守儿童心理弹性的影响差异来反映亲子关系的真实作用。针对留守儿童亲子关系，本研究有助于丰富其内涵、全面考察其现状、如实反映其作用，并有助于切实采取干预措施。

三 政策背景

国际社会高度重视儿童权益保护。联合国《儿童权利公约》主张将儿童的最大利益作为最基本的原则，要求各缔约国家在关乎儿童利益的政策、管理、服务、家庭决策等方面均应该首先考虑儿童的最大利益，强调家庭是儿童成长和发展的自然环境，应该让每个儿童生活在家庭的环境中，让儿童在幸福、关爱、谅解的家庭氛围中成长和发展。

儿童是家庭的希望，是民族的未来。儿童的发展是国家经济和社会可持续发展的重要组成部分，影响着国家未来的发展潜力。保障和促进儿童健康发展对于提升中华民族素质和增强国家发展潜力具有重要的战略意义。党中央、国务院高度重视儿童权益保护工作，通过采取多项重大举措来保障儿童的权益。我国批准了以联合国《儿童权利公约》为代表的涉及儿童权益的多项国际条约，制定并修订了《未成年人保护法》、《义务教育法》和《母婴保健法》等多部涉及儿童权益的法律法规。儿童优先原则也逐渐从国家战略的高度在诸多公共政策领域得以贯彻和遵循。所有儿童均应平等享受各项基本权利成为公共政策和管理领域始终坚持的基本原则。

农村儿童留守是我国现代化、工业化和城镇化进程中出现的阶段性问题。父母流动使家庭结构受损、功能弱化，留守儿童陷入不利情境，生存和发展权益遭遇威胁。这绝不仅仅是父母、儿童及其家庭的问题，也远非单由个人或家庭便可解决的问题，而是整个国家、民族共同面临的问题。党和国家高度重视留守儿童的生存和发展权益，陆续出台多项涉及留守儿童生存和发展的政策性或制度性文件，并且在重要报告中或会议上反复强调：关爱和保护留守儿童、保障和维护其合法权益，既是政府的重要职责，也是家庭和社会的共同责任。

围绕留守儿童生存和发展权益，党中央和国务院及各部委从政策或制度层面多次做出积极回应。2010 年，《国家中长期教育改革和发展规划纲要（2010—2020 年）》明确要求，建立健全留守儿童关爱服务体系和动态监测机制，加强心理健康教育，促进身心健康发展。2011 年，《中国儿童发展纲要（2011—2020 年）》明确了家庭和家长所肩负的责任义务；《中国农村扶贫开发纲要（2011—2020 年）》将儿童作为重点群体纳入农村扶贫开发。2012 年，国务院《政府工作报告》又进一步明确提出要关爱留守儿童；《国务院关于深入推进义务教育均衡发展的意见》要求建构留守儿童全面关爱网络体系；2012 年修订的《未成年人保护法》第十条规定，父母或监护人应创造良好和睦的家庭环境，履行对未成年人的监护职责和抚养义务。2013 年，《教育部等 5 部门关于加强义务教育阶段农村留守儿童关爱和教育工作的意见》要求，关爱留守儿童的宏观政策应该能够得以贯彻执行；党的十八届三中全会从制度安排的高度提出要健全留守群体关爱服务体系；《我国农村留守儿童、城乡流动儿童状况研究报告》建议构建学校、家庭、社区相衔接的关爱网络，加大寄宿制学校建设力度，配备生活及心理辅导教师，推行儿童监护人监督制度。2015 年，党的十八届五中全会再次对建立健全留守儿童关爱服务体系做出决策部署。2016 年，《国务院关于统筹推进县域内城乡义务教育一体化改革发展的若干意见》提出，加强留守儿童关爱保护，建立关爱保护工作体系，加强心理健康教育，强化家庭监护主体责任，父母应依法履行监护职责和抚养义务；《国务院办公厅关于加快中西部教育发展的指导意见》提出要关爱留守儿童，优先保障其寄宿需求，要有效开展生活指导、心理健康等工作；《国务院关于加强农村留守儿童关爱保护工作的意见》对留守儿童关爱保护做出专门制度安排，要求强化监护干预机制，父母应依法履行监护职责和抚养义务；《国家卫生计生委关于做好农村留守儿童健康关爱工作的通知》围绕营养、心理健康、安全防护问题，从推进健康中国建设、促进家庭幸福与社会和谐的高度强调关爱工作的意义，明确以促进身心健康为出发点，要求强化健康教育工作、提升家庭发展能力。2017 年，《国家教育事业发展"十三五"规划》要求加强留守儿童关爱保护，加强寄宿制学校建设，创新关爱与教育形式，加强心理辅导；党的十九大报告再次强调要健全留守儿童关爱服务体系，保障其合法权益；《关于在农村留守儿童关爱保护中发挥社会工作专业人才作用的指导意见》提出了一系列支持、引导社会工作专业人才参与留守儿童关爱保护工作的政策措施。2018 年，国务院《政府工作报告》指出要强化民生兜底保障，关心帮助留守儿童；《中共中央 国务院关于实施乡村振兴战略的意见》要求推进健康乡村建设；《国务院办公厅关于同意建立农村留守儿童关爱保护和困境儿童保障工作部际联席会议制度的函》批准建立由民政部牵头的农村留守儿童关爱保护和困境儿童保障工作部际联席会议制度。2019 年，国务院《政府工作报告》再次强调，要保障妇女、儿童、老人以及残疾人的合法权益。

然而，当前我国关乎留守儿童生存和发展的公共政策或制度仍然存在局限和改进空间。

第一，缺乏对心理健康发展的重大关切。良好健康与福祉是联合国2030年可持续发展目标之一。人民健康是民族昌盛和国家富强的重要标志。党的十九大报告提出要实施健康中国战略、完善国民健康政策，为人民群众提供全方位全周期健康服务。在大健康理念下心理健康发展与生理健康发展均应受到关注和重视。当前，我国正在大力推进的城镇化是"以人为核心"的新型城镇化。然而，作为城镇化的代价承受者，留守儿童的心理健康发展问题还未引起政策和制度层面的高度重视。上述已有政策性或制度性文件中涉及留守儿童关爱保护的内容主要是围绕教育和安全问题，对健康问题的关注不够，对心理健康问题的关注更少；虽有部分内容也涉及健康，但多是针对生理健康从医疗卫生保健方面做出强调或提出要求；仅有少量内容涉及心理健康教育、心理疏导、心理辅导。因此，留守儿童的心理健康问题亟须进入政策视野，受到高度重视。

第二，从积极发展的视角对留守儿童的心理健康问题所给予的重大关切尤为缺乏。一味在"问题化"和"标签化"导向下对留守儿童的心理健康问题进行关注和干预，可能闹出"亡羊补牢"式笑话，丧失"未雨绸缪"的机会。以积极发展为视角关注留守儿童的心理弹性问题则可以为问题防范和政策干预开启另一扇大门。

第三，公共政策视野中缺失家庭的视角。近代以来，家庭在国家政策视野中的位置逐渐向边缘移动，缺乏从家庭视角来制定、实施和评估的相关法律政策（徐晓新、张秀兰，2016）。改革开放以来，家庭压力增加和功能弱化已成为不可回避的社会问题；现代化进程中家庭规模变小和人口大规模快速流动对家庭结构和功能造成了巨大冲击，家庭结构松散、家庭功能弱化明显（胡湛、彭希哲，2012）。从长远来看，农村家庭的留守现象已经是难以逆转的事实，且呈现扩展之势，中国农村的家庭结构和社会结构正在发生深远变化（谭深，2011）。与父母共同生活是儿童的基本需求，这是社会的基本共识。人口流动背景下家庭结构变迁、居住安排调整和家庭功能弱化使留守家庭和留守儿童问题超越了家庭私人领域，具有广泛的社会公共意义。家庭视角在留守儿童相关公共政策中的现实意义更为凸显。特别是，公共政策中家庭视角的缺失导致很多农村父母存在家庭意识、法律意识和监护意识薄弱等思想问题，疏于亲子情感沟通是留守儿童心理脆弱的根本原因（董才生、马志强，2017）。通过回顾文件/报告/会议中有关留守儿童及其健康发展的内容却发现，从家庭视角来应对留守儿童心理健康问题者依然非常匮乏，仅有的内容也局限于明确家庭责任或强调家长监护意识和责任。因此，在公共政策制定、实施、评估的全过程需引入家庭视角，以家庭视角来审视、制定、完善相关法律法规政策（彭希哲、胡湛，2015）。它关系到儿童的健康成长、家庭的幸福美满、社会的和谐稳定。

第四，相关政策存在"落地难"问题。相关政策的制定或制度的设计本身没有问题，但多种因素影响了政策/制度的有效落地。例如，2018年度《中国留守儿童心灵状况白皮书》指出，对留守儿童心灵帮扶的有效路径只有两条：对内引导其提升核心自我评价，对外帮助其改善亲子关系。某项调查显示，国内每年对留守儿童的帮扶捐助中仅有12.77%是针对上述两条路径的。再如，为弥补留守儿童缺乏父母陪伴的遗憾，一些项目试图让退休老人进行远程陪伴、电话联络，但是这样的尝试存在很强的临时性，缺乏连续性，"问题"留守儿童更需要长期稳定的帮扶，否则实际上还可能带来伤害。"替代家庭"和"代理父母"也都是临时性关爱，是一种以"假想完美"来弥补"现实残缺"的措施。又如，党和国家相关文件多次号召流动人口返乡创业，强调家庭责任和父母责任，但是流动人口在"用脚投票"，用"自由流动"表达需求或意愿。在强调社会支持时反而淡化了家庭责任，还需要加强宣传和采取措施（段成荣，2016）。

第五，相关政策存在"不平衡"问题。当前，针对留守儿童教育、心理、安全问题所出台的关爱、帮扶、保障、支持性政策存在区域上的"不平衡"。相较于那些离城市近的农村地区和东南沿海的农村地区，离城市较远的农村地区和中西部的农村地区的相关地方性政策在完善程度、合理程度、落实程度上仍有待进一步提高。

综上，为了促进留守儿童心理健康发展，需要从积极发展心理学的视域着眼问题，从留守家庭的层面和亲子关系的视角聚焦问题，通过科学合理地制定政策、切实有效地落实政策来解决问题。这对相关公共政策或制度的制定与完善、服务和福利资源的供给等提出了新的需求。

总之，人口城乡流动仍是我国经济社会与人口发展过程中的重要现象，在新型城镇化推进过程中将呈现新特征，身处不利情境的农村留守儿童遭遇了心理健康发展的威胁，如何切实保障和有效促进留守儿童的心理健康发展是城镇化进程中亟须解决的公共管理问题。从积极发展心理学的视域重新审视问题，从留守家庭的层面、亲子关系的视角深入分析问题，聚焦于留守家庭亲子关系的特征，落脚于留守儿童心理弹性的提升，是留守儿童心理健康发展研究的重要课题。

已有研究关注了心理弹性与留守儿童心理健康的关系，表明了心理弹性对于留守儿童心理健康发展有积极意义。但是，关于留守儿童心理弹性的影响因素，已有关注还非常不够，并且存在以下不足：第一，探讨了可能的影响因素，尚需要基于调查数据的量化检验；第二，关注了父母流动类型和流动时长的影响，尚需要对新形势下人口流动特征的综合考量；第三，缺乏对不同人口流动模式下流动父母与留守儿童的亲子关系的关注；第四，亲子关系的现实特征不同，其潜在类型也不同，未见对亲子关系类型的探讨；第五，父母双方对子女发展的影响不同，尚未见在父母性别视角下对亲子关系类型的比较；第六，父母双方共同影响子女发展，尚未见对亲子关系类型组合的影响研究。

因此，本研究在积极发展心理学视域下，以新型城镇化为宏观背景，以离散化家庭为微观情境，利用实地调查数据，围绕不同人口流动模式下流动父母与留守儿童之间的亲子关系，描绘其现实特征，识别其潜在类型，并分析不同人口流动模式下父子关系类型、母子关系类型和父母亲子关系类型组合对留守儿童心理弹性的影响，旨在揭示父子关系和母子关系对留守儿童心理弹性的独立作用和共同作用，并为制定留守儿童心理健康发展促进政策提供现实依据。

第二节　概念界定

一　人口流动

关于人口流动的概念，学界并未给出统一的界定。从广义角度看，人口流动是人们为了某种特定的目的而永久性或暂时性地从原居住地流向目的地的行为；它既包括人口迁移流动，也包括人口非迁移流动；既包括半年以上的流动，也包括半年以下的流动（赵乐东，2005）。简而言之，人口流动是人口为了达到某种目的从一个地区流动至另一个地区的行为。

从不同的层面看，人口流动的含义有所不同。从宏观层面看，它是一种社会现象，一种人口在不同地域之间流动迁移的现象。从中观层面看，它是一种家庭决策，涉及了流动的目的、主体、时间、频率、时长、方向、路径等。从微观层面看，它是个体为了某种目的而离开此地、前往某地的行为。

根据地域和方向的标准，人口流动可以分为人口的"乡—城流动"、"城—乡流动"、"城—城流动"及"乡—乡流动"。但是，在我国城乡二元化制度安排之下，人口流动是以农业剩余人口的空间与产业的暂时性转移为主，并且直接表现为城镇化过程中人口的"乡—城流动"（李卫民，2016），这也是本研究所关注的人口流动。

人口流动具有时间特征和空间特征。在时间特征方面，人口流动涉及何时离开 A 地前往 B 地、在 B 地待多久以及何时返回 A 地等。人口流动的时间特征在本质上反映了个体流动行为在生命历程中发生的时间秩序。个体所处的生命历程阶段不同，其流动行为的时间特征所具有的特殊意义也不相同。从不同的学科领域看，个体流动行为的时间特征所具有的特殊意义也不相同。父母流动的时间特征对其自身的特殊意义和对其子女的特殊意义也不相同。所以，从时间视角分析父母流动的时间特征有利于挖掘子女在不同生命历程阶段所经历的生命事件对其产生的不同影响。

在空间特征方面，人口流动涉及地域或地区的跨越，反映了流动距离的远近。当前，中国正在全力推进新型城镇化。传统城镇化是以异地城镇化模式为主导的、以人口异地迁移实现就业非农化和市民化的过程；新型城镇化是对传统城镇化的超越和发展，本质上与就地就近城镇化是一致的（廖永伦，2015）。就地就近城镇化是指农村人口从过去向大城市或中心城市迁移转变为向其户籍所在地的小城镇迁移为主要模式，实现人口就地就近进城进镇，实现农民职业非农化、生活方式城市化和思想观念现代化（潘海生、曹小锋，2010）。就地城镇化是指农民在村庄里完成城镇化，无须迁至其他地区；就近城镇化是指农村人口向附近地级市和县级市聚集（李强等，2015）。因此，从人口流动的空间特征看，新型城镇化是一种以人口的就地就近流动为主要标志的城镇化。关于就地就近流动和异地流动的界定标准，学界已经基本达成共识，以户籍所在地级市和县级市的行政区域范围为界，凡是务工地点在本市范围内者，即视为就地就近流动；凡是务工地点在本市范围外者，即视为异地流动（李强等，2015）。

本研究中，人口流动主要是指持有农村户口的人口为了务工或经商而从户口所在地农村流动至城市（镇）的行为，包括从务工所在地城市（镇）返回户口所在地农村的行为，而不包括城市户口持有者所做出的"城—乡流动"和"城—城流动"。

本研究中，参考相关文献（李强等，2015），将人口流动的空间特征和不同的城镇化模式相结合，据此来划分人口流动模式。具体而言，如果农村户口持有者在本市范围以内从事非农业工作（务工或经商），即视为就地就近流动模式；如果农村户口持有者在本市范围以外从事非农业工作（务工或经商），即视为异地流动模式。

二 亲子关系类型

亲子关系的概念界定存在学科差异。在遗传学领域里，亲子关系是指亲代和子代之间的生物血缘关系。在社会科学领域，从狭义的角度看，亲子关系指父母与子女间的相互关系。它是父母与子女之间以血缘和共同生活为基础，通过相互影响和相互作用所构成的、亲子双维行为体系的自然关系和社会关系的统一体（刘晓梅、李康，1996）。从年龄的角度看，亲子关系包括父母与成年子女之间的关系，还包括父母与未成年子女之间的关系。

亲子关系是一种由父母的姻缘关系派生的血缘关系，是一种纵向的家庭关系，是家庭关系的轴心之一。亲子关系是家庭中最基本、最重要的一种关系，是个体一生中形成时间最早的人际关系，也是一生中持续时间最长的人际关系，对其身心发展有直接而深远的影响，并对其同伴关系和师生关系等人际关系也有重要的影响（叶一舵、白丽英，2002）。

关于亲子关系的内容维度，学界尚无统一的界定。对于一般儿童的亲子关系，国内学者或者根据选用的测量工具来确定内容维度（刘晓梅、李康，1996；叶一舵、白丽英，2002；刘海娇等，2011），或者基于文献回顾和理论分析来确定内容维度（王美萍，2010；李文倩，2017；王云峰、冯维，2006；田录梅等，2012；风笑天，2007）；国外学者选择了亲子依恋、亲子联结性、交流沟通程度、温情或情感、感知父母支持等作为其内容维度，其中，感知父母支持是指子女感知到的来自父母的帮助、表扬、批评、责备（Hair et al.，2005；Murphy et al.，2003）。对于留守儿童的亲子关系，国内学者选择父母关怀程度和沟通频次（贾文华，2011）、与父母团聚和联系的频率（宋淑娟、廖运生，2008）、分离时间的长短（王东宇、王丽芬，2005）、父母的教养方式（张丽芳等，2006）等作为其内容维度。概括而言，亲子关系主要包括三大内容维度：父母与子女的情感依恋，父母与子女的联系沟通，父母对子女的教养、帮扶、支持等。

首先，亲子关系体现为父母与子女之间在情感层面上的依恋状况。因父母和子女之间具有血缘关系、抚育与被抚育关系，根本利益相一致，命运与共，他们在朝夕相处的过程中会形成极为亲密的情感，这种亲密的情感是影响孩子健康成长的巨大力量（孟育群、李强，2001）。亲子关系的好坏或质量的高低也是通过亲子之间的情感状况来反映的，具体表现为父母和子女之间相互是否关心和喜爱。其次，亲子关系是父母和子女之间相互联系、相互作用、相互影响的过程和结果。在此过程中，父母和子女之间的联系沟通是关键环节。亲子关系的形成或维系有赖于父母与子女之间适时的、恰当的联系沟通。文献表明，亲子之间的联系沟通交流是满足儿童发展需求、促进儿童心理发展的重要因素（Luk et al.，2010；Fang et al.，2006）。最后，亲子关系通常是指成年父母与未成年子女之间的关系，所以父母对子女的教育、抚养、帮助、支持等也是亲子关系的重要内容，反映了父母的教养辅助功能或称教辅功能。

对于留守家庭而言，父母与子女之间的情感状况往往会因为亲子分离而发生改变，部分家庭的亲子情感可能因分隔两地、疏于沟通而淡化；部分家庭的亲子关系可能会因为更好的联系沟通而更加亲密。由于父母与子女分居两地，不能共同生活，不能朝夕相伴，他们之间关系的维系更离不开联系沟通。与此同时，外出务工的父母对留守子女的教养辅助主要体现为在学业和生活方面进行监督、提醒、督促、帮助、支持等。所以，情感依恋、联系沟通和教养辅助也是留守家庭中亲子关系的重要内容维度。

综上所述，情感依恋、联系沟通和教养辅助是亲子关系的重要内容。以往研究通常也是从上述三个方面的内容的视角（以下简称"内容视角"）来探讨亲子关系问题。

所谓的亲子关系类型，是以选定的标准和方法对亲子关系进行种类细分的结果。通常，每个种类的亲子关系都具有明确的内涵、特征和名称，不同种类的亲子关系之间具有显著的特征差异。亲子关系类型本质上反映的是类型划分标准的特征。

在不同的标准下，亲子关系可以划分为不同的类型。以往研究中有多种亲子关系类型划分的标准。如以关系主体的性别为标准，亲子关系可分为父子关系、父女关系、母子关系和母女关系。如以关系主体的年龄和生命周期为标准，亲子关系可分为成年亲代与未成年子代之间的前期亲子关系、成年亲代与成年子代之间的中期亲子关系、老年亲代与成年子代之间的后期亲子关系（康岚，2012）。

本研究重点关注流动父母与留守儿童之间的亲子关系，是成年父母与未成年子女之间的亲子关系，不包括祖辈与孙辈之间的隔代亲子关系。以往研究对于亲子关系的界定和测量存在"以点概面"或"以偏概全"的局限性，难以真实反映亲子关系的本质，难以完整呈现亲子关系的面貌。

为克服上述研究局限，本研究引入"亲子关系类型"的概念，从"整体"和"性别"两个视角，重点分析流动父母与留守儿童的亲子关系类型及其对留守儿童心理弹性的影响差异。

所谓"整体"视角，是将父亲和母亲视为统一的整体（"父母"），将儿子和女儿视为统一的整体（"子女"）；相应地，亲子关系被视为一个整体性概念，此时不区分父子、父女、母子、母女等关系，这也是以往研究较为常见的概念操作方法。

所谓"性别"视角，是以性别为标准将父亲和母亲视为不同的个体，将儿子和女儿也视为不同的个体，来探讨父子关系和父女关系（在父母性别视角下可合称为"父子关系"）、母子关系和母女关系（在父母性别视角下可合称为"母子关系"）。此时在父母性别视角下亲子关系细分为父子关系和母子关系，这在以往研究中较为少见。若未特别说明语境视角，下文出现的"父子关系""母子关系"均指父母性别视角下的。

根据类型学分析方法的逻辑和要求，本研究选取亲子关系各个内容维度的现实特征作为根本标准对流动父母与留守儿童的亲子关系进行类型划分。由于亲子关系各个内容维度的现实特征尚不确定，所以亲子关系具体细分为多少种类、每个种类有什么特征、每个种类叫什么名称，都还无法确定。

三　农村留守儿童

自 20 世纪 80 年代起，中国农村地区便逐渐出现留守儿童群体，并已引起政府与社会各界广泛关注。然而，截至目前，关于留守儿童的概念界定，学界的观点并不统一，学界和政界也存在分歧。

学界关于留守儿童的典型界定有：父母双方或一方流动到其他地区，自己被留在户籍所在地，并因此不能和父母双方共同生活在一起的儿童（段成荣、周福林，2005）；除春节等重要节假日和重大事情返家外，父母双方或一方已经持续外出务工或经商一年或一年以上的处于义务教育阶段的儿童（周福林、段成荣，2006）；父母双方或一方流动到其他地区至少半年以上，自己被留在户籍所在地并因此不能与父母共同生活的 18 岁以下儿童（郝振、崔丽娟，2007a）；农村地区因父母双方或单方长期在外打工而被交由祖辈、他人来抚养、教育和管理的儿童（罗静等，2009）；在调查时点，因父母双方或一方外出打工，不能跟随在父母身边、接受父母照顾，而被留在农村由父母另一方或者其他委托人监护，就读于小学四年级至初中三年级的少年儿童（许传新等，2011）；农村地区因父母至少一方外出半年及以上，被交由父母一方或其他人来抚养、照顾、管理和教育的未成年人（周永红等，2013）。

概括而言，学界关于留守儿童的概念界定涉及以下九大基本要素。

第一，流动主体，即"谁"流动。是父亲，是母亲，还是父母双亲？是单方流动，还是双方流动？学界对此已经达成共识：父母双方或一方流动。

第二，流动动机，即"为何"流动。学界对此界定不一，大致存在两种情形。一种情形是明确流动动机，如明确为外出打工或者经商；另一种情形是未明确流动动机，其后果是由于其他原因而流动或外出者容易被误列为研究对象。

第三，流动目的地，即流动到"哪里"。这是人口流动方面重要的空间特征。学界均未明确流动目的地，要么表述为"流动到其他地区"，要么简单化为"外出"。

第四，留守儿童的户籍。部分学者明确界定为持农村户口者，大部分学者并未明确界定，而是默认为持农村户口者，其后果是持城市户口的城市留守儿童容易被误列为研究对象。

第五，亲子分离事件。父母流动，而子女被迫留在农村，构成"亲子分离"的客观事实；对亲子双方而言，"亲子分离"皆为重要生命事件，对双方皆有重要影响，且以儿童为甚。

第六，留守不利情境。父母流动到其他地区，子女留守在农村地区，亲子分居两地，不能共同生活；子女则由祖辈或其他人等"非父母者"代为抚养、照顾、教育和监管，对子女可能有潜在不利影响。

第七，流动持续时长，即流动"多久"。父母流动持续时长也是子女留守持续时长，还是亲子分离时长，对子女可能有重要影响。学界对此的界定大致存在三种情形：明确界定为"半年及以上"，明确界定为"一年及以上"，模糊界定为"长期"。

第八，留守儿童的年龄。学界对此界定不一，大致存在三种情形。一种明确了年龄线，如18岁以下；一种明确了年龄段，如义务教育阶段，或小学四年级至初中三年级；还有一种模糊界定为"未成年人"或"儿童"。鉴于世界各国法律和民间对"未成年人"或"儿童"的界定不一，相关研究有必要明确研究对象的年龄范畴。

第九，流动持续性。这是人口流动方面重要的时间特征之一。它包含了两层含义：父母外出期间是否有短暂性返乡，返乡频率如何；父母外出期间子女是否一直"留守"，是否有短暂性"访亲"经历，是否有长时间"随迁"经历。生命历程视角下，"流动"与"留守"状态存在随时间而改变的可能，"流动"与"留守"身份存在随时间而转换的可能，"流动"与"留守"事件对主体有重要影响。然而，学界对此鲜有提及。仅有个别学者强调了"除……返家外，……持续外出"。

国家和政府高度重视留守儿童问题，对于留守儿童却界定不一。全国妇联课题组在《我国农村留守儿童、城乡流动儿童状况研究报告》中将农村留守儿童界定为：父母双方或一方从农村流动到其他地区，作为孩子留在户籍所在地的农村地区，并因此不能和父母双方共同生活的0~17岁儿童（全国妇联课题组，2013）。2016年2月14日发布的《国务院关于加强农村留守儿童关爱保护工作的意见》中，留守儿童被定义为：父母双方外出务工或一方外出务工另一方无监护能力、不满16周岁的未成年人（国务院，2016）。

本研究将农村留守儿童界定为：由于父母双方外出务工（经商），或一方外出务工（经商）而另一方无监护能力，被寄留在户籍所在地农村，在近半年内不能完全与父母双方共同生活，由代理监护人监护或自我监护的 18 岁及以下的儿童。

本研究的概念界定有如下考量。

第一，流动主体。本研究重点参考国务院相关界定（国务院，2016），将流动主体界定为"父母双方"或"父母一方"（而另一方无监护能力）。尽管该标准可能排除了那些与父亲或母亲一起留守的儿童，但是它反映了当前新型城镇化背景下农村家庭人口流动的现实情境：越来越多的妻子加入流动人口行列中，丈夫流动妻子留守的传统模式正在发生转变，夫妻双方流动的现象越来越普遍，而没有流动的一方多为因病、因残而无法流动且无监护能力者。《中国流动人口发展报告 2018》指出，调查发现，祖父母辈是留守儿童的主要看护人，占 90% 以上（国家卫生健康委员会，2018），这意味着父母一方留守在家者所占比例极小。研究表明，母亲留守的儿童在教育、心理、健康等方面与非留守儿童之间没有太大差异（谭深，2011），相比非留守儿童和父母一方流动的儿童，父母双方流动的儿童在教育、心理、健康等方面的状况更差。因此，本研究将流动主体界定为"父母双方"或"父母一方"（而另一方无监护能力）。

第二，流动动机。本研究将其明确界定为"务工或经商"，出于学习、旅行、投亲、访友、休闲、娱乐等其他动机而离家外出者并不在本研究的范畴内。

第三，流动目的地。新型城镇化及乡村振兴战略背景下存在就地就近务工等多种流动模式，所以本研究不再将目的地或务工地限定为"大城市"。

第四，留守儿童的户籍。本研究将其明确界定为"户籍所在地农村"，持城市户口的儿童和曾经持农村户口、被调查时持城市户口的儿童均不在本研究范畴内。

第五，留守儿童的身份。鉴于生命历程视角下"流动"和"留守"有动态转化性（唐有财、符平，2011），参考相关研究（郝振、崔丽娟，2007a；周永红等，2013；许传新等，2011），本研究将其明确为"在近半年内"不能与父母双方共同生活者。新形势下父母存在白天外出务工、晚上回家过夜的情况，该类儿童具有留守属性，属于留守儿童。

第六，留守儿童的年龄。联合国《儿童权利公约》将儿童界定为 18 岁以下者；《未成年人保护法》将未成年人界定为未满 18 周岁的公民；参考相关研究（李强、臧文斌，2011；郝振、崔丽娟，2007a）的界定，本研究明确留守儿童为"18 岁及以下者"。

四　心理弹性

20 世纪后半叶，作为专业术语，弹性被引入社会科学文献中，并被视为从理论到应用领域的重要概念（Luthar，2015）。针对经历过或遭遇着压力、创伤、逆境、困难、挫折、灾祸、悲剧、危机、风险、威胁等不利情境的儿童却能够积极适应、良好发展的现象，学者们提出了心理弹性的概念，其被广泛应用于心理学、社会学和教育学等领域。

关于心理弹性的概念，学界尚未达成共识。纵览已有研究发现，学者们做出的界说大致可以分为以下三类。

第一类是"能力说"。该类界定把心理弹性视为个体所拥有的一种"能力"，或者个体所具有的一种"品质"、"特征"或者"特质"（Terrill et al.，2016；Henley，2010；Markstrom et al.，2000），并且认为每个人都拥有一定的心理弹性（Resnick，2000；Hauser，1999）。

第二类是"结果说"。该类界定把心理弹性视为个体在经历过不利情境后所取得的积极结果（Masten and Obradović，2006；Olsson et al.，2003），或者视为个体并未受到不利情境的影响，甚至愈挫弥坚的现象（Luthar et al.，2000；Rutter，2000），或者视为身处不利情境的个体身心健康发展或成功适应的状态（Epstein and Krasner，2013；He et al.，2014）。

第三类是"过程说"。该类界定把心理弹性视为身处不利情境中的个体积极适应、良好发展的动态过程（Masten，2011；Windle，2011；Wang et al.，2015；Fletcher and Sarkar，2013；Gudmundsdottir et al.，2011；胡月琴、甘怡群，2008；Howard and Johnson，2000；Gilligan，2010；Rutter，2006）。该类界说正在得到更多学者的认同。

国内学者认为，这三类界说都反映了心理弹性的本质属性，都应归入心理弹性的概念范畴（胡月琴、甘怡群，2008），都体现出心理弹性对不利情境中的个体发展具有积极意义，心理弹性的概念可以应用于中国留守儿童（Wang et al.，2015）。

深入分析发现，学界对于心理弹性概念的诸多界定都包含了以下三个核心要义。

第一，不利情境。如不幸生活经历、重大生活压力、有消极色彩的重要生命事件、高风险暴露、严重威胁、困境、逆境等，其对个体可能产生负性影响，属于重大风险因素。

第二，有利资源。它是来自个体内外、可以用于应对不利情境的一切资源，对个体发展可以起到保护或补偿作用，可以消减不利情境的负性影响，属于关键保护因素。

第三，良好适应，积极发展。它是个人与环境互动的过程或结果，是保护因素和风险因素相互博弈的过程或结果，还是个体通过利用资源来应对不利情境、实现良好适应的过程或结果，属于终极发展目标。

基于上述概念界定与分析，结合留守儿童群体特征，并参考胡月琴和甘怡群关于心理弹性的概念界定和量表开发（胡月琴、甘怡群，2008），本研究将留守儿童心理弹性界定为：身处不利留守情境的农村儿童通过利用各种资源、形成各种能力来应对留守压力、实现良好适应、取得积极发展的动态过程。

上述界定涵盖如下核心要义。第一，留守儿童的心理弹性是个体与环境交互作用的动态过程。第二，实现良好适应、取得积极发展是心理弹性发展的基本目标，是心理弹性的价值体现。第三，利用各种资源、形成各种能力是实现目标的重要途径。

具体而言，各种资源是分布于留守儿童个体内外的各种有利资源，属于保护因素，是心理弹性发展目标得以实现的前提条件；各种能力包括"个人力"和"支持力"，是心理弹性发展目标得以实现的核心要素。其中，"个人力"是来自个体内部的力量，它包括目标专注、情绪控制和积极认知三个维度；"支持力"是来自个体外部支持系统的力量，它包括家庭支持和人际协助两个维度；而"个人力"与"支持力"之和构成了心理弹性的总体水平，或称总弹性（胡月琴、甘怡群，2008）。

本研究在第三章的第一节还将对留守儿童的心理弹性进行具体的概念辨析，在此不再赘述。

第三节　研究目标

本研究的总体目标是：基于亲子关系和心理弹性相关理论，参考亲子关系和心理弹性经验研究，并结合留守家庭和留守儿童现实情境，以新型城镇化进程中人口就地就近流动模式和人口异地流动模式为背景，分析留守家庭亲子关系的现实状况、潜在类型及群体差异，揭示不同人口流动模式下亲子关系类型对留守儿童心理弹性的影响差异。本研究的具体目标如下。

第一，基于对亲子关系理论和心理弹性理论的综合分析与客观评述、对家庭亲子关系研究和儿童心理弹性研究的全面回顾与系统总结，并结合新型城镇化进程中不同人口流动模式的时空特征和留守家庭亲子关系的现实状况，提出适用于解释人口流动背景下留守家庭亲子关系类型影响留守儿童心理弹性的分析框架。

第二，基于留守家庭亲子关系现实特征分析，探索留守家庭亲子关系的潜在类型。通过全面分析流动父母与留守儿童在亲子情感依恋、亲子联系沟通和亲子教养辅助三大维度上的现实特征，利用潜在类别分析方法及描述性统计分析方法，识别留守家庭亲子关系的潜在类型，分析父子关系类型、母子关系类型、父母的亲子关系类型组合在人口就地就近流动模式下和人口异地流动模式下的群体差异。

第三，结合新型城镇化背景下人口就地就近流动特征，分析就地就近务工父母的亲子关系类型及其组合对留守儿童心理弹性的影响及差异。鉴于新型城镇化背景下的人口流动以就地就近流动模式为主，结合生命历程视角下父母及子女流动的时间特征，分析人口就地就近流动家庭父子关系类型和母子关系类型对留守儿童心理弹性个人力、支持力和总弹性的影响及差异，及父母亲子关系类型组合对留守儿童心理弹性个人力、支持力和总弹性的影响。

第四，结合新型城镇化背景下人口异地流动特征，分析异地流动父母的亲子关系类型及其组合对留守儿童心理弹性的影响及差异。鉴于新型城镇化背景下的人口流动存在异地流动模式，结合生命历程视角下父母及子女流动的时间特征，分析人口异地流动家庭父子关系类型和母子关系类型对留守儿童心理弹性个人力、支持力和总弹性的影响差异，及父母亲子关系类型组合对留守儿童心理弹性个人力、支持力和总弹性的影响。

第四节　研究内容与研究框架

当前，人口流动背景下流动父母与留守儿童之间的亲子关系问题尚未引起学界的广泛关注。同时，留守儿童心理健康研究仍然以消极的"问题"视角为主，而对积极的"弹性"视角关注不够。留守儿童心理弹性研究热衷于揭示心理弹性在某些因素影响心理健康的过程中所发挥的作用，对心理弹性的影响因素关注不够。有限的留守儿童心理弹性影响因素研究多关注社会支持的作用，对亲子关系的作用关注不够。

本研究以积极心理学为导向，以留守儿童为研究对象，以亲子关系和心理弹性为研究内容，探讨不同人口流动模式下流动父母与留守儿童的亲子关系类型及其组合对留守儿童心理弹性的影响及差异，并提出相关政策建议，以期提升留守儿童心理弹性，最终促进留守儿童心理健康发展。

本书的研究框架如图1-1所示。该研究框架反映了本书的研究思路，具体研究内容主要包括以下几个方面。

第一，简要介绍本研究的现实背景、理论背景及政策背景，提出研究问题，阐明研究的现实意义、理论意义及政策意义。

第二，对亲子关系相关理论和心理弹性相关理论、亲子关系研究和儿童心理弹性研究、亲子关系影响儿童心理弹性的研究进行综述，并指出已有研究的不足和未来研究的创新空间。

第三，对留守儿童亲子关系和留守儿童心理弹性进行概念辨析，对亲子关系理论和心理弹性理论进行适用性与局限性分析，对人口流动和亲子关系影响留守儿童心理弹性的研究进行经验总结，对留守家庭的人口流动和亲子关系的现实情境进行说明，据此提出人口流动背景下亲子关系类型影响留守儿童心理弹性的分析框架。

第四，人口流动背景下农村留守家庭的亲子关系类型分析。基于人口流动背景下流动父母与留守儿童之间亲子关系重要维度的现实特征，通过潜在类别分析方法，识别亲子关系的潜在类型，并从整体、性别、组合视角描述亲子关系类型的现状，进一步从人口流动视角分析父子关系类型、母子关系类型、父母亲子关系类型组合的群体差异。

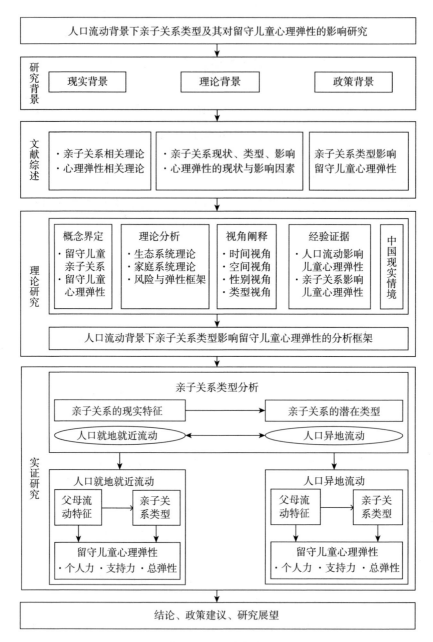

图 1-1 研究框架

第五，人口就地就近流动模式下父母亲子关系类型对留守儿童心理弹性的影响。新型城镇化以人口就地就近流动为典型模式，从空间视角和时间视角，分析就地就近务工父母的流动特征对留守儿童心理弹性的影响，在此基础上进一步分析父母不同的亲子关系类型对留守儿童心理弹性的影响差异，以及父母的亲子关系类型组合对留守儿童心理弹性的影响。

第六，人口异地流动模式下父母亲子关系类型对留守儿童心理弹性的影响。异地流动也是新型城镇化背景下人口流动的重要模式，从空间视角和时间视角，分析异地流动父母的流动特征对留守儿童心理弹性的影响，在此基础上进一步分析父母不同的亲子关系类型对留守儿童心理弹性的影响差异，以及父母的亲子关系类型组合对留守儿童心理弹性的影响。

第五节　数据来源与研究方法

一　数据来源

本研究所用数据来自西安交通大学公共政策与管理学院"新型城镇化与可持续发展课题组"2015 年 11 月在河南省平顶山市 Y 县和 2016 年 10 月在陕西省汉中市 CG 县与 NQ 县实施的中小学生问卷调查。

近年来，我国人口流动在区域间不断发生新变化、呈现新态势。相比东部地区，中西部地区逐渐吸纳越来越多的新增农民工，吸纳能力在逐步增强；农民工有从东部地区向中西部地区回流的现象，回流趋势日渐明显。据此，选择中西部地区进行调查能够反映我国人口流动的基本现状和发展趋势。

河南省是我国中部地区劳务输出大省，农村留守儿童规模较大。近年来，河南省人口流动呈现省内流动增多、跨省流动渐减的趋势。人口流动的新变化、新特征可能会给农村留守儿童的心理健康发展带来新影响。Y 县隶属平顶山市，地处平原地带，是传统农业大县，农村劳动力较丰富，外出务工人员较多，并且就地就近（本市以内）流动和异地（本市以外）流动比例基本持平。陕西省是我国西部地区劳务输出大省，农村留守儿童规模较大。近年来，陕西省人口流动呈现跨省流动日趋式微、省内流动逐渐活跃之态势。CG 县和 NQ 县隶属汉中市，前者紧邻汉中市区，经济较发达，农村劳动力以就地就近流动为主；后者远离汉中市区，经济相对落后，农村劳动力以异地流动为主。综上可见，上述两省三县是研究新型城镇化背景下农村留守儿童问题的理想地区。

为方便宏观把握总体状况、深入比较内部差异，两省三县调查设计执行统一方案。

首先，两次调查的调查对象均为中小学生。鉴于所用调查问卷对于学龄前儿童和小学低年级学生而言存在阅读、理解和作答方面的困难，所以两次调查仅选取小学阶段高年级学生（四至六年级学生）和初中学生为施测对象。由于调查实施前学校已经通知学生不可无故请假，所以调查实施时因故未到校者所占的比例极小；加之被调查地区中小学生的入学率为百分之百，因此，参与调查的在校学生有着极强的代表性。

其次，两次调查均采用分层整群抽样法。以中学生样本抽取方法为例，在综合考虑上述三县的人口、经济、地理等因素后，先在每个县抽取初级中学（Y 县 4 所、CG 县 3 所、NQ 县 3 所），再对每所被抽取学校七至九年级的所有在校学生实施问卷调查。本研究的因变量为心理弹性，其测量工具为心理学量表，量表结构较复杂，题量较大，小学生要完成作答的确存在困难，所以两次调查的小学生问卷中均无心理弹性类信息，因此，本研究仅能以初中生为具体分析对象。

再次，两次调查均由西安交通大学的老师和研究生为指导员，由经过严格培训的班主任为主试，以班为单位对调查时到校的初中生进行集体施测。被试在填答过程中若遇到问题可以询问主试，主试也无法解答时由巡视的指导员来解答。问卷当场发放，答完后由主试收齐并核查，发现问题及时找被试处理。指导员在接到主试收齐的问卷后再次核查问卷，如果发现问题，及时进行相应的处理。由于采取集体施测，集中发放和收回，问卷回收率为 100%。

最后，两次调查在数据录入和清洗环节均采取了严格的质量控制手段。两次调查均由指导员将数据录入 EpiData 数据库，并等距抽样 5%，轮换录入，以检验数据录入的准确性和完整性。问卷两次录入的一致率均在 97% 以上。两次调查均利用 Stata 软件编程来检验每份问卷的逻辑一致性，对于存在逻辑问题的记录，或根据原始问卷内容修改记录，或视为无效问卷。结果表明，虽然数据存在一定误差，但均在可接受水平上，数据质量较好。

总之，上述各个方面共同保障了两省三县调查数据的代表性和可靠性，其可以用于留守儿童问题研究，并得出具有现实意义的结论。

二 研究方法

本研究以定量研究方法为主，并结合了管理学、社会学、统计学和心理学的方法。

理论研究部分，基于亲子关系和心理弹性的理论研究和经验研究，并结合城镇化进程中不同人口流动模式和留守家庭亲子关系的现实特征以及留守儿童的群体特征，采用文献分析法，构建人口流动背景下亲子关系类型影响留守儿童心理弹性的分析框架。

实证研究部分，采用定量分析法，描述亲子关系的现实状况，识别亲子关系的潜在类型，比较亲子关系的群体差异，分析父母亲子关系类型对留守儿童心理弹性的独立影响和共同影响。实证研究部分的主要内容和所用方法见表1-1。

表1-1 实证研究的内容与方法

内容	方法
农村留守家庭亲子关系的现实特征分析	频数与频率分布和卡方检验
农村留守家庭亲子关系的潜在类型识别	潜在类别分析
多维视角下亲子关系类型的现状分析	交叉表格、频率分布、卡方检验
亲子关系类型及其组合的群体差异	频数与频率分布和卡方检验
亲子关系类型与留守儿童心理弹性的相关性	相关分析
亲子关系类型对留守儿童心理弹性的影响	多元线性回归模型

第六节 章节安排

本研究共包括七章内容，其中第三章至第六章为本研究的核心内容。具体章节安排如下。

第一章为绪论，简要介绍本研究的现实背景和理论背景及政策背景，明确选题的现实意义和理论意义及政策意义；基于概念界定，指出本研究的研究目标、研究内容与研究框架，并介绍本研究所用数据与分析方法。

第二章为文献综述，首先对亲子关系相关理论和心理弹性相关理论进行综述，以奠定理论基础；然后对亲子关系研究和心理弹性研究进行回顾,以总结研究经验;最后回顾亲子关系对儿童心理弹性的影响研究,以发现研究空间。

第三章为分析框架构建,基于核心概念具体化界定、相关理论适用性分析和视角阐释,参考以往研究经验,结合中国现实情境,构建人口流动背景下亲子关系类型影响留守儿童心理弹性的分析框架,提出验证策略,以指导后续研究。

第四章为人口流动背景下农村留守家庭亲子关系现状与类型的实证分析。从亲子情感依恋、亲子联系沟通和亲子教养辅助三大维度出发,基于各个维度的现实特征分析,识别出农村留守家庭亲子关系的潜在类型,并比较亲子关系类型的性别差异,匹配父亲和母亲的亲子关系类型组合,然后进一步比较人口流动视角下亲子关系类型的群体差异,从而为后续两个实证章节分别针对不同的人口流动模式依次展开亲子关系类型对留守儿童心理弹性的影响分析奠定前提基础。

第五章为人口就地就近流动下亲子关系类型影响留守儿童心理弹性的实证分析。首先分析父母流动的空间特征和时间特征对留守儿童心理弹性的影响,然后分析父子关系类型和母子关系类型对留守儿童心理弹性的影响差异,最后分析父母的亲子关系类型组合对留守儿童心理弹性的共同影响。

第六章为人口异地流动下亲子关系类型影响留守儿童心理弹性的实证分析。首先分析父母流动的空间特征和时间特征对留守儿童心理弹性的影响,然后分析父子关系类型和母子关系类型对留守儿童心理弹性的影响差异,最后分析父母的亲子关系类型组合对留守儿童心理弹性的共同影响。

第七章为结论与展望。对本研究的主要发现进行全面系统的归纳总结,得出研究结论;提炼出本研究的主要创新点;基于主要研究结论,结合当前现实问题,提出促进中国农村留守儿童心理弹性的政策建议;对本研究的局限性与未来研究空间进行讨论与思考。

第二章

理论基础与研究综述

基于留守儿童亲子关系的现实特征，分析留守儿童亲子关系的潜在类型，并揭示不同人口流动模式下亲子关系类型对留守儿童心理弹性的影响，是本研究的核心目标。据此，本章系统阐释亲子关系和心理弹性的相关理论，重点评述每个理论的核心内容和各个理论的相互关系；围绕一般家庭和留守家庭的亲子关系，从"现状"、"影响"和"类型"三方面回顾国内外相关研究，概括特点，分析局限；围绕一般儿童和留守儿童的心理弹性，从"现状"和"影响因素"两个方面回顾国内外相关研究，评述其贡献，指出其不足；重点回顾亲子关系对一般儿童和留守儿童心理弹性的影响研究，并客观评述之；概括已有研究进展，提出本书研究空间。

第一节　理论基础

一　亲子关系相关理论

1. 家庭系统理论

家庭系统理论（Family Systems Theory）起源于 20 世纪 30 年代的经验式家庭治疗。心理治疗专家在家庭治疗过程中发现，儿童的心理和行为问题并不仅仅是儿童自身的问题，更多地反映了家庭和成员的问题；解决儿童的心理和行为问题更应该从家庭系统的内部、家庭成员的关系中寻求突破口；单一地对儿童进行干预、治疗的效果并不理想。基于儿童情绪问题的家庭治疗经验，家庭治疗大师莫瑞·鲍恩（Murray Bowen）提出了家庭系统理论。

家庭系统理论认为，家庭是一个系统，是具有亲属关系的家庭成员所组成的系统；在家庭系统中，每个家庭成员都有各自的位置和角色，而家庭成员之间都在相互联系、相互作用，形成了夫妻关系、亲子关系、同胞关系等各种关系；每个家庭成员也是一个子系统，但它不是孤立的，而是从属于家庭系统的，任何一个家庭成员的变化都会引起其他成员的变化；家庭成员个体的问题是原生家庭成员相互作用的结果（张志学，1990）。

家庭系统理论强调，家庭成员出现心理和行为问题的原因可能是家庭系统的改变、家庭功能的缺失（Minuchin，1985）。已有研究业已证实，家庭系统越平衡，家庭功能越完好，家庭成员的身心就越健康（Beavers and Hampson，2000）。对于儿童和青少年来说，他们正处于生理和心理快速发展的关键时期，均更容易受到所在的家庭环境系统的影响，家庭系统理论的意义更为凸显。

近年来，家庭系统理论已经成为心理学、教育学、社会学等领域研究儿童心理、教育、社会性发展方面的基础性理论。有别于传统研究仅仅关注儿童个体自身因素，家庭系统理论把视野拓展至儿童所在的家庭系统，主张将儿童个体的心理和行为问题放置于家庭系统的范围内加以分析，强调家庭中其他重要成员和家庭关系网络对儿童身心健康发展的重要作用。

2. 父亲在位理论

父亲在位理论源于 20 世纪中后期父亲缺位现象引发的父子关系研究。受第二次世界大战的影响，家庭破损、父亲缺位现象引起学界的高度重视。

父亲缺位（Father Absence）是指父母分居、离婚、死亡等原因导致的儿童缺失父亲教育和关爱的现象（Tamis-LeMonda，2004）。父亲缺位现象对儿童身心健康发展的影响是早期经验主义父子关系研究的焦点内容。然而，基于父亲缺位现象的父子关系研究忽略了另外一种现象：即使父亲不和子女共同居住、生活，子女依然会受到来自父亲的影响。于是，父亲在位成为父子关系研究的全新领域。

基于以往的父子关系研究，从子女自身的感知和体验出发，美国心理学家克兰珀（Krampe）和牛顿（Newton）从家庭系统的角度全面考察了父亲与子女之间的关系，并依托心理学理论，借鉴社会学、历史学、人类学和神学等相关理论，提出了父亲在位理论，构建了父亲在位理论的动力学模型（Krampe，2009；蒲少华等，2011）。

他们把"父亲在位"定义为子女的"心理父亲在位"（psychological presence of father），即子女感知和体验到的父亲在心理上的亲近性和可触及性（psychological nearness and accessibility），或父亲对子女的心理亲近和可触及性；心理父亲在位可以具体表示为父亲总是在他人之前（before the other），总是触手可及（at hand），总是在场（in attendance），总是存在（existence）（Krampe，2009；蒲少华等，2011）。

父亲在位实际上是子女在心理上对于父亲的感知和体验，是子女内在的心理状态，是子女对父亲的心理建构；父亲在位不会受到家庭结构的影响，任何家庭结构的子女均可拥有品质不同的父亲在位；"高品质"的父亲在位是子女的一种积极心理状态，有助于促进其心理健康发展；他们构建的父亲在位理论的动力学模型是一种嵌套结构，嵌套的层次由里到外依次是子女内心的父亲感知、子女和父亲的关系、他人对父亲在位的影响、有关父亲的文化信念（Krampe，2009；蒲少华等，2011）。

父亲在位理论主张以儿童的视界、从儿童的感知和体验出发来正确认识父亲在位及其对子女发展的作用。根据该理论，父亲在位的概念不局限于客观层面父亲与子女是否共同居住、一起生活，而是转换至子女的视界来探讨子女在心理层面上对父亲的感知和体验，子女与其父亲之间的关系和子女对父子关系的感受与态度是"心理父亲在位"发展过程中最为核心的部分（蒲少华、卢宁，2012）。

当前，父亲在位理论已被应用于儿童和青少年的父子关系研究。该理论及其应用研究为人口流动背景下留守儿童的心理健康发展研究提供了依据和启示。

3. 亲子依恋理论

所谓的依恋（attachment），通常是指人与人之间形成的亲密关系。约翰·鲍尔比（John Bowlby）是亲子依恋理论（Parent-Child Attachment Theory）的奠基者，他最早对母亲和婴儿之间的依恋进行了深入的研究，界定了依恋的概念，提出了依恋形成的内部工作模式，分析了依恋对子女身心健康发展的深远影响，逐渐形成了亲子依恋理论，并不断对其加以丰富和发展。

鲍尔比认为，依恋是个体在毕生的发展过程中与重要他人建立的一种情感联结；亲子依恋是指主要照顾者与婴儿之间所形成的特殊的情感联结，而情感联结的断裂会严重危及婴儿心理健康的发展；儿童可以与多个依恋对象形成情感联结，儿童与母亲之间的依恋是最主要的，儿童与父亲之间也会形成父子依恋；与不同对象之间的依恋对儿童有着不同的影响，母子依恋源自抚养活动与行为，可能对儿童后期的情绪发展更有影响力，儿童后期的同伴关系和侧重于社交领域的父子依恋之间有着更为紧密的联系；个体建构依恋关系的目标是当面临危险、威胁、挑战时能够从依恋对象那里获得保护，依恋对象是儿童心理安全的来源，为儿童提供亲近维系、避风港湾、安全基地，婴儿通过向依恋对象寻求亲近、与主要照看者接触或联系来确保在害怕、压抑、焦虑时得以安全和幸存；个体在与依恋对象的交往互动中形成了一种稳定的内部工作模式，会根据依恋对象的反应来评判自己的受接纳程度，然后形成有关自己、依恋对象以及依恋关系的认知表征（Bowlby，1969，1982，2012）。

亲子依恋具有持续性特征。依恋是一个终生建构的过程，儿童会在整个童年期里维持一种亲子依恋关系，直至成人期发展出与配偶、恋人、朋友之间的依恋关系（Lieberman et al.，1999）。研究发现，婴儿期的亲子依恋与成年期的依恋之间具有中等相关性，亲子依恋在个体的一生中都起重要作用（Chris Fraley，2002）。

亲子依恋具有基础性特征。亲子依恋是儿童与其他人之间关系构建的前提或基础，如果亲子之间有着良好的依恋关系，儿童就容易与其他人建立较为和谐的关系；如果儿童基于先前的不良依恋经历认为社会是冷酷的、无情的，那么他在人际交往中可能会怀揣一种冷漠或不友善的态度（Bowlby，1982）。

亲子依恋具有阶段性特征。通常，婴儿对父母的依恋行为出现在其生命的第一年；他们在3岁之后开始有能力忍受父母的缺位或离开，并会做出多种应对；他们的应对策略会被他们的认知（如对于照料人的熟识度、关于母亲去向或行踪的认知、关于母亲是否回来的认知）所调和（Bowlby，1969，1982，2012）。

此外，儿童在依恋关系的建构过程中具有主动性。他会通过练习依恋策略来达成与依恋对象之间建立和维系亲密关系的目标（Bowlby，1969）。儿童的认知会影响其在依恋关系建构过程中的应对策略，进而影响亲子关系和身心健康。

亲子依恋理论已被广泛应用于心理学、教育学和社会学领域的儿童与青少年的身心健康发展研究中。作为父母与子女之间更深层次的情感联结，亲子依恋常常被用来代表亲子关系，分析其对子女心理健康发展的影响。

4. 父母卷入理论

为探索儿童心理和学业发展的影响因素，国外学者针对父母在子女生活和学习中的参与行为展开了深入研究，取得了丰硕成果，被统称为父母卷入理论。

父母卷入（Parental Involvement）是指为促进子女心理和学业发展，父母在家庭和学校等情境下参与到子女学习和生活中的各种行为（El Nokali et al.，2010）。从不同的方面看，父母卷入的具体形式不尽相同。从父母扮演的角色看，父母卷入子女学习和生活的形式包括养育、交流、志愿者活动、家庭学习、决策以及与社区合作（Epstein，2010）。其中家庭学习是父母在家里参与到子女的学习活动中，如教子女学习知识、辅导子女做作业等。从所处的场景看，父母卷入包括家庭卷入、学校卷入以及家校沟通三个维度，家庭和学校是父母卷入的重点场所，这些场所的父母卷入内涵各不相同（Fantuzzo et al.，2000）。从行为的类型看，父母通过与子女的直接接触和间接接触来影响子女发展，前者如直接辅导孩子学习，后者如通过营造家庭环境来间接影响子女发展（Desimone，1999）。从子女的感知看，子女是父母卷入信息的主动加工者，子女对于父母卷入的主观感受至关重要，它决定了父母能否有效地影响子女（Vyverman and Vettenburg，2009）。据此，父母卷入可分为情感卷入、认知卷入和行为卷入三个维度（Grolnick and Slowiaczek，1994）。其中，情感卷入是指关心子女情绪和心情、排解子女不良情绪等情感类行为；认知卷入是指参与子女学习活动、帮助子女接触那些能够促进认知发展的活动或事物的各种行为，如辅导功课、帮助学习、购买书籍等；行为卷入是指管理子女行为习惯的行为（梅红等，2019）。有学者把小学生父母的教育卷入分为家庭监控、学业辅导、亲子沟通、共同活动、家校沟通五个维度（吴艺方等，2013）。可见，父母卷入有多种具体形式，它们从动态意义上反映了父母和子女之间的亲子关系。

当前，父母卷入理论已经被广泛应用于儿童和青少年的教育和心理问题研究，父母卷入对于子女教育和心理发展的影响是相关领域研究的焦点内容。

二 心理弹性相关理论

20 世纪 80 年代以前，学术界较普遍认为，处境不利必然导致儿童发展不良，处境不利儿童的适应能力和发展水平势必低于一般儿童，其发展沿袭了"处境不利—压力—适应不良"的基本路径（曾守锤、李其维，2003）。自 20 世纪 80 年代以来，不断有学者发现，一些儿童虽然经历风险事件或身陷不利情境中，但是依然能够健康成长、良好适应和发展，这种"逆境适应"的能力、过程、结果被称为"心理弹性"，并受到广泛关注。20 世纪末，随着积极心理学的兴起，心理弹性迅速成为心理学家、教育学家及社会学家普遍关注的社会心理现象。过去几十年间，多个心理弹性相关理论被不同的学者提出来，并且不断地被验证、发展、完善，成为儿童和青少年发展研究领域中的重要理论依据（Fletcher and Sarkar, 2013）。本部分将重点介绍生态系统理论、风险与弹性框架，并肯定其贡献，指出其不足。

1. 生态系统理论

美国著名心理学家尤瑞·布朗芬布伦纳（Urie Bronfenbrenner）提出的生态系统理论（Ecological Systems Theory）是发展心理学中至关重要的个体发展模型。生态系统理论认为，儿童发展的环境是一组嵌套式系统，一个系统嵌套于另一个系统中；个体嵌套于从直接系统到间接系统的一系列系统中；每个系统之间相互影响，有交互作用；系统与个体之间也相互影响，有交互作用；影响儿童发展的嵌套式系统主要由微观系统、中间系统和外层系统等亚系统组成（Bronfenbrenner, 1986, 2005）。

微观系统（Microsystem）是环境系统的最内层，也是个体活动的直接环境。微观系统是变化的、发展的，对个体的适应和发展有至关重要的影响。对于婴儿来说，微观系统仅限于家庭；对于幼儿来说，同伴、同学和老师等关系进入其微观系统中；对于学龄儿童来说，除了家庭系统，学校是对其最有影响的个体外部微观系统。

中间系统（Mesosystem）是环境系统的第二层，是各个微观系统之间的交互关系。如果微观系统之间有积极的交互或者联系，个体的发展便有机会得到良性促进；相反，微观系统之间消极的联系会给个体发展带来不良的后果。比如，家庭和学校之间合作的方式和程度会影响儿童的健康发展。

外层系统（Exosystem）是环境系统的第三层，是那些儿童并没有直接参与的对儿童发展产生影响的环境系统。比如，父母工作的环境就是一种能够间接影响儿童发展的外层系统。

需要强调的是，生态系统理论认为，在上述各层环境系统中，微观系统对儿童发展的影响最为直接，也最为有力；在微观系统中，所有的关系都是双向的，儿童与家庭及学校中重要他人的互动过程和关系质量对其健康发展有重要的影响（Bronfenbrenner，1986，2005）。

生态系统理论已经成为心理学、教育学和社会学领域儿童和青少年发展问题研究的基础理论框架，它对于解释儿童在不利环境中的良好发展现象具有重要的启示价值，尤其体现在从个体和微观环境之间的双向互动来分析儿童的逆境适应现象。

2. 风险与弹性框架

在过去几十年的学术研究和干预实践之中，针对不利情境中个体的不同发展状况，学者们在揭示其影响因素以及影响过程方面做出了不懈的努力。

风险与弹性框架（Risk and Resilience Framework）衍生于学界围绕心理弹性的影响因素所展开的理论分析和实证检验。学界普遍认为，心理弹性是个体在不利情境中实现积极适应、得到良好发展的动态渐变过程。它有两个基本条件：一是身陷不利情境或负性环境，二是积极适应或良好发展。

负性环境刺激并不必然引发儿童不良适应，他们仍然有可能得以正常发展，甚至其发展水平可能会超出一般儿童，关键在于保护因素的作用（Luthar et al.，2000；王瑞等，2015；朱茂玲等，2013；Resnick，2000）。学界尝试探寻那些嵌置于儿童生态系统的可能阻滞或促生他们不同发展结果的风险因素和保护因素，识别哪些因素有利于他们在严重不利情境下仍然能够发展良好，并提出多个理论模型。例如，Rew 和 Horner 提出的青年复原力框架（Youth Resilience Framework）阐明了阻碍或促进青少年产生积极或消极健康结果的风险因素和保护因素，认为青少年的心理弹性是风险因素和保护因素相互作用的结果（Rew and Horner，2003）。

诸多相关理论模型所概括的风险因素和保护因素均可纳入风险与弹性框架，认为儿童的心理弹性发展受外部环境中一系列风险因素和保护因素的共同影响；风险因素是那些可能增加不良结果产生概率的环境因素；保护因素是那些选择性回应不利情境或事件以避免潜在消极结果产生的环境因素；风险因素会抑制心理弹性发展，保护因素会促进心理弹性发展；风险因素和保护因素会随着环境而改变，进而导致不同的结果（Masten and Narayan，2012；Masten，2007，2011；Martinez-Torteya et al.，2009；Mandleco and Peery，2010；Luthar，2015；Cicchetti，2010；张坤，2016；Rew and Horner，2003；Fergus and Zimmerman，2005）。

具体而言，风险因素是阻止儿童正常发展，使儿童容易遭受伤害并遭遇负性发展结果的生物的、认知的、心理的、环境的或社会的各种因素，是儿童和环境所具有的、与不良适应和发展结果发生概率的增加紧密相连的因素（Masten and Narayan，2012；Martinez-Torteya et al.，2009；Fincham et al.，2009；Luthar，2015；Howard and Johnson，2000；Fergus and Zimmerman，2005）。国外学者早已指出，风险因素具有"同现"的特点，现实生活中的确存在"祸不单行"的现象，一些风险可能同时发生（Masten，2001），这些风险在某个时点或时段的累积将会对儿童的发展产生负性影响，导致不良结果（徐礼平等，2013a；Fergus and Zimmerman，2005）。可见，识别和规避各种风险是保障儿童健康发展的前提。

研究认为，有可能导致消极结果的风险因素的出现和有助于减少消极结果或促生积极结果的保护因素的出现，是儿童心理弹性发展的基本要求。当带有负能量和具有不可控性的风险因素出现后，保护因素的出现对儿童心理弹性的发展变得至关重要。在积极心理学的研究领域里，保护因素成为儿童心理弹性的内核。正是因为保护因素的存在和作用，儿童才能够抵御风险因素，免受不良影响。所以，身心灵动态平衡模型便将保护因素置于最突出的位置，认为保护因素通过与环境的互动对维持个人身心灵平衡发挥着决定性作用（Richardson，2002）。可见，保护因素对儿童健康发展具有重要意义，起到保护作用，它能够促进心理弹性发展，在很大程度上代表了心理弹性。

　　具体而言,保护因素是那些与风险因素相互作用、可以抵消风险因素的负性影响、避免不良发展结果出现的各种因素或资源(Luthar et al.,2000;Wu,2011;Martinez-Torteya et al.,2009;Resnick,2000;Gilligan,2010)。保护因素既可以使危险环境或不利情境中的个体避免后期出现不良的适应结果,又可以打破个体已经出现的不良发展进程,并引导其进入积极的发展进程(赵景欣,2015)。可见,拥有能够应对危险环境或不利情境的保护因素是个体心理弹性发展的关键。

　　儿童心理弹性研究也更倾向于从积极发展和利用力量的视角来探析儿童心理弹性的保护因素,寻求儿童自身的潜能和外部环境的资源,以期促生理想的结果(Richardson,2002)。关于儿童心理弹性的保护因素,国内外学者开展了大量研究,所识别出的一系列保护因素可以分为个体特质和外部环境两个方面。早期儿童心理弹性研究主要致力于描述那些弹性个体所拥有的自理、自治和自尊等个体特质(Masten,2001)。但是,仅仅关注个体自身的特质是不够的,个体外部的环境因素同样应该受到重视。

　　特别是,个体特质是相对稳定的,是短时间内难以改变的;外部保护因素则是可变的,是比较容易干预的;从心理弹性的操作和干预的角度看,更多地从外部来寻找心理弹性的保护因素更有意义(Harvey and Delfabbro,2011)。于是,后期相关研究逐渐开始探索儿童心理弹性的外部保护因素。

　　然而,相关研究中很少有概念框架能够将种类繁多的保护因素建构于一个连贯的模型之中。基于已有相关文献,本研究整理出的儿童心理弹性的保护因素(见表2-1)也印证了上述观点。

　　由表2-1可见,概括而言,儿童心理弹性的保护因素可以分为两类:个体内部因素和个体外部因素。个体外部因素又可细分为家庭内部因素和家庭外部因素;在家庭内部因素中,情感关怀、亲子依恋、教养行为、教养方式、亲子沟通、父母鼓励、帮助和支持等对个体的心理弹性具有重要影响。

　　风险与弹性框架一直在指导着关于不利环境下儿童与家庭发展的基础研究和专项研究(Masten and Narayan,2012)。对于身处不利情境的儿童来说,准确识别风险因素和保护因素,是有效预防不良结果产生、促进良好适应和积极发展的重要议题。

表 2 - 1　儿童心理弹性的保护因素

个体内部因素	个体外部因素		出处
个体特质	家庭内部因素	家庭外部因素	
良好的认知能力、积极的自我概念、较强的自我效能	积极的家庭关系、与抚养者之间的亲密关系	有效的学校、亲社会的伙伴、团结的邻居、良好的成人关系、高公共保险	（Masten and Reed，2002）
个人特征	家庭的支持	学校及社区的支持	（Luthar et al.，2000）
气质、性别、年龄、智商、社会技能、个人意识、同情心、幽默感、魅力	温暖且具支持性的父母、良好的亲子关系、和谐的父母关系、有意义的家庭角色（如照顾兄弟姐妹）、与父母亲密的关系	支持的扩展家庭、成功的学校经历、良好的友情网络、有意义的社会角色（如工作、志愿服务、帮助邻居），与非父母的亲密关系	（Newman and Blackburn，2002）
个人能力（体质、智力、社交）、人格特质（自尊、自我效能感、控制感、幽默感、乐观）	父母的鼓励和帮助、与父母亲密的关系、和谐的家庭氛围、非责备的态度、物质性支持	较高的社会经济地位、良好的学校经历	（Olsson et al.，2003）
勇敢应对、希望、精神	良好的家庭氛围、有力的家庭支持、丰富的家庭资源	充足的卫生资源、良好的社会融合	（Haase，2004）
解决问题的积极方法、获取积极关注的能力、寻求新奇体验的趋势、面对压力的乐观态度	异性父母的年龄、父母缺失时替代性照看者的介入、多年龄构成的亲属网络、同胞照看者的出现、青春期规则		（Armstrong et al.，2011）
技能、智力、自律、自控、自我效能、希望、信念	与有能力的照看者之间亲密而具支持性的人际关系	良好的学校、安全的社区、社会的支持	（Masten，2007；赵景欣，2015）
生物因素（健康、遗传、素质、气质、性别等）、心理因素（认知能力、应对能力、人格特征）	和谐的家庭环境、积极的教养行为、特定的家庭成员、人际关系的属性和质量	某些个体的可及性、有用资源的可及性、人际关系的属性和质量	（Mandleco and Peery，2010）
认知重构、问题解决能力、乐观、意义感、压力纾解、高智商、阅读技能、求助	更少的负性生活事件、胜任或成功的历史、积极的亲子依恋	家庭网的拓展、支持网的拓展、参与学校事务	（Geanellos，2005）

续表

个体内部因素	个体外部因素		出处
个体特质	家庭内部因素	家庭外部因素	
智力水平、气质、性别、对经历的认知和情感加工等	父母关系和谐、支持型的父母、良好的教养方式、良好的亲子沟通、良好的亲子关系、良好的家庭经济状况、父母对子女的情感关怀	友谊、亲戚、社会团体的物质支持、社会团体的情感支持、社会支持网络、成功的学校经验	(曾守锤、李其维，2003)
儿童内部属性特征	家庭内部保护因素	社区层面的保护因素	(Luthar, 2015)
个人	父母	老师、朋友、邻居、急救员	(Masten and Narayan, 2012)

资料来源：作者基于已有文献整理。

三　理论评述

相较而言，无论是亲子关系还是心理弹性，国外学界的理论研究更为丰富。这些理论为研究中国儿童的健康发展问题提供了重要的理论基础，但是也存在亟须根据中国儿童的现实情境进行拓展、修改与完善的地方。有效实现理论的本土化应用，也是本研究努力达成的目标之一。

第一，生态系统理论启迪学者应该从家庭及学校等近端环境系统入手来揭示影响儿童身心健康发展的重要外部因素。

概括而言，生态系统理论的学术价值主要体现在两个方面。一是从宏观的层面为解释环境系统与儿童发展的关系提供了一般性框架。该理论强调环境系统对儿童发展具有重要的意义和作用，主张将儿童置于由各层环境系统所构成的生态系统中，认为儿童发展是个体与环境交互作用的过程和结果，指出家庭及学校是处在同一层次的、影响最为直接的近端环境系统，提示儿童发展研究决不能忽视家庭及学校等近端微观系统的重要影响。二是为儿童发展问题研究提供了基础性视角：生态视角、系统视角以及变化视角。生态视角要求重视外部环境的作用，系统视角要求重视相互关系的作用，变化视角要求重视个体与环境的变化带来的影响。

据此，家庭及学校等近端微观系统对儿童发展有至关重要的作用，儿童与家长以及师生在交互过程中形成的相互关系是影响其健康发展的重要因素，各类主体及各类主体之间相互关系的变化可能左右着儿童能否健康发展。

第二，家庭系统理论启迪学者应该从亲子关系及父母关系等家庭关系系统入手来揭示影响儿童身心健康发展的重要外部因素。

家庭系统理论和生态系统理论具有相通之处，即均强调家庭作为外部环境因素对儿童健康发展的作用。家庭系统理论和生态系统理论有不同之处：前者从微观的层面为解释家庭系统与儿童发展的关系提供了具体性框架。

家庭系统理论的学术贡献主要体现在三个方面。一是主张把家庭理解为一个由父母子系统、亲子子系统、同胞子系统等所组成的关系系统，把儿童的问题放在家庭内部的关系系统中进行观察和思考；二是关注家庭系统内部各个子系统的动态变化和各个子系统之间的互动关系，认为每个子系统的特征变化都会引起其他子系统的特征变化；三是强调家庭系统的稳定、和谐、健康对儿童的身心健康发展有重要影响。

据此，儿童的身心健康发展研究应从家庭系统入手，重点关注以亲子关系及父母关系为代表的关系因素的影响。

第三，父亲在位理论启迪学者应该重视通过建构主观上高品质的心理父母在位来缓冲客观上亲子分离和父母缺位对儿童的不利影响。

与生态系统理论和家庭系统理论相通，父亲在位理论强调了近端微观系统中家庭因素对儿童心理健康的意义。与家庭系统理论相通，父亲在位理论强调了家庭因素中父子关系对儿童心理健康的影响。与家庭系统理论不同，父亲在位理论针对父亲缺位现象从子女的视角提出心理父亲在位对子女心理健康有重要影响。

父亲在位理论的学术价值在于为儿童青少年心理健康发展问题研究提供了新视角：任何家庭结构的儿童均可拥有心理父亲在位，父亲缺位儿童的心理健康发展也会受到来自缺位父亲的影响。

父亲在位理论存在两个需要拓展和丰富的方面。一是该理论的基本观点可以拓展至母亲，即子女的心理母亲在位对其心理健康发展也具有重要的影响。二是该理论忽略了父亲缺位条件下高品质心理父亲在位的实现途径。

基于父亲在位理论，结合研究对象的现实情境和具体特征，进行理论拓展与丰富，具有重要的理论意义和现实意义。这也是本研究努力达成的目标之一。

第四，风险与弹性框架启迪学者应该重视父母外出务工作为风险因素对亲子分离儿童心理健康发展的不良影响，更应重视不同的亲子关系对亲子分离儿童的心理健康发展有不同的影响。

生态系统理论和家庭系统理论均意识到了外部生态环境系统变化可能对儿童心理健康发展有不良影响。根据生态系统理论，儿童的发展是其与变化的环境不断交互的过程，并受到其所经历的生态转变的影响；儿童的逆境适应是其积极利用各种资源来应对不利环境变化的动态过程。家庭系统理论认为，稳定而完整的家庭系统对儿童的心理健康发展有益，各种原因导致的家庭系统及其功能变化可能对儿童的心理健康发展不利。可见，作为近端微观环境系统，家庭系统的变化可能对儿童的心理健康发展有不良影响。

与生态系统理论和家庭系统理论相一致，风险与弹性框架也指出了外部环境系统的变化是儿童心理健康发展的风险因素。与生态系统理论和家庭系统理论有所不同，风险与弹性框架进一步强调了外部环境系统中存在的、能够缓冲风险因素不良影响的保护因素对儿童心理弹性发展的积极价值和作用。

风险与弹性框架的学术贡献主要集中于两大方面。一方面，该框架指出，影响儿童心理弹性的风险因素存在于儿童所在的家庭、学校、社区等环境系统及儿童自身之中；对于不利情境中的儿童，风险因素会产生负面影响，导致不良后果；各种风险因素可能同时发生，其负面影响具有叠加效应或递增效应。另一方面，该框架也特别强调，儿童所在的家庭、学校以及社区等环境系统及儿童自身之中也存在保护因素，它可以缓冲、抵消风险因素的负面影响，避免不良后果的出现，提升心理弹性水平。因此，对于身处不利情境、面对风险因素的儿童来说，探寻和利用各种保护因素对于心理弹性水平的提升尤为重要。

风险与弹性框架为农村留守儿童心理弹性研究提供了具体化分析框架。一方面，父母流动和亲子分离等负性生命事件使留守儿童陷入不利情境之中；亲子长期分居，不能共同生活，这加剧了留守压力；如果流动父母不注重与留守子女之间的亲子关系，这无疑是雪上加霜，各种风险因素的累积可能产生负面影响的叠加。另一方面，即使在父母外出务工、亲子分居两地的情境下，亲子关系仍然可以直接或间接影响留守儿童的心理健康发展，一些亲子关系可以缓冲风险因素的不良影响，起到保护作用。

基于上述理论，本研究旨在分析外出务工父母与留守儿童之间的亲子关系类型，揭示不同亲子关系类型对留守儿童心理弹性的影响，以识别哪些亲子关系类型是保护因素，哪些亲子关系类型是风险因素，从而抵消负面影响，促进心理弹性发展。

第五，亲子依恋理论提醒学者应重视亲子情感依恋对儿童心理健康发展的影响，父母卷入理论提醒学者应重视各种卷入行为对儿童心理健康发展的影响。

亲子依恋理论与家庭系统理论具有相通之处，两大理论均重视亲子关系对儿童心理健康发展具有的重要影响。两大理论也有不同之处，亲子依恋理论已经深入亲子关系内部，挖掘父母和子女双方在情感层面的联结状态对子女心理健康发展的影响。

亲子依恋理论是较为成熟的亲子关系理论。概括而言，亲子依恋理论在经历不断拓展之后逐渐趋于完善。一方面，亲子依恋理论经历了从母婴依恋向父婴依恋的拓展。最初，亲子依恋用于描述母婴之间所形成的情感联结。所以，早期的亲子依恋理论主要关注母子依恋及其与儿童发展的关系。伴随着父亲在子女发展中的作用日益显现，学界也越来越重视父子依恋及其对儿童发展的作用。另一方面，亲子依恋理论的研究对象从最早的婴幼儿扩展到儿童、青少年以及成人。在亲子关系研究领域中，亲子依恋理论被普遍认为是一个理论内容丰富、经验研究有效的理论模型。亲子依恋的概念框架也经常被用来预测那些经历过依恋关系丢失或消减的儿童的发展结果（Berlin et al.，2007），为亲子关系与儿童发展研究提供了一个解释框架。

父母卷入理论与家庭系统理论和亲子依恋理论有相通之处，它也强调亲子关系对儿童的心理和学业发展有重要的影响。父母卷入理论与家庭系统理论也有不同之处，它深入分析了父母卷入子女生活和学习的各种行为对子女发展的影响。

父母卷入理论与亲子依恋理论也有所不同，前者从动态意义上探讨了父母与子女之间的交互行为对子女发展的影响，后者从静态意义上探讨了父母与子女之间的情感联结对子女发展的影响。

显而易见，基于亲子依恋理论和父母卷入理论，综合考量父母和子女之间的情感联结状态和交往互动行为，是全面认识亲子关系的必要途径，也是真正把握亲子关系影响儿童心理健康发展方式的先决条件。

第六，人口流动背景下中国农村留守家庭中外出父母与留守儿童的现实情境是修正与完善相关理论分析框架的重要依据。

本节所阐释与评述的相关理论绝大部分是源于国外学者针对一般家庭的亲子关系和一般儿童的心理弹性进行的理论探讨，尚不能直接用于分析来自不同国家和地区的、处于不同文化和情境中的特殊群体所面临的发展问题。

那么，针对人口流动背景下中国农村家庭中外出务工父母与农村留守儿童之间的亲子关系，结合现实情境，参考已有研究，对相关理论进行本土化修正与完善，是分析框架提出和实证检验的前提和基础。

第二节　亲子关系相关研究

亲子关系研究领域涵盖诸多重要主题。根据研究目标，本节围绕亲子关系的现状、亲子关系的影响和亲子关系的类型三大主题来回顾和评述国内外相关研究。

一　亲子关系的现状研究

1. 一般家庭的亲子关系现状

关于一般家庭（非留守家庭）的亲子关系，已有研究主要从性别、年级、父母特征、家庭特征和内容等视角描绘了亲子关系在不同群体之间的差异。

（1）性别视角

在父母性别视角下，国外研究发现，父子关系和母子关系之间存在明显差异。例如，墨西哥裔美国中学生所描述的父子关系和母子关系截然不同：相比父亲，他们与母亲的关系更加亲近、更加开放，在他们眼里，母亲更加深情、更为仁慈、更具情感支持性；父亲则通过提供建议、指导、经济支持来间接地表达对子女的关心（Crockett et al.，2007）。

在父母性别视角下，国内研究发现，父子关系和母子关系之间存在显著差异。例如，付秋瑾对小学高年级阶段儿童的研究发现，该阶段儿童和母亲的关系明显好于和父亲的关系，其母子亲合度和冲突度均明显高于父子的（付秋瑾，2015）；肖慧的研究发现，母子关系明显好于父子关系，如加入子女性别视角，则母女关系明显好于母子关系（肖慧，2015）。

在子女性别视角下，国内研究发现，儿子和女儿的亲子关系也存在显著差异。例如，某项对高中生的研究发现，女生的亲子关系水平显著高于男生（王丽妮，2017）；相比男孩，女孩与父母的关系更亲密；相比父亲，母亲与孩子更亲密，也有更多冲突；儿童与异性别父母之间的高亲密关系能缓解其与同性别父母之间的冲突对问题行为的不良影响（徐良苑，2015）。

（2）年级视角

国内研究发现，在年级视角下，一般家庭中不同年龄儿童的亲子关系所呈现的特点有所不同。例如，从总体上看，初中生的亲子关系状态比较好（李文倩，2017），高中生的亲子关系处于中上等水平，与低年级学生相比，高年级学生的亲子关系水平明显更高（王丽妮，2017）。部分研究通过比较分析发现，相比初一学生，初二、高二和高三学生的父子关系明显更差（肖慧，2015）。还有研究发现，从四年级到九年级，随着年级升高，亲子关系逐渐变得紧张，到七年级、八年级时最为不好，而到九年级时亲子关系却开始好转（刘小先，2009）。

（3）父母特征视角

在父母特征视角下，父母特征不同的一般家庭的亲子关系状况存在显著的差异。研究发现，父母受教育程度不同的青少年的亲子关系水平存在显著差异（刘小先，2009），父母受教育程度越高的高中生，其亲子关系水平越高（王丽妮，2017）。研究还发现，父母的婚姻状况不同，他们与子女之间的亲子关系也有明显不同，父母婚姻状况正常者的亲子关系最好（郑希付，1996）。

（4）家庭特征视角

在家庭特征视角下，家庭特征不同的一般家庭的亲子关系状况有明显不同。研究表明，兄弟姐妹数量不同的一般家庭的亲子关系存在显著差异，相比非独生子女家庭，独生子女家庭的亲子关系明显更好（刘小先，

2009）；兄弟姐妹数量不同的小学生的亲子关系的差异性较为多样，在独生子女家庭和两孩家庭里，小学生的亲子关系及其各因子之间没有显著差异，但是在三孩家庭里，小学生的亲子关系水平显著降低了，并且存在一个"拐点"，也即当兄弟姐妹数量达到某一水平时，亲子关系反而变好了（刘斌等，2018）。此外，研究发现，家庭收入不同的青少年的父子关系还存在显著差异（肖慧，2015）。

（5）内容视角

也有研究从亲子关系的内容维度分析一般家庭亲子关系的现状及问题。

在情感依恋方面，对河南某村庄的调查发现，农村家庭的亲子关系具有亲密度低、情感交流少、亲子依恋不强、亲子互动频率不高等特征，并且父母对子女存有偏爱的现象，男孩和排行靠前者更受偏爱（朱俊卿，2004）。另有研究发现，亲子依恋也具有明显的年级和性别差异，小学生的母亲依恋得分和父亲依恋得分均高于初中生，男生和女生的母亲依恋得分无显著差异，但女生的父亲依恋得分高于男生（王蔺等，2018）；女生的亲子依恋程度普遍高于男生（孟仙等，2011）。

在联系沟通方面，有研究发现，12 岁以上的儿童与父亲的关系有所疏离，与父亲的沟通在减少（尹霞云，2012）；女生的亲子沟通情况显著好于男生，母子沟通情况显著好于父子沟通，初一、初二学生的亲子沟通情况显著好于初三学生和高二学生（徐杰等，2016）。《全国家庭教育状况调查报告（2018）》显示，25.1% 的四年级学生家长和 21.8% 的八年级学生家长从不或几乎不花时间与子女谈心；在沟通的频率方面，与四年级学生家长相比，八年级学生家长从不或几乎不与子女沟通的比例有所下降，但是下降幅度较小，而家长几乎每天与子女沟通的比例下降幅度较大（北京师范大学中国基础教育质量监测协同创新中心等，2018）。

在教养辅助方面，《全国家庭教育状况调查报告（2018）》显示，超三成四年级学生家长和近五成八年级学生家长的学业卷入程度低或较低；在家长几乎每天都会进行的学业卷入行为中，四年级学生报告最多的是"家长检查我作业是否完成"，八年级学生报告最多的是"家长提醒我留出时间做作业"；学生认为，家长最关注子女的学习情况、身体健康和人身安全；四年级学生和八年级学生认为家长最关注子女的心理状况的比例分别是 6.5% 和 11.1%（北京师范大学中国基础教育质量监测协同创新中心等，2018）。

2. 留守家庭的亲子关系现状

当前，针对留守家庭亲子关系的实证研究仍然较为少见。关于留守家庭亲子关系的现状，一部分研究从整体视角进行了描述，另一部分研究从内容视角进行分析，所得出的结论也存在差异。

（1）整体视角

一些研究发现，留守家庭的亲子关系状况不佳。自 2015 年起，北京上学路上公益促进中心（2015 年及之前名为"'上学路上'公益活动"）就通过每年对留守儿童进行实地考察、问卷调查、纪实访谈等发现，与父母长期分离造成了留守儿童亲子关系淡薄，并导致了他们安全感缺失和自信心降低（谢湘，2017）。有研究也认为，留守儿童的亲子关系状况不容乐观，他们面临教育方面和亲情方面的双重缺失（段成荣等，2017b）；与父母长期分离的留守儿童处于亲子关系缺失的状态（陈亮等，2009）。

另有研究发现，总体上留守家庭的亲子关系状况比较好。李彦章和向娟（2010）采用半结构式访谈和田野调查法调查了 30 名留守儿童与其流动父母的亲子关系状况，发现大部分留守儿童认为其亲子关系良好，对父母比较满意。金灿灿等（2012）使用问卷调查法对 4279 名流动、留守和农村普通儿童的调查发现，留守儿童和普通儿童的亲子关系显著好于流动儿童。

此外，多视角分析发现，留守儿童在亲子关系及其各维度上与非留守儿童之间有显著差异；留守儿童在母子关系亲密性上明显不如非留守儿童，在父子关系亲密性上与非留守儿童之间没有差别（陈佳月，2018）。

（2）内容视角

第一，亲子情感依恋的现状。

有学者认为，亲情缺失是留守儿童面临的最基本的问题（段成荣、秦敏，2016），也是留守儿童处境不利的突出表现。一些研究分析了留守儿童的亲子情感状况，认为留守儿童受到一定程度的心理虐待与忽视，并且程度显著高于非留守儿童（程培霞等，2010）；外出务工父母只关注留守儿童的学习情况，而忽视其内心情感（叶敬忠、孟祥丹，2010）。

有少数学者通过调查描述了留守儿童的亲子依恋状况，其结果却相差甚远。一项对安徽省 1026 名四至六年级学生的调查发现，相较于非留守儿童，父母双方外出打工的留守儿童，其母亲依恋维度的得分和父亲信赖维度的得分均更高（杜文军等，2015）。对 279 名留守儿童的调查发现，多数（85.7%）留守儿童感觉其亲子关系的亲密程度良好，同时也有 12.9%的留守儿童感觉与父母之间并不亲密（陈亮等，2009）。

另有研究却发现，相比非留守小学生，留守小学生的亲子依恋得分相对比较低（李晓巍、刘艳，2013）；由于和父母分离，留守初中生的依恋需要无法得到及时满足，亲子依恋质量低下（肖聪阁、陈旭，2009）。个别研究发现，留守儿童的依恋质量存在性别差异，对母亲的依恋质量高于对父亲的依恋质量，女生对父母的依恋质量优于男生（范丽恒等，2009）。

2017 年度《中国留守儿童心灵状况白皮书》指出，留守儿童中对父母的"生死"持"漠不关心"态度者的比例高达 9.7%；母亲如果外出务工，她们与子女的联结水平会骤然降低；与外出务工的父亲相比，外出务工的母亲对子女好像更为"绝情"，回家看望子女和电话联系子女的次数均比父亲少 10%~13%；"亲情淡薄"已经不仅仅是家庭内部问题（谢湘，2017）。

2018 年度《中国留守儿童心灵状况白皮书》指出，留守儿童怨恨父母的，不是他们"外出务工"，而是他们内心对自己的忽视；外出务工的父母对于亲子情感的忽视已经给留守儿童带来了心灵的伤害（王学琛，2018）。

第二，亲子联系沟通的现状。

有学者比较充分地论述了亲子联系沟通在留守家庭亲子关系中的重要意义，认为"留守"带来的最大挑战是孩子不能与父母保持日常的、近距离的沟通和交流，亲子沟通对亲子关系的协调发展具有至关重要的作用（段成荣等，2017b）。另有学者调查分析了流动父母与留守儿童之间的联系沟通状况，并得出了不同的结论。

许传新等（2011）调查发现，从不与父母交流沟通的留守儿童只是极少数（大约占 5%），说明留守家庭的亲子沟通状况是比较好的。陈亮等（2009）调查发现，大多数留守儿童与其外出务工父母之间的联系状况基本良好，一两个星期内保持一次联系者占 70.6%，父母主动联系者占 69.6%，但也有约 1/3 留守家庭的亲子联系不够紧密，也不够主动。

李彦章和向娟（2010）调查却发现，大部分留守儿童与流动父母的沟通情况不容乐观。张胜等（2012）的调查发现，相比非留守儿童，留守儿童与其父母的深入交流较少，与监护人的交流也比较缺乏。其他研究认为，流动父母与留守子女之间缺乏沟通，很了解子女心事者的比例并不高（叶敬忠、孟祥丹，2010）；留守儿童亲子之间亲密交流的需要未得到满足（段成荣，2016）。

见面频率和联系方式在一定程度上可反映亲子之间的沟通频率和沟通效率。对于重庆市小学生的调查发现，留守儿童与流动父母见面的频率极低，半年至一年见一次面者占所有留守儿童的39%，最近半年与父母见过面的占33%，一至两年没见过父母的占17%，两年以上没见过父母的占比高达12%；父母外出务工后与子女的日常联系主要依靠电话，还有短信、网络和书信等，使用电话进行联系沟通者占所有与父母有联系留守儿童的88%，仍有2%的留守儿童与外出父母之间没有任何交流（段成荣、秦敏，2016）。

2017年度《中国留守儿童心灵状况白皮书》分析了14868份调查数据，得出了一个最主要的结论：中国农村留守儿童的亲子联结水平低，心理状态需要社会关注（谢湘，2017）。农村"完全留守儿童"中与父母一年见面次数不足两次者已超过50%；农村"缺父留守儿童"中与父亲一年见面次数不超过两次者占接近1/3；农村"缺母留守儿童"中与母亲一年都未见面者占19.1%（谢湘，2017）。2018年度《中国留守儿童心灵状况白皮书》的内容显示，留守儿童中与父亲或母亲一年见面的次数不超过两次者约占40%，与父亲或母亲一年联系的次数不超过四次者约占20%；还认为亲子联系沟通状况可能影响留守儿童的心理健康，如果父母和子女的联系沟通做得不够，那么见面其实是没有用的；建议常回家看看不如多给子女通话，母亲与留守子女多联系还能够缓和父子之间的关系（王学琛，2018）。

个别研究关注了父母在亲子联系沟通方面的性别差异，发现母亲较好地扮演了与子女进行心灵沟通、相互理解的角色；相较而言，留守儿童和母亲的沟通状况要好于和父亲的沟通状况（许传新等，2011）。

第三，亲子教养辅助的现状。

通常，父母具有教育、辅导、帮助、支持未成年子女的功能（教养辅助功能）。对于留守儿童来说，父母外出务工毕竟影响亲子教养辅助功能，进而影响留守儿童的心理健康。关于外出务工父母的亲子教养辅助功能，以往研究很少关注，且关注者大多集中在教养方式上。

有研究认为，父母一方或双方外出打工，致使留守儿童难以从家庭中获得足够的情感上的支持和学习上的帮助，不利于留守儿童的身心健康发展（吕利丹等，2018）。一项对河南留守中学生的调查发现，留守儿童父母教养方式特征和非留守儿童父母有着相似之处：关爱关怀多于冷漠拒绝，鼓励自主多于过度保护；父亲教养方式表现为"关爱关怀最多、鼓励自主次之、冷漠拒绝较少、过度保护最少"；母亲教养方式表现为"关爱关怀最多、鼓励自主次之、过度保护较少、冷漠拒绝最少"（刘红升、靳小怡，2018）。

二 亲子关系的影响研究

本部分围绕亲子关系对儿童心理健康的影响，从整体视角、性别视角、内容视角对已有研究进行回顾和简评，以便为后面的分析框架部分提供依据。

1. 一般家庭亲子关系的影响

（1）整体视角

国外研究发现，亲子关系是儿童心理健康发展最重要的影响因素，对儿童的适应、自尊、问题行为、负性情绪和社会性发展等均有重要的影响。

在适应方面，亲子关系与青少年适应之间有着不同程度的联系，消极的亲子关系（如限制性控制、冲突、对抗）与青少年适应之间的联系程度超过了积极的亲子关系（如支持、民主、亲密、满意）（Wissink et al.，2006）；亲子关系与初中生的学业适应和情感适应之间也均存在显著的相关性（Cheung and Pomerantz，2011）。

在自尊方面，与父母之间亲密的、支持性的关系对青少年自尊具有重要影响（Harris et al.，2015），高质量的亲子关系可以使儿童拥有较高的自尊和较低的沮丧情绪水平，进而有助于其形成良好的亲密关系（Johnson and Galambos，2014）。

在问题行为方面，亲子关系是影响儿童行为发展的中心因素（Fosco et

al., 2012), 亲子关系质量及同胞关系质量对青少年的内化问题行为和外化问题行为均有重要影响 (Buist et al., 2011), 良好的亲子关系会使儿童的问题行为减少 (Martin et al., 2016), 消极的亲子关系会导致儿童问题行为增多 (Jouriles et al., 2014)。

在负性情绪及社会性发展方面, 与亲子关系差的青少年相比, 亲子关系好的青少年展示出了更少的负性情绪表征和更好的社会性特征 (Liu, 2008); 积极的亲子关系还可以使贫困儿童较少产生抑郁、焦虑等负性情绪 (Santiago and Wadsworth, 2011); 亲子关系的质量越高, 家长的情感支持越有力, 压力与儿童消极情绪体验 (抑郁和焦虑等) 之间的联系越弱, 而消极的亲子关系会导致儿童消极情绪体验增多 (El-Sheikh et al., 2013)。

国内有学者探讨了亲子关系与儿童心理健康之间的关系, 发现亲子关系及双亲关系是影响农村小学生心理健康水平的主要因素 (潘晓莉、甘晓伟, 2001); 亲子关系越和谐, 越有利于提升初中生的心理健康水平 (李文倩, 2017); 亲子关系与高中生的心理发展之间呈显著正向相关, 亲子关系可以直接显著预测其心理发展, 还可以部分通过自主水平影响心理发展 (王丽妮, 2017); 良好的亲子关系对儿童的心理发展起保护作用, 有利于改善其心理健康状况 (吴旻等, 2016)。

国内研究还发现, 亲子关系对儿童和青少年人格发展、社会适应、问题行为、抑郁情绪、幸福感和自尊等有显著影响。亲子关系及家庭教育是儿童人格发展和社会化的核心动因, 对儿童的成长和发展有决定性影响 (叶一舵、白丽英, 2002); 亲子关系不仅影响中小学生的人格特征, 而且影响其学习成绩及智力发展 (孟育群、李强, 2001); 亲子关系是影响儿童社会适应的因素 (徐良苑, 2015), 它不仅能够显著预测儿童的行为适应, 还能够缓解压力事件对问题行为的消极作用 (王晖等, 2018); 它不仅可以显著影响初中生的外化问题行为 (张一波等, 2017), 还可以调节社会负性环境对儿童问题行为的预测作用 (金灿灿等, 2012)。亲子关系和师生关系等各种人际关系显著影响儿童的抑郁情绪 (党清秀等, 2016); 亲子关系既直接影响主观幸福感, 又通过友谊质量来间接影响主观幸福感 (柴唤友等, 2016); 作为家庭系统的核心要素, 亲子关系对高中生的自尊与抑郁情绪也有重要的影响 (蚁璇瑶、凌宇, 2013), 亲子关系越好的青少年, 其自尊水平越高, 自尊水平与感知父母的情感温暖和理解之间呈显著正向相关（乐国安等，2011）；追踪研究发现，亲密的积极的亲子关系对初中生的自尊发展有显著的积极作用（潘颖秋，2015）。

（2）性别视角

以往研究通常把父子关系和母子关系作为一个整体变量进行研究。近年来，学界渐渐发现，在儿童的成长和发展过程中，父母所扮演的角色、亲子间互动的模式、所起的作用等均存在差异。例如，母亲与儿童有更多的情感联结（刘海娇等，2011），父亲为儿童提供更多的保护和支持（Mcbride et al.，2009）；母亲往往给儿童以生活和身体照顾、情感支持和教育卷入等，父亲常常与儿童分享童年经历，一起做游戏，有较多的身体接触，鼓励儿童独自探索和应变（Coyl-Shepherd and Newland，2013）。母子关系和父子关系有不同的特点，往往会以不同的方式对儿童的心理发展产生不同的影响（Videon，2005）。

第一，母子关系的影响。

研究发现，母子关系对儿童的问题行为有重要的作用。母子关系质量越高，儿童的问题行为越少（Burk and Laursen，2010）；母子关系对儿童的各种问题行为都有非常显著的影响，对儿童退缩行为和攻击行为有双向作用，在儿童的内隐问题行为中起更重要的作用（张晓等，2008）；墨西哥裔移民儿童五年级时高质量的母子关系与七年级时更少的外向问题行为有关（Schofield et al.，2008）。

从亲子关系的内容角度来看，早期安全型母子依恋可以预测儿童在整个儿童期和青少年期较少的问题行为和心理病理症状（Schneider et al.，2001）；母子亲密可以正向预测儿童的社会技能，负向预测儿童的内外向问题行为，母子冲突可以负向预测儿童的社会技能，正向预测儿童的内外向问题行为，母子亲密还可以缓冲父子冲突对儿童社会适应的不良影响（孟仙等，2011）；母子依恋可以降低儿童行为适应问题发生的风险（Buyse et al.，2011），显著调节社区暴力暴露对初中生结交越轨同伴的影响（吴旻等，2016）。

此外，母子之间的交流沟通、母亲的教养风格、母亲的支持和帮助也会影响儿童的心理健康发展。母亲积极情感的表达和儿童的社会能力与社会适应之间的关系密切（Eisenberg et al.，2003）；母亲独裁式教养风格与儿童外显问题和内隐问题之间均存在显著正向相关（Braza et al.，

2015）。

第二，父子关系的影响。

早期国外研究较多地关注母亲的角色，作为儿童的主要照顾者，母亲在儿童的健康成长与发展过程中起着主导作用（Martin et al.，2010）。自20世纪70年代以来，关于父亲角色和作用的研究逐渐增多。在近50年里，父子关系研究已经取得了大量的成果。

近年来，父子关系对儿童发展的意义逐渐彰显，亲子关系研究愈加重视父子关系对儿童心理健康的影响。一项利用追踪数据的研究发现，一期时的父子关系质量可以预测二期时青少年在生活满意度、绝望、自尊等心理健康方面的变化；相比母子关系质量，父子关系质量对青少年心理福利的影响更有力（Shek，1999）。

一项针对墨西哥裔移民儿童的追踪研究发现，五年级时高质量的父子关系可以显著预测儿童七年级时更少的内隐问题行为（Schofield et al.，2008）。此外，研究还发现，父教缺失可能使孩子产生孤独、寂寞和无助感（Peters and Ehrenberg，2008）。

国内研究较多地关注父子关系对儿童情绪和问题行为的影响。研究发现，父子关系在儿童外显问题行为的发展中起着更为重要的作用，对儿童攻击和违纪问题行为具有双向作用（张晓等，2008）；父子关系显著调节结交越轨同伴对初中生外显问题行为的影响（张一波等，2017）；儿童早期与父亲的安全依恋可负向预测儿童期到青少年期的问题行为和犯罪行为（Lieberman et al.，1999）；父子亲密可以正向预测儿童的社会技能，父子冲突可以正向预测儿童的内隐和外显问题行为（徐良苑，2015）；融洽的父子关系可以使初中生较少出现抑郁、焦虑、孤僻、退缩等内隐问题行为（万江红、李安冬，2016）。此外，父亲参与教养与儿童良好的成长过程和积极的发展结果有关（蒲少华、卢宁，2008）；父亲参与教养和儿童的适应及复原力呈正相关，和困扰呈负相关，父亲教养参与水平对于儿童心理健康发展有重要作用（陈玉兰等，2015）。

（3）内容视角

第一，亲子情感依恋的影响。

亲子情感依恋主要是指父母和子女之间在精神或心灵上的联结关系，体现为父母与子女之间相互的关心和爱，蕴藏着促进子女心理健康发展的巨大力量。

国外相关研究发现，亲子情感依恋与儿童消极心理之间关系密切。早有研究认为，与父母之间温暖、亲密、稳定的依恋关系是影响儿童以后心理健康的最重要因素（Sroufe，2005）。亲子依恋能够显著预测儿童的情绪问题和行为问题（Moullin et al.，2014）；针对初中生的追踪研究发现，当面对社区暴力等压力事件时，父母依恋及同伴依恋均可保护其内化性情绪适应（Salzinger et al.，2011）。研究表明，亲子依恋关系可以显著负向影响儿童的焦虑水平（吴庆兴、王美芳，2014）和抑郁程度（Agerup et al.，2015）；父母依恋安全性显著影响青少年的抑郁症状（Duchesne and Ratelle，2014）；良好的亲子依恋给儿童提供了安全和安慰，能够促进儿童积极地适应、勇敢地探索（Luthar，2015）。一项新西兰追踪研究发现，青少年期的亲子依恋与成年期的心理社会适应显著相关，青少年期的亲子依恋质量越低，成年以后出现抑郁、焦虑、自杀行为、药物滥用和犯罪等不良适应问题的可能性越大（Raudino et al.，2013）。研究还发现，父母的关心能够有效减少青少年的问题行为（Sandhu and Kaur，2012）；对美国拉丁裔家庭的追踪调查发现，家庭亲和可以预测儿童的社会问题解决技能和社会自我效能，积极教育可预测儿童的社会自我效能（Leidy et al.，2010）。

国内研究表明，亲子依恋对儿童焦虑、抑郁、问题行为、攻击行为、学校适应以及社会适应有重要影响。研究发现，亲子依恋可以显著负向影响儿童焦虑水平（吴庆兴、王美芳，2014），能够直接影响儿童抑郁水平，还能通过主观社会支持间接影响儿童抑郁水平（王蔺等，2018），或者通过心理素质影响抑郁水平（陈万芬等，2016）；父母的温暖关心能够有效减少青少年的问题行为（王素华等，2014）；亲子依恋与小学四至六年级学生的攻击行为显著负向相关（孟仙等，2011）；亲子依恋对初中寄宿生的学校适应有直接影响，与父母的关系越疏离、越不信任，其学校适应问题也越多（李勉等，2015）。

第二，亲子联系沟通的影响。

父母是儿童最主要的抚育者，父母与子女之间的沟通、交流、互动对子女心理行为发展有着十分重要的影响。

国外研究已表明，亲子沟通交流是满足儿童发展需求、促进儿童心理发展的重要因素（Luk et al.，2010；Fang et al.，2006；Wen，2008）。例如，对美国拉丁裔家庭的追踪调查发现，纵使在不利条件下，如果父母能够与子女开诚布公地有效沟通交流，并维系亲密的家庭联结，子女通常也能够展现出社会能力的提升，特别是在社会问题解决技能和社会自我效能方面（Leidy et al. , 2010）。

国内研究发现，良好的家庭沟通能够缓解儿童的孤独感（李彩娜、邹泓，2006）；对海外留守儿童的研究发现，社会行为表现良好者的亲子沟通更为频繁，每次通话时间也更长，交流的话题也更广泛（陈晶晶，2008）；亲子沟通与青少年的社会适应显著相关，亲子沟通的不同方面对青少年社会适应的不同方面有不同的预测作用，对自尊和抑郁的预测作用强于对社交焦虑和问题行为的预测作用（方晓义等，2006）。

第三，亲子教养辅助的影响。

父母教育、帮助、支持子女是亲子关系的重要内容，对子女的心理健康有重要影响。

国外研究发现，在父母教育子女方面，不同文化背景下独裁型教养方式所养育的儿童或青少年容易产生焦虑、抑郁、退缩等内外化行为问题（Rinaldi and Howe，2012；Akhter et al. , 2011）；感知父母教养方式为消极的13～15岁儿童出现心理功能异常的风险较大（Ritchie and Buchanan，2010）。对来自美国、中国、韩国和捷克的1696名青少年的调查发现，感悟父母参与和亲子冲突在家庭负性生命事件对青少年抑郁的影响中起中介作用；感悟父母参与、亲子冲突以及感悟父母惩戒在家庭负性生命事件对青少年问题行为的影响中起中介作用（Dmitrieva et al. , 2004）。研究还发现，父亲参与程度与儿童的生活满意度之间高度相关；尤其是对于受同伴攻击的儿童来说，父亲参与程度可以对同伴攻击的影响起到缓冲的作用（Flouri and Buchanan，2003）。

国内关注父母教养辅助影响儿童心理健康的研究较少，且主要集中在教养方式上。研究发现，母亲教养方式及其一致性是影响农村小学生心理健康的主要因素（潘晓莉、甘晓伟，2001）；来自民主型家庭的青少年，其孤独感得分显著低于来自冷漠型和权威型家庭的青少年（李彩娜、邹泓，2006）。

2. 留守家庭亲子关系的影响

（1）整体视角

以往相关研究较多地关注亲子分离对留守儿童心理健康的影响，仅有少量研究探讨了亲子关系对留守儿童心理健康的影响。刘琴等人系统分析了中国留守儿童心理健康的影响因素，发现亲子关系、双亲外出情况、双亲外出时间及社会支持是影响留守儿童心理健康的主要因素（刘琴等，2011）。一项针对中国留守儿童的横断面调查发现，留守儿童面临严峻的孤独风险，亲子关系是影响其孤独水平的重要因素（Jia and Tian，2010）。申晓燕和陈世联（2009）指出，亲子关系残缺造成了留守儿童的情绪问题，对留守儿童的情绪智力具有重要影响。一项针对河南留守小学生的调查发现，监护人的关怀程度、与父母沟通的频次和监护人的态度对留守小学生的自我意识有显著的影响（贾文华，2011）。还有研究表明，亲子关系与留守儿童的心理机能和行为问题关系密切（Zhao et al.，2015）；良好的亲子关系对留守儿童的心理发展有促进作用，亲子关系越亲密、越和谐，留守儿童的主观幸福感等积极情绪水平越高（陈亮等，2009）。可见，亲子关系是影响留守儿童心理健康发展的重要因素。

（2）性别视角

当前，关于留守家庭亲子关系的实证研究比较少见，尚未见到从性别视角来考察亲子关系对留守儿童心理健康的影响差异的研究。这也为本书预留了研究的空间。

（3）内容视角

第一，亲子情感依恋的影响。

部分围绕亲子情感依恋与留守儿童心理健康发展的关系研究发现，亲情慰藉缺失可能严重影响留守儿童的心理健康发展（段成荣等，2017b）；亲子之间紧密的情感联结对留守儿童的心理适应具有保护和促进作用，亲子亲合能够显著调节同伴接纳与留守儿童孤独感之间的关系（赵景欣等，2013b）；养育者与儿童之间的紧密情感联系是减少农村留守儿童偏差行为的重要保护因素（赵景欣等，2013a）；亲子依恋、母亲依恋、父亲依恋与留守儿童的情绪性问题行为之间存在显著负相关关系，亲子依恋能够预测留守儿童的情绪性问题行为，母亲依恋的预测能力要强于父亲依恋（卢茜等，2015）；亲子依恋部分通过师生关系对留守儿童的主观幸福感产生影响（李晓巍、刘艳，2013）；亲子依恋对留守儿童的应对方式也有重要的影响（张胜等，2012）。可见，亲子情感依恋对留守儿童心理健康有重要影响。

第二，亲子联系沟通的影响。

亲子联系沟通是流动父母与其留守子女之间交往互动的主要形式，是减轻亲子分离的负面影响的重要途径。2018 年度《中国留守儿童心灵状况白皮书》指出，长期与父母分离造成了留守儿童的心理问题，父母与孩子之间的亲子联结水平对留守儿童的情绪状态具有直接或间接的影响（王学琛，2018）。

研究发现，与父母关系糟糕、与父母联系频率低下的留守儿童更容易遭受孤独，特别是严重的孤独（刘琴等，2011）；与父母经常保持联系的留守儿童，其情绪与行为问题的发生率比较低（江琴，2013b）；亲子沟通水平高的留守儿童，其生活满意度、学校满意度和幸福感水平也高（Su et al.，2013）；亲子沟通频率对留守儿童的幸福感具有显著的影响（唐有财、符平，2011）。对河南周口地区留守儿童的调查发现，父母与子女的联系状况、子女对父母外出打工的认知对留守儿童的主观幸福感有重要的作用，同与抚养人的关系质量相比，与外出父母的关系质量对留守儿童主观幸福感的影响更大（陈亮等，2009）；与务工父母保持密切联系的留守儿童在自尊、心理支援、生活信心和社会适应总分上均有明显的优势（崔丽娟，2009）；基于网络的亲子沟通可以显著正向预测留守儿童的社会适应（柴唤友等，2017）。综上可见，亲子联系沟通对留守儿童的心理健康有重要的影响。

第三，亲子教养辅助的影响。

外出务工父母通过各种方式适时地在学习、生活、心理、行为、品格等方面提醒、督促、帮助、支持留守儿童，既是亲子分居两地的不利情境中父母与子女之间交往互动的重要内容，又是家庭结构遭到损害的不利条件下父母履行教养职责、发挥教养功能的重要形式，还是留守儿童在留守情境下所能感受到的来自父母的最重要的支持源。自然地，亲子教养辅助发挥或体现的情况，势必会对留守儿童的心理健康产生影响，特别是会对留守儿童的心理弹性产生影响。然而，以往研究却尚未对此展开探讨。

三　亲子关系的类型研究

通过文献回顾发现，相较于老年学领域代际关系的类型研究，儿童社会学、教育学和心理学领域中针对亲子关系类型的研究非常少见。

需要特别说明的是，由于当前留守家庭亲子关系类型研究极其少见，所以本部分主要围绕"一般家庭亲子关系类型的划分、一般家庭亲子关系类型对儿童心理健康的影响、一般家庭亲子关系类型组合对儿童心理健康的影响"对国内外文献进行回顾。

1. 亲子关系类型的划分

关于亲子关系的类型划分，学者们有不同的划分标准或依据，所划分的亲子关系类型也不尽相同。概括而言，已有研究中所采用的划分标准或依据有以下三类。

（1）选取的测量工具

早期的亲子关系研究大多是依据所选取的测量工具对亲子关系进行类型划分的。

例如，吴柯（1990）引用《亲子关系量表》（PBI），根据父母对子女的"关心"和"管束"情况，把亲子关系划分为四类，即多关心多管束型、少关心多管束型、少关心少管束型、多关心少管束型，并比较了犯罪青少年和一般青少年的亲子关系。

周步成（1991）对日本学者品川不二郎编制的《亲子关系诊断测验》（PCRT）进行了修订，根据"孩子对父母教养态度的评定"情况，把亲子关系划分为5种态度10种类型，即拒绝态度（消极拒绝和积极拒绝）、支配态度（严格型和期待型）、保护态度（干涉型和不安型）、服从态度（溺爱型和盲从型）以及矛盾态度（矛盾型和不一致型）。《亲子关系诊断测验》以及亲子关系类型的划分方法也较为广泛地应用于儿童与青少年研究（吴念阳、张东昀，2004；杨莲清，1998；孟育群，1992；李强、孟育群，2001）。

刘玉梅等（2009）用日本学者开发的《大学生亲子关系量表》把女大学生不同时期的母子关系划分为不同的类型：幼儿期的不信任型、安全依恋型、过分依赖型、分离不安，青春期的拒绝型、尊敬型、关注型、冷漠型、过分依赖型，大学时期的亲密型、拒绝型、挂虑型、依存型。

（2）亲子关系的内容

国内外还有一些研究是根据亲子关系某个方面的内容对亲子关系进行类型划分的。

Ainsworth（2006）将亲子依恋划分为以下三种基本类型：安全型、焦虑型、回避型。其中，安全型依恋是指当儿童发现亲人在其身边时所具有的一种安静的、依赖的行为表现；回避型依恋是指儿童总是避开陌生人而趋向亲人；焦虑型依恋是指当儿童预感到分离即将发生时试图通过靠近和跟随来与母亲保持接近（Ainsworth，2006）。国内有学者进一步把诸多类型的亲子依恋概括为两大类：积极依恋和消极依恋。前者主要是安全型依恋，后者则包括回避型依恋、反抗型依恋、混乱型依恋（叶一舵、白丽英，2002）。

尹霞云（2012）根据父子之间"依恋"和"冲突"的对比关系，将父子关系划分为三类——"高冲突低依恋"、"中冲突中依恋"和"低冲突高依恋"，并分析了父子关系类型对儿童心理适应的影响。

Lamb（2000）将父亲教养划分为三种类型：一是投入型，指父亲直接参与照顾孩子，主要是与孩子的直接互动；二是可接近型，指父亲的可用性，他可能并没有和孩子直接联系，但是在孩子需要时他能提供帮助；三是承担责任型，指父亲对孩子的有关事宜能够负起责任，关心孩子的幸福健康，但是不一定与孩子有直接接触。

根据父子之间的情感状况和亲职功能的发挥状况，有学者把孩子对父亲参与的感知理解为两个基本维度：第一个维度是表达，即把父亲理解为情感上易接近的；第二个维度是工具，即把父亲描述为培养孩子成长的工具。相应地，将父亲划分为"表达型"父亲（情感上温暖、理解、易亲近）和"工具型"父亲（养育和指导）（Krampe，2009；蒲少华等，2011）。

（3）标准或依据不明

此外，国内还有一些研究在对亲子关系进行类型划分时并没有明确其标准或依据。

郑希付（1998）将亲子关系划分为六类：养育型、财产拥有型、反向型、冲突型、泛爱型和亚平等型。养育型指父母的主要功能是养育子女，其他功能明显不足；财产拥有型指父母将子女作为自身的私有财产，对子女任意指责、批评、摆布；反向型指子女在亲子关系中处于支配地位，父母处于被支配地位，对子女绝对服从；冲突型指父母与子女互相攻击；泛爱型指父母对子女保护、限制过多，赞赏过多；亚平等型指父母对子女有一定的权威，同时也给子女较充分的表达自己意愿的空间（郑希付，1998）。

符明弘和李鹏（2002）将亲子关系分为五种类型：专制服从型，是以父母为中心，孩子必须服从父母；满足保护型，是以孩子为中心，父母总设法满足孩子；理解信任型，是父母和孩子互为朋友；矛盾冲突型，是父母与孩子互相抵触，发生矛盾、冲突；互不相干型，是父母与儿女谁也不管谁。

陈雪婷（2018）对质性访谈资料进行分析后将大学生的亲子关系分成五种类型：良性互动型、过于关爱－依赖型、过于关爱－反感型、严格－无奈型、疏忽－冷漠型。张娥（2012）从子女感知的视角把大学生的亲子关系分为四种类型：双亲亲子关系良好型、双亲亲子关系最差型、冲突型Ⅰ和冲突型Ⅱ。

值得注意的是，关于留守儿童的亲子关系类型，个别学者根据监护主体将其分为单亲子关系（父母一方外出打工而另一方留在家中）、隔代亲子关系（父母双方外出打工而由祖父母或外祖父母代养）、亲朋亲子关系（父母双方外出打工而由亲属代养）和零亲子关系（父母双方外出打工而由自己照顾自己）（方建华，2009）。

综上可见，学术界已经开始意识到亲子关系类型研究的学术价值，开始尝试着按照标准或方法对亲子关系进行类型划分，并且取得了初步的研究成果，为后续深入研究奠定了基础。然而，人口流动背景下流动父母与留守儿童之间的亲子关系类型问题还没有引起学界的关注。

2. 亲子关系类型的影响

概括而言，关于亲子关系类型影响儿童心理健康的研究主要集中于探讨亲子依恋类型及父母教养方式对儿童心理健康的影响。

关于亲子依恋类型对儿童心理健康的影响，国外研究认为，拥有安全型亲子依恋的儿童，其社会能力发展得更好，认知功能的发展水平更高，身心健康水平也更高（Ranson and Urichuk，2008）；相比非安全型依恋者，拥有安全型亲子依恋的儿童较少发生攻击行为（Verma and Talebi，2007）；焦虑型依恋与童年中期儿童的社会焦虑症状高度相关，低安全型依恋和高焦虑型依恋与童年中期儿童的高社会焦虑症状高度相关（Brumariu and Kerns，2008）。

关于父母教养方式与儿童心理健康的关系，国外研究发现，个体在童年期不良的父母教养方式、不安全的亲子依恋与青少年期反社会人格障碍的形成有密切的关联（Semiz et al.，2007）；父母严厉的教养方式对儿童问题行为的正向影响可以被安全型亲子依恋显著削弱（Gallarin and Alonso-Arbiol，2012）；父母依恋的安全类型与青少年的社会情感适应自我知觉之间也关系密切（Al‐Yagon，2011）。

国内研究表明，亲子关系与儿童的心理健康具有显著的相关性，不良的亲子关系与青少年的心理健康问题存在显著的相关性，且因不良亲子关系的类型而有所不同（吴念阳、张东昀，2004）；相比非安全型依恋者，拥有安全型亲子依恋的青少年较少表现出攻击行为（李霓霓等，2009）；童年期不良教养方式、受虐待、不安全依恋与青少年期反社会人格障碍之间有密切关联（陈哲等，2011）。

对农村青少年社会适应性的研究发现，亲子关系对农村青少年社会适应性（心理优势感、心理能量、人际适应和心理弹性）有显著影响：消极拒绝、积极拒绝、严格型、不一致型和矛盾型亲子关系对农村青少年社会适应性有正向影响；而溺爱型、盲从型和不安型亲子关系对农村青少年的社会适应性有负向影响（丁腾慧，2011）。此外，不同时期、不同类型的母子关系对女大学生的友好相处能力有一定的影响（刘玉梅等，2009）。

3. 亲子关系类型组合的影响

纵览已有研究发现，关注亲子关系类型组合影响儿童心理健康的研究极为少见，且仅有的相关研究也只涉及了父母的亲子依恋类型组合和教养风格组合对儿童心理健康的影响。

国外研究发现，相较于拥有两种不安全型依恋的儿童，那些拥有两种安全型依恋的儿童在同伴技能、学校适应和积极自我表征方面的状况明显更好，焦虑和退缩行为也明显更少（Verschueren and Marcoen，1999）。关于父母不同的教养风格组合对子女问题行为的影响研究发现，母亲独裁式教养风格与父亲纵容式教养风格的组合仅仅与男孩的内隐问题行为负向相关，而与男孩和女孩的攻击行为均正向相关；母亲纵容式教养风格和父亲纵容式教养风格的组合仅仅与女孩的身体攻击行为正向相关（Braza et al.，2015）。

国内仅个别研究探讨了亲子依恋类型组合与小学高年级儿童攻击行为之间的关系，发现不同亲子依恋类型的小学四至六年级学生之间在攻击性上存在显著差异：双亲依恋安全型儿童的攻击性最低，其次为母亲安全父亲非安全型儿童，再次为父亲安全母亲非安全型儿童，双亲非安全型儿童的攻击性最高（孟仙等，2011）。

四 研究评述

（1）农村留守家庭的亲子关系现状更需要基于调查数据从多维视角加以客观描述

纵览已有文献发现，总体而言，关于留守家庭亲子关系的研究较少，且这种缺乏以实证研究为甚。关于留守家庭亲子关系的现状，已有研究尚存在以下不足之处。

第一，已有思辨研究或基于媒体报道，或基于主观判断，认为留守家庭的亲子关系状况不佳。基于调查数据的量化分析明显更具有现实说服力。

第二，绝大部分已有研究是以整体视角为主，将流动父母与留守儿童的亲子关系理解为一个整体性概念，忽略了父母性别和子女性别视角下留守家庭亲子关系的现实特征差异。

第三，从内容视角对留守家庭的亲子关系现状进行探讨的研究也存在提升的空间。比如，科学技术发展使流动父母与留守儿童之间联系沟通的方式更为多样，已有研究业已关注了亲子联系沟通频率对于留守儿童的作用，但却忽略了亲子联系沟通方式对于留守儿童的作用。再如，亲子联系沟通是父母与子女之间的双向互动行为，已有研究业已关注了流动父母主动与留守子女联系沟通的作用，但却忽略了留守子女的主动性和感受性。毕竟，留守子女确实存在与流动父母联系沟通的主观需求；对于独立意识和叛逆心理逐渐增强的儿童来说，他们是否喜欢与父母进行联系沟通在很大程度上决定着联系沟通的效应、性质和深入程度。以往研究对此却关注甚少。因此，有必要实证考察流动父母与留守儿童之间联系沟通的频率高低和留守儿童对于亲子联系沟通的主观态度。此外，对于流动父母教育、辅导、帮助、支持留守儿童，已有研究关注甚少。

第四，在内容视角下绝大部分已有研究仅仅关注了某个维度的基本现状，尚没有揭示出各个维度之间的内在结构特征。

第五，由于概念界定不一、测量标准各异，已有调查发现不尽相同，甚至结论大相径庭、截然相反。例如，一些研究发现留守家庭亲子联系沟通状况良好，另一些研究认为留守家庭亲子联系沟通状况不容乐观。在亲子情感依恋方面，已有研究结论亦是如此。全面认识和深入理解留守家庭亲子关系的概念与内涵有利于客观把握其整体面貌与本质。

（2）亲子关系影响儿童心理健康的研究亟须从性别视角和内容视角进行深入拓展

通过文献回顾发现，大量研究证实了一般家庭中亲子关系影响儿童心理健康发展，仅有少量研究从整体视角证实了亲子关系对留守儿童心理健康有重要影响。

已有研究业已表明，一般家庭亲子关系存在显著性别差异，父子关系和母子关系对儿童心理健康发展的影响存在差异。但是，从父母或子女性别的视角分别揭示亲子关系对留守儿童心理健康的影响研究极其少见。父子关系和母子关系对留守儿童心理健康的影响是否存在差异，还需要实证检验。同时，尚无研究关注父子关系和母子关系对留守儿童心理健康发展的共同影响。显然，在现实生活中，完整家庭的儿童既受到了父母一方的独立影响，又受到了父母双方的共同影响。

需要强调的是，已有研究从内容视角揭示了亲子情感依恋和亲子联系沟通对留守儿童心理健康的影响，但却忽略了亲子教养辅助对留守儿童心理健康的影响。很显然，外出务工期间流动父母教育、辅导、帮助、支持留守儿童是亲子交往互动的重要内容。从某个单一维度揭示的对留守儿童心理健康的影响尚不能够代表亲子关系的影响。

（3）亲子关系类型研究在划分依据、划分方法和影响分析等方面均存在不足之处

尽管有学者已经意识到了亲子关系类型研究的价值和意义，并已开启了亲子关系类型的探索之旅，为后期的研究奠定了基础，提供了参考，但是，相关研究尚处于起步阶段，无论是从理论上看还是从方法上看，均存在不足之处。

首先，亲子关系类型的划分依据存在不足之处。大部分已有研究是以量表为测量工具的，而量表中问题和选项的设计与开发者的研究目的、对象、侧重有关，这限制了量表的适用性。对于来自不同时代、不同国家、不同文化的群体而言，结合现实情境和群体特征、选取适合的标准和依据进行亲子关系类型的划分，是非常必要的。此外，个别基于质性访谈材料

的亲子关系类型划分则具有较强的主观臆断性，缺乏科学性，这是其不足之处。尽管部分研究选取亲子关系的内容作为亲子关系类型的划分依据，但是其所选的内容较为单一，要么仅选取了亲子依恋，要么仅选取了教养方式，这显然无法从整体上全面反映现实中亲子关系的本质特征。在留守家庭亲子关系的类型划分方面，个别学者选择了监护主体作为划分依据，这显然是一种"形式上"的亲子关系，是一种"拓展意义上"的亲子关系，仅涉及了亲子关系的"主体"，而未涉及亲子关系的"内容"。从理论上看，以亲子关系的内容或维度为依据所进行的类型划分才更能够反映亲子关系的本质或属性。

其次，亲子关系类型的划分方法存在不足之处。流动父母与留守儿童的亲子关系在不同维度上呈现的特征不同，其背后蕴藏的类型也不同，对留守儿童心理健康的影响可能也不同。相较于以往研究中仅根据某个维度的得分高低进行类型划分的方法，潜在类别分析方法更适用于根据各个维度的现实特征来识别潜在类型。然而，截至目前，尚未见基于亲子关系维度的现实特征，运用潜在类别分析方法，对留守家庭的亲子关系进行类型划分的研究。

最后，亲子关系类型的影响研究存在不足之处。一方面，研究空间极大。尽管已有少量研究分析了亲子关系对留守儿童心理健康的影响，从内容视角分析了亲子依恋和亲子联系沟通及父母教养方式对留守儿童心理健康的影响，但是关于亲子关系类型对留守儿童心理健康的影响，已有研究尚未涉及，这给本研究预留了极大的研究空间。另一方面，研究视角单一。在性别视角下，亲子关系类型可以分为父子关系类型和母子关系类型；在类型视角下，父子关系类型和母子关系类型既会对儿童心理健康有独立影响，也会对儿童心理健康有共同影响。因此，有必要纳入性别、类型以及类型组合的视角，分析父子关系类型和母子关系类型及其组合对留守儿童心理健康的影响。

第三节　心理弹性相关研究

近年来，从积极心理学的视角出发，从心理弹性的概念切入，研究留守儿童的心理健康问题，是相关研究的重要转向（董泽松、张大均，

2013b)。留守儿童心理弹性研究日渐增多,内容涵盖了心理弹性的现状、影响因素以及影响结果。本节首先简要介绍心理弹性的现状研究,然后重点回顾心理弹性的影响因素研究,最后客观评述已有相关研究的贡献与局限。

一 心理弹性的现状研究

关于留守儿童的心理弹性水平,学界所持观点不同。有研究认为,留守儿童的心理弹性水平不高,尚处于中等偏上水平(王淑芳,2010;刘红升、靳小怡,2018);留守儿童的心理弹性与非留守儿童未见显著差异(刘红升、靳小怡,2018)。有研究认为,留守儿童的心理弹性与非留守儿童存在显著差异(牛英,2014)。另有调查发现,留守儿童和非留守儿童仅在积极认知上存在显著差异,留守儿童在积极认知上的得分均显著低于非留守儿童(许松芽,2011)。还有研究发现,留守儿童在目标专注、情绪控制、家庭支持、人际协助、个人力和支持力上的得分均显著低于非留守儿童,但在积极认知得分上与非留守儿童无显著差异(徐礼平等,2013a,2013b);在心理弹性的情绪控制、目标专注、积极认知、人际协助上和心理弹性总体上,留守儿童的得分均显著低于外来务工人员子女,在家庭支持上差异不显著(应湘等,2013);少数民族地区的留守儿童在心理弹性的积极认知、家庭支持上和心理弹性总体上的得分显著低于非留守儿童(董泽松、张大均,2013b)。

关于留守儿童心理弹性的性别差异,学界的观点也不统一。有研究发现,留守女童的心理弹性水平显著高于男童(徐贤明、钱胜,2012;牛英,2014;王淑芳,2010;刘巧兰等,2011);另有研究发现,留守女童的心理弹性水平仅在目标专注和积极认知上显著高于男童(徐礼平等,2013a,2013b);还有研究认为,留守男童的心理弹性水平高于女童(唐开聪,2012),或者仅仅在目标专注和情绪控制上高于女童(应湘等,2013);甚至有研究发现,留守儿童的心理弹性没有显著的性别差异(刘红升、靳小怡,2018;胡月琴、甘怡群,2008)。

研究表明,儿童的心理弹性会随着年龄的增长而增强(Werner and Smith,1992),但是留守儿童相关研究得出的结论不尽相同。有研究发现,不同年龄或年级的留守儿童的心理弹性未见显著差异(李永鑫等,2008;

刘红升、靳小怡，2018）；留守初中生的个人力水平、支持力水平和心理弹性总水平均呈现随着年级的增长而增高的趋势，但差异并不显著（唐开聪，2012）。另有研究发现，留守儿童的心理弹性具有随着年级的增长而增强的趋势，并且不同年级留守儿童在情绪控制、积极认知、家庭支持、人际协助得分上和心理弹性均分上存在显著差异（应湘等，2013）。但是，也有研究发现，不同年级留守儿童在心理弹性上存在显著差异，五年级留守儿童心理弹性得分显著高于六年级留守儿童（牛英，2014），初一留守儿童的心理弹性得分高于初三留守儿童（王淑芳，2010）；少数民族地区初一和初二留守学生在情绪控制、心理弹性总分上均高于初三留守学生（董泽松、张大均，2013b）。

二 心理弹性的影响因素研究

根据生态系统理论，家庭是儿童发展至关重要的微观环境，是儿童最重要的社会支持来源；学校在影响儿童发展的环境因素中也占有重要地位，随着儿童年龄的增长，师生关系、同学关系或同伴关系逐渐成为最基本的人际关系，对儿童发展有重要影响；社区也是儿童赖以生活的微观环境，社区因素对儿童发展有重要影响。

通过回顾文献发现，儿童心理弹性的影响因素大致上可归为家庭因素、学校因素、社会因素及个体因素，基本上印证了生态系统理论的主要观点。

1. 一般儿童心理弹性的影响因素

（1）家庭因素

国外研究指出，家庭结构完整、家庭成员关系亲密、家庭凝聚力强劲、支持性亲子互动、激励性环境、稳定且充足的收入等是儿童心理弹性在家庭层面的保护因素（Benzies and Mychasiuk，2009）；良好的家庭氛围和关系、来自家庭的积极反馈均能使儿童表现出弹性行为（Morrison and Allen，2007）；能感知到来自家庭成员的支持对儿童心理适应有保护作用（Rueger et al.，2010）；亲密的家庭关系和良好的家庭环境被视为儿童面临困境时能够良好适应的关键因素，是儿童心理弹性的保护因素；即使风险因素出现在家庭内部，和父母的密切关系也具有很好的保护作用（Luthar et al.，2000；Martinez-Torteya et al.，2009；Luthar，2015）。

国外大量实证研究结果表明，家庭及社区因素促使艰苦生活环境下的儿童表现出心理弹性差异（Howard and Johnson，2000）；家庭因素与儿童受欺负后的心理弹性有紧密联系，温暖的家庭人际关系和积极的家庭环境氛围有助于缓冲受欺负对儿童的负面影响（Bowes et al.，2010）；对于那些在经济性或社会性不利条件下成长的儿童，支持性家庭关系可以缓冲外界环境压力产生的影响（Leidy et al.，2010）；相比受丧亲影响儿童，照料者更温暖、纪律性更强以及精神健康问题更少，是丧亲弹性儿童明显的家庭层面特征；对负性事件的威胁感知更少、应对压力时个人效能感知更强，是丧亲弹性儿童显著区别于受丧亲影响儿童的个人特征（Lin et al.，2004）；个体在童年期积极的家庭环境与其成年期较高的心理弹性水平有正向关联（Bradley et al.，2013）；同胞关系影响儿童心理弹性（McHale et al.，2012；Conger and Kramer，2010；Werner，2010），有四个或少于四个兄弟姐妹，且与兄弟姐妹年龄间隔至少两岁的儿童，其心理弹性水平更高（Werner，2010）；农村青少年心理弹性模型的验证结果表明，年龄、性别、负性生命事件、乐观和家庭支持等可以部分预测心理弹性水平（Tusaie et al.，2007）。

国内研究也证实，父母关系和谐、家庭功能完好、亲子关系良好对儿童心理弹性有重大作用（曾守锤、李其维，2003）；父母关系亲密、亲子沟通良好、父母关心是中学生心理弹性的重要保护因素（谭水桃等，2009）；同胞关系状况影响儿童心理弹性（朱慧慧等，2012；靳小怡、刘红升，2018）。

国内外研究均已表明，家庭因素是影响儿童心理弹性的重要因素，家庭环境、家庭氛围、家庭结构、家庭功能、亲子关系、同胞关系、同胞数量、家庭收入等对儿童心理弹性均有重要影响，这对留守儿童心理弹性研究具有佐证和启示作用。

（2）学校因素

国外研究指出，积极的学校体验或经验是心理弹性的重要保护因素（Gilligan，2010）；培育机构、学校和老师可以传授弹性知识，在帮助儿童发展成为有能力、有爱心的成人的过程中起着至关重要的作用（Brooks，2006）；积极的师生关系和同伴关系会增强儿童的心理弹性（Morrison and Allen，2007）；来自老师、朋友、同胞等主体的支持可以提升亚裔美籍青少年的教育弹性，与老师关系亲近、融入朋辈群体、朋辈支持可预防和父母相关的学业风险（Crosnoe and Elder，2004）；父母、老师、同学、朋友的支持与初中生的抑郁、焦虑、自尊和学业适应均有显著相关关系；同学的支持只对男生的情绪适应和学业适应有稳定而独立的预测作用（Rueger et al.，2010），情绪适应和学业适应均是儿童心理弹性的重要表现。

国内研究发现，感知学校气氛可以通过心理弹性间接地影响学习倦怠（李媛，2016）；走读生心理弹性的总体水平高于住校生（朱慧慧等，2012）；学校性质、同学友好程度和老师表扬频率对流动儿童心理弹性有显著影响（靳小怡、刘红升，2018）。

综合国内外研究发现，作为影响儿童发展的重要微观环境，学校因素对儿童心理弹性有重要影响，学校性质、学校气氛、师生关系、同学关系等是儿童心理弹性的重要影响因素，这对促进留守儿童心理弹性发展具有重要指导意义。

（3）社会因素

国外研究表明，社区环境及社区弹性对儿童心理弹性非常重要，儿童福利机构及其他供儿童玩耍与学习的安全环境对儿童心理弹性具有保护作用（Masten and Osofsky，2010）；社会支持对提升个体心理弹性具有积极作用（Sippel et al.，2015）；对于有移民或流动背景的儿童来说，除家庭支持外，其他社会成员的支持也是心理弹性的影响因素（Pinkerton and Dolan，2007）。国内研究发现，获得社会支持越多，大学生心理韧性越强（桑利杰等，2016）；社会支持通过心理弹性影响流动儿童的抑郁症状（王志杰等，2014）。

2. 留守儿童心理弹性的影响因素

留守儿童心理弹性的影响因素研究较为匮乏，通过梳理已有研究发现将影响留守儿童心理弹性的因素分层次概括为家庭因素、学校因素、社会因素及个体因素。

（1）家庭因素

概括而言，从家庭层面看，留守儿童心理弹性的影响因素主要包括父母流动情况、家庭亲子关系、家庭子女情况和儿童监护类型。

具体而言，父母流动情况主要涉及父母外出类型、父母在外时长、父母流动距离等。

研究发现，父母外出类型对留守儿童心理弹性具有显著影响。父母外出类型不同，留守儿童心理弹性水平不同。例如，研究发现，在留守儿童中，父亲外出者的心理弹性水平显著高于母亲外出者和双亲外出者（牛英，2014）；父亲外出的留守儿童心理弹性水平最高，双亲外出者次之，母亲外出者的心理弹性水平最低（李永鑫等，2008）。在少数民族地区留守儿童中，单亲外出者的心理弹性水平显著高于双亲外出者，且主要体现在积极认知、家庭支持和心理弹性总分上（董泽松、张大均，2013a；董泽松、张大均，2013b）。

研究证实，父母在外时长对留守儿童心理弹性具有显著影响。具体而言，父母在外时长与留守儿童心理弹性显著相关，父母在外时间越长，留守儿童的心理弹性水平越低（董泽松、张大均，2013b；李永鑫等，2008；王东宇、王丽芬，2005）；在留守儿童中，父母外出2年以下者的心理弹性水平显著高于父母外出2~5年和5~8年者（王淑芳，2010）；母亲在外时间长短对留守儿童的心理弹性具有显著的间接影响（刘巧兰等，2011）。

父母在外时长在很大程度上也是子女在家留守时长，还是亲子分离时长。因此，父母在外时长对留守儿童心理弹性的影响在很大程度上也可理解为留守时间长短或亲子分离时间长短的影响。不同留守时长的留守儿童在心理弹性上有显著差异，心理弹性得分随着留守时间的增加而递减（牛英，2014），如果留守儿童的留守时间超过半年，其心理品质与社会适应便会出现明显的下降；如果留守时间继续延长，留守儿童的心理品质和社会适应将呈现继续下降的态势（郝振、崔丽娟，2007b）。

关于父母流动距离对留守儿童心理弹性的影响，以往研究仍然鲜有涉及。一项基于河南省中学生调查数据的研究发现，父母流动距离对留守儿童的心理弹性有显著的影响，父母流动距离越远，儿童的心理弹性水平越低；相较于父母跨省流动的留守儿童，父母仅在县内流动的留守儿童的个人力水平和心理弹性总体水平均明显更高，但是其支持力水平未见显著的变化，父母跨县流动但尚未出省的留守儿童，其个人力水平明显更高（刘红升、靳小怡，2018）。

关于家庭亲子关系对留守儿童心理弹性的影响，不少学者认为，与照顾者的亲密关系是留守儿童心理弹性的重要保护因素（江琴，2013a）；来自家人的关心与呵护、家庭经常团聚、合宜的监管也是留守儿童心理弹性的重要保护因素（万江红、李安冬，2016）；家庭氛围是否和睦、家庭支持性、父母平时过问程度、父母之间关系和母亲平时的要求直接影响留守儿童的心理弹性（Beavers and Hampson，2000）；父母之间关系亲密、亲子之间沟通良好以及来自父母的关心是留守初中生心理弹性的重要保护因素（何芙蓉等，2011）。

家庭中兄弟姐妹情况是影响留守儿童心理弹性的重要因素。研究发现，兄弟姐妹数对留守儿童心理弹性有显著正向影响（刘红升、靳小怡，2018）；留守儿童中，与兄弟姐妹共同生活者的心理健康发展水平显著高于那些不与兄弟姐妹共同生活者（王东宇、王丽芬，2005）。当然，也有研究发现，独生子女的心理弹性优于非独生子女（蒋玉红等，2013）。

关于监护类型对留守儿童心理弹性影响的研究发现，由母亲监护者的心理弹性水平最高，由祖父母监护者次之，由父亲监护者的心理弹性水平最低（牛英，2014）。不过，也有研究发现，监护类型对留守儿童心理弹性无显著影响（刘红升、靳小怡，2018）。此外，生活事件对留守儿童心理弹性有显著影响，并通过心理弹性影响留守儿童的品行问题倾向（徐贤明、钱胜，2012）。

（2）学校因素

研究表明，学校因素是儿童心理弹性的重要影响因素。在学校环境中，师生关系和同伴关系是留守儿童最为重要的社会关系（刘红升、靳小怡，2018；江琴，2013a）。微观系统中家庭功能的缺失导致留守儿童所处环境中师生关系和同伴关系也受到影响（赵景欣、张文新，2008），进而影响心理弹性。在父母缺位情况下，本来就被视为权威的老师可能成为留守儿童心目中的信赖对象和依恋对象。老师的关注和欣赏对留守儿童的正向发展有重要的促进作用，能够激起个体对于自身及他人的正向感知，使其对自己的生活怀有更大的期望（李燕平、杜曦，2016）。老师的关注与支持以及丰富的文体活动，对留守儿童心理弹性有重要保护作用（万江红、李安冬，2016）。

朋辈群体在留守儿童生活中发挥着情感交流、娱乐陪伴、学习帮助、监督提醒等重要作用（万江红、李安冬，2016）。对于留守儿童来说，同村的同龄人在校内是同学，在校外是同伴，他们互相帮助，以适应学校学习和生活。研究发现，同伴接纳对留守儿童亲情缺失具有补偿作用（赵景欣等，2013b）；同学友好程度和老师关心程度对留守儿童心理弹性均有显著的正向影响（刘红升、靳小怡，2018）；良好的同伴关系是留守儿童心理弹性强有力的保护因素（李燕平、杜曦，2016），可以降低社会负性环境对留守儿童问题行为的预测作用，在亲子亲合水平较低的情况下，良好的同伴关系还能对留守儿童的情绪适应起到补偿作用（金灿灿等，2012）。

学校类型和学校性质对留守儿童心理弹性也有重要影响。在学校类型方面，研究发现，寄宿学校留守儿童的心理弹性水平显著低于非寄宿学校（刘红升、靳小怡，2018）。在学校性质方面，农村学校留守儿童在心理弹性的目标专注、人际协助、积极认知维度的得分显著低于乡镇学校和县城学校的留守儿童（许松芽，2011）。

（3）社会因素

研究发现，留守儿童的心理弹性与社会支持之间存在显著的正向相关关系，社会支持对留守儿童心理弹性具有显著的正向预测作用（李永鑫等，2009；牛英，2014；许松芽，2011），是影响留守儿童心理弹性的重要保护因素。一项对农村留守初中生心理弹性的调查也发现，家庭支持、朋友支持和其他支持与留守儿童心理弹性显著相关，社会支持度越高，留守儿童的心理弹性水平也越高（刘巧兰等，2011；陈惠惠等，2011）；初中阶段留守儿童的心理弹性与来自父母、学校和亲戚的支持之间存在显著的正向相关关系，父母和学校的支持程度越高，留守初中生的心理弹性水平越高，社会支持的提升对留守初中生的心理弹性有积极的保护作用（陈友庆、张瑞，2013）。

（4）个体因素

有学者研究发现，留守儿童心理弹性与个体积极的人格特征之间存在显著的正向相关关系，与个体消极的人格特征之间存在显著的负向相关关系，积极的人格特征有助于留守儿童心理弹性水平的提高，人格发展不良也可能导致其心理弹性受损（李永鑫等，2009）。此外，一般自我效能感也可以显著预测留守初中生的心理弹性（谢玲平、邹维兴，2015）。

三 研究评述

近年来，父母外出务工对留守儿童心理健康的影响已引起较多学者的关注，"问题"导向下已有研究对问题的描述和对原因的分析有利于针对问题采取措施，从而保障和促进"问题儿童"的心理健康。但是，关于留守儿童心理健康问题，排除掉测量指标和调查对象选取差异导致的不同结论，大部分研究在一定程度上夸大了心理健康问题，忽视了留守儿童的逆境适应现象和群体内部差异，并将问题归因于父母外出务工这一重要生命事件，归因于人口流动下留守儿童不利的留守情境，归因于某一个时点留守儿童的留守状态。父母外出务工是既成事实，留守儿童所处情境确实不利，在积极发展的视角下如何识别留守儿童心理健康的保护因素应引起更多学者的关注。

随着积极心理学思潮的兴起，从心理弹性的视角来探讨留守儿童的心理健康问题正在成为相关研究领域的重要转向。总体而言，国内相关研究集中于探索心理弹性与心理健康的关系，或者热衷于检验心理弹性在某因果关系中的作用，缺乏对留守儿童心理弹性的现状和影响因素的系统研究。

关于留守儿童心理弹性的现状，由于测量工具、取样地区、学生阶段的不同等原因，已有研究结果存有较大的分歧，尚缺乏对不同人口流动模式下留守儿童群体内部差异的比较研究。

关于留守儿童心理弹性的影响因素，已有研究较为缺乏，并存在以下不足：第一，缺乏系统的研究体系，尤其需要基于相关理论、结合现实情境的研究框架；第二，探讨了可能影响留守儿童心理弹性的因素，缺乏基于实地调查数据的量化分析；第三，关注了父母流动类型和流动时长的影响，缺乏对新形势下人口流动特征的考量；第四，缺乏对不同人口流动模式下流动父母与留守儿童之间的亲子关系的关注；第五，亲子关系的现实特征不同，其潜在类型也不同，未见对亲子关系类型的关注；第六，父母对子女发展的影响不同，尚未见对父母性别视角下亲子关系类型的关注；第七，父母是共同影响子女发展的，尚未见对亲子关系类型组合的影响进行研究者；第八，对老师、同学、朋友、兄弟姐妹等相关主体的影响关注不够。

第四节　亲子关系对心理弹性的影响研究

本节首先介绍亲子关系对一般儿童心理弹性的影响研究，然后回顾亲子关系对留守儿童心理弹性的影响研究，最后客观评述已有研究的贡献与局限。

一 亲子关系对一般儿童心理弹性的影响研究

1. 整体视角下亲子关系对心理弹性的影响

关于亲子关系对儿童心理韧性的作用，学界的观点较为一致，认为良好的亲子关系是儿童心理弹性发展的重要保护因素（Masten，2001，2007；Mandleco and Peery，2010；曾守锤、李其维，2003；Olsson et al.，2003；Masten and Reed，2002；Newman and Blackburn，2002；Geanellos，2005）。

国外学者强调了父母的温暖、鼓励、支持、关爱以及与照看者亲近等积极的亲子关系对儿童心理弹性发展的重要性（Olsson et al.，2003；Fergus and Zimmerman，2005）。一项对四至六年级城市儿童及其父母的深度访谈发现，压力弹性儿童在亲子关系质量三个维度上的得分均高于压力影响儿童；相较于压力影响儿童和父母，压力弹性儿童和父母对于他们之间的亲子关系有着更多的一致看法；积极的亲子关系对儿童起着重要的保护作用，有助于那些经历了重大生活压力的10~12岁儿童弹性发展结果的产生（Gribble et al.，1993）。

国外研究还发现，良好的亲子关系还可以使青少年感知到来自父母的爱与尊重，使青少年对外部环境有积极的认知和期待；消极的亲子关系则容易导致青少年对外部环境产生消极认知和不良体验，进而对其身心发展产生消极的影响（Hu and Ai，2016）。

国内研究发现，亲子关系质量和父母关系质量可以影响中学生的人际敏感性（赖运成、叶一舵，2015）；低质量的亲子关系可以预测流动儿童的情绪障碍和人际冲突（李燕芳等，2015）。

综上可见，亲子关系与儿童心理弹性密切相关，对儿童心理弹性有直接或间接的影响。相较而言，国内学界从亲子关系的视角分析儿童心理弹性的影响因素研究仍然较为少见。

2. 内容视角下亲子关系对心理弹性的影响

（1）情感依恋的影响

国外学者认为，随着认知的发展，儿童在与父母交往的过程中建立的依恋关系会逐渐内化为他们对自我和对他人的心理表征，并在产生人际行为时无意识地发挥作用；儿童与父母之间维持着何种亲子关系会直接影响他们的适应能力和行为（Bowlby，1969）；亲子依恋是婴儿与照料者之间形成的饱含深情的、积极的、特殊的情感联结，是儿童与其他人之间关系构建的前提或基础，如果亲子之间有着良好的依恋关系，儿童就容易与其他人之间形成较为和谐的关系；如果儿童基于先前的不良依恋经历而认为社会是冷酷的、无情的，那么他在人际交往中可能会怀有一种冷漠或不友善的态度（Bowlby，1982）。还有学者论证了亲子依恋在儿童心理弹性形成中发挥的重要作用（Atwool，2006）。

国外研究发现，当儿童面对逆境时，亲密的亲子依恋是促进儿童良好适应的关键因素，对儿童的心理弹性发展有积极的作用（Luthar，2015）；儿童与父母任何一方的安全型依恋都可以完全消解与另一方的不安全型依恋带来的风险，在儿童的行为问题和适应性结果方面有重要的保护效应（Kochanska and Kim，2013；Boldt et al.，2014）；父母抑郁能够通过影响子女的父母关系感知和亲子依恋感知进而导致子女的消极适应结果（Cummings，2008）；亲子依恋对儿童的社会性情绪调节和抑郁症状情绪调节能力也有重大影响（Al - Yagon，2011；Duchesne and Ratelle，2014）；与不安全型依恋的婴儿相比，安全型依恋的婴儿表现出较高的认知发展水平（Ding et al.，2014）；与父母消极的情感联结会导致儿童对自己的消极认知（Toth et al.，2009）。

国内研究表明，亲子依恋是儿童心理弹性的保护因素（唐有财、符平，2011），对流动儿童的心理弹性也具有很强的预测作用（毛向军、王中会，2013）；亲子依恋与流动儿童心理弹性显著相关，它还可以通过心理弹性间接影响流动儿童城市适应（王中会、蔺秀云，2018）。对小学生的研究发现，亲子依恋可以通过领悟社会支持影响其心理弹性（温馨等，2016）。相比祖孙依恋的安全性，母子依恋的安全性对幼儿的社会 - 情绪性发展具有更强的相对预测力（邢淑芬等，2016）。亲子依恋和儿童认知发展的关系研究发现，不同依恋类型会导致婴幼儿在认知任务得分上存在显著差异（马伟娜等，2010）；母子依恋可为婴幼儿认知发展创造空间，安全型依恋促使婴幼儿在探索陌生环境时表现出积极的心理行为，对婴幼儿的认知发展有积极的影响（丁艳华，2012）。

（2）联系沟通的影响

相较而言，探讨亲子联系沟通与儿童心理弹性之间的关系研究并不多见。有相关研究发现，与家庭成员之间的互动以及乐观能够显著预测儿童心理弹性（Lamond et al.，2009）；改善亲子沟通流程可以消减学业成绩差或低自尊等个人风险因素的影响，可以改变父母制定约束和规矩等教养实践，可以方便讨论那些引致健康风险行为参与的因素（Riesch et al.，2006）。

（3）教养辅助的影响

国内外关于父母教养辅助对儿童心理弹性的影响研究主要集中于教养方式和卷入。

关于父母教养方式与儿童心理弹性之间的关系，国外学术界认为，教养方式是心理弹性形成和提升的重要影响因素（Zakeri et al.，2010）。一项对816名澳大利亚15岁儿童的横断面研究发现，父亲低水平心理控制、母亲高水平情感温暖、母亲低水平过度参与以及母亲抑郁共同预测儿童心理弹性结果（Brennan et al.，2003）。一项针对青少年的研究发现，与专制型、忽视型和放任型教养方式相比，权威型教养方式对黑人青少年和白人青少年的心理弹性具有最显著的提升作用，无论是男孩还是女孩（Kritzas and Grobler，2005）。对中国香港地区的内地儿童和本地儿童来说，父母卷入和自主支持与其心理弹性密切相关（Wong，2016）。有学者通过访谈发现，弹性儿童及青少年得到的来自父母或其他成人的监督和指导更多，并且生活在相对高功能的家庭（Tiet et al.，1998）。感悟到来自父母的支持度、反应性和期望值越高，儿童青少年的心理弹性越强（Masten and Reed，2002）。

情绪适应和行为适应是心理弹性的重要体现，国外研究发现，父母的温暖、积极的期待、有力的支持、较低的减损可预测各种不利环境下儿童的情感适应和行为适应（Kim-Cohen et al.，2004）；相较于未受欺负的儿童，母亲的温暖、同胞的温暖和积极的家庭氛围对于促进受欺负儿童的情绪调适和行为调适尤为重要，特别是在儿童受欺负后，温暖的亲子关系可从环境层面对儿童的行为调适产生调节作用（Bowes et al.，2010）；对于青春期早期的男孩和女孩，来自父母的支持均可稳健地预测其心理与学业适应状况（Rueger et al.，2010）；父母亲切表扬和鼓励、友好讲话、深厚情感表达、高质量参与娱乐活动、少用惩罚等教养行为有助于促进儿童的自适应特征，而自适应特征是儿童弹性的折射（Johnson et al.，2011）；积极的教养方式和家庭亲密度还可以显著提升移民家庭儿童的社会胜任力（Leidy et al.，2010）。

国内学者对于农村流动儿童的调查分析发现，父母教养方式与流动儿童心理弹性显著相关，父母不同的教养方式对流动儿童的心理弹性有不同的影响，并且明显区别于城市人（靳小怡、刘红升，2018）。国内研究还认为，父亲经常参与教养、经常和子女一起参加社会活动或游戏等对子女的自我认知发展、社会化和情绪稳定均有重要作用（李燕等，2010）。

综上可见，父母教养方式、教养风格、教养行为、教育卷入或参与对儿童心理弹性或情绪适应及行为适应等有重要影响，应给予关注。

二 亲子关系对留守儿童心理弹性的影响研究

总体而言，国内探讨亲子关系影响留守儿童心理弹性的研究非常少见，且这种缺乏以实证研究为甚。已有研究仅仅从内容的视角分别探讨了亲子情感依恋、亲子联系沟通以及亲子教养辅助对留守儿童心理弹性的影响。探讨亲子关系影响中国留守儿童心理弹性的国外研究尚未见到。

1. 情感依恋对留守儿童心理弹性的影响

研究发现，亲子依恋与初中留守儿童的心理弹性之间具有非常显著的正向相关关系，亲子依恋是心理弹性的预测变量：信赖母亲与亲近父亲是坚韧的有效预测变量，信赖母亲与信赖父亲是自强的有效预测变量，信赖母亲是乐观的有效预测变量（赵永婧等，2014）。

该研究还发现，亲子依恋与初中留守儿童心理弹性的关系存在显著的性别差异：与父子依恋相比，母子依恋与心理弹性及其各维度的相关性更强；母子依恋是心理弹性的主要预测变量，对心理弹性及其各维度的影响更大（赵永婧等，2014）。

2. 联系沟通对留守儿童心理弹性的影响

研究发现，父母外出期间亲子联系频率不同的留守儿童在心理弹性上存在显著差异，父母与子女一周联系一次者的心理弹性水平显著高于一个月联系一次者和三个月以上联系一次者（王淑芳，2010），这说明，亲子联系沟通可能是留守儿童心理弹性的保护因素。

研究还发现，父母回家频率不同的留守儿童的心理弹性存在显著差异，心理弹性得分随着父母回家频率的增加而递增（牛英，2014）；亲子团聚频率对留守儿童的心理弹性有重要影响，随着与父母团聚频率的降低，留守儿童的心理弹性水平有降低的趋势（李永鑫等，2008）。

3. 教养辅助对留守儿童心理弹性的影响

研究发现，父母教养方式对留守儿童心理弹性有显著影响。父母情感温暖与理解关心对留守儿童心理弹性有正向影响，父母惩罚严厉是阻碍留守儿童心理弹性水平提高的关键因素（唐开聪，2012）。父母情感温暖的维度得分越高，留守儿童的心理弹性水平也越高（李旭等，2016）。

研究还发现，父母不同的教养方式对留守儿童心理弹性具有不同的影响：父母关爱关怀对留守儿童心理弹性有显著正向影响，而父亲冷漠拒绝和母亲过度保护有显著负向影响；父亲关爱关怀和母亲关爱关怀对留守儿童的个人力均有显著正向影响，父亲冷漠拒绝和母亲过度保护有显著负向影响；母亲关爱关怀和父亲鼓励自主对留守儿童的支持力有显著正向影响，父亲冷漠拒绝和母亲冷漠拒绝均有显著负向影响（刘红升、靳小怡，2018）。

此外，相关研究发现，留守儿童的亲子关系与心理弹性之间、亲子关系与学校适应之间、心理弹性与学校适应之间存在显著的相关性；母亲亲密性对留守儿童学校适应有显著正向影响，母亲冲突性对学校适应有显著负向影响，父亲冲突性对学校适应也有显著负向影响；心理弹性的目标专注、家庭支持、积极认知和人际协助在亲子关系对学校适应的影响中具有中介的作用（陈佳月，2018）。

三 研究评述

一方面，国内外已有研究基本证实亲子关系及其内容可以显著影响一般儿童心理弹性。

当前，国外学者已经意识到了亲子关系对儿童心理弹性具有重要的意义和作用，并为相关研究做出了如下学术贡献：第一，验证了亲子关系与儿童心理弹性密切相关，对儿童心理弹性有直接或间接影响；第二，得出了良好的亲子关系是儿童心理弹性的重要保护因素的结论；第三，分析了亲子依恋如何影响儿童心理弹性，证实了亲子依恋对儿童的认知、情绪、人际、适应、行为等均有显著的影响；第四，证实了父母的教养方式、教养风格、教养行为、教养参与等对儿童心理弹性以及情绪调适和行为调适均有显著的影响。

与国外研究相比，国内关注亲子关系影响一般儿童心理弹性的研究屈指可数，其学术贡献主要体现在：第一，初步证实了亲子依恋对流动儿童、中小学生、青少年的心理弹性有显著影响；第二，个别研究尝试了从性别视角分析亲子依恋对儿童心理弹性的影响；第三，初步证实了父母教养方式对流动儿童心理弹性有显著影响；第四，初步证实了亲子依恋对儿童认知发展，父亲参与教养对儿童自我认知、社会化和情绪发展有显著影响。

然而，尽管国外研究和国内研究均已证实亲子联系沟通对一般儿童和留守儿童的心理健康发展有重要影响，但是，亲子联系沟通对一般儿童和留守儿童心理弹性的影响研究仍极为匮乏。

不过，国内外上述研究工作为本研究提供了经验佐证与参考，也为本研究提供了启示和空间。

另一方面，国内零星的研究从单一维度初步证实了亲子关系显著影响留守儿童心理弹性。

当前，从家庭微观系统层面切入，直接探讨流动父母与留守儿童的亲子关系影响留守儿童心理弹性的研究还非常少见。已有研究初步证实了亲子情感依恋、联系沟通及教养辅助对留守儿童心理弹性有显著影响。这为相关研究提供了参考依据。

与此同时，已有研究存在不足之处。第一，从性别视角分析父母亲子关系对留守儿童心理弹性的影响差异者极其少见，仅有个别研究探讨了亲子依恋和教养方式影响留守儿童心理弹性的性别差异。第二，尚未见到探讨亲子关系类型影响留守儿童心理弹性的实证研究，这与留守家庭亲子关系类型研究极其匮乏有着直接关系。第三，尚未见到分析父子关系（类型）和母子关系（类型）对留守儿童心理弹性的共同影响的研究。这为本研究预留了创新空间。

第五节　小结

本章首先介绍、评述了亲子关系相关理论和心理弹性相关理论；其次回顾、评述了亲子关系的现状、影响和类型研究，及儿童心理弹性的现状和影响因素研究；最后回顾、评述了亲子关系对儿童心理弹性的影响研究。概括而言，已有研究的进展、贡献、局限及本研究的空间如下。

第一，通过综述亲子关系和心理弹性相关理论发现，从亲子关系的视角分析留守儿童心理弹性的影响因素尚缺乏成熟而适用的理论框架。生态系统理论启迪本书探讨儿童身心健康发展问题时应关注家庭及学校近端环境系统的作用，家庭系统理论启迪本研究探讨儿童身心健康发展问题时应关注家庭系统内部亲子关系的作用，风险与弹性框架提示父母外出务工和不良亲子关系可能是留守儿童心理健康发展的风险因素、良好亲子关系可能是留守儿童心理健康发展的保护因素，亲子依恋理论、父亲在位理论和父母卷入理论对留守家庭亲子关系研究有重要价值，但是仍然需要本研究基于上述理论的核心观点和内在逻辑关系，结合中国社会现实情境，提出"本土化"理论分析框架。

第二，留守家庭亲子关系实证研究匮乏，需要基于概念界定、理论分析、现实情境，利用调查数据，从类型和性别视角，开展系统而深入的研究。其一，留守家庭亲子关系研究较少，且这种缺乏以实证研究为甚。其二，留守家庭亲子关系概念界定不一，测量标准各异，研究发现不尽相同。其三，留守家庭亲子关系内容维度单一，大部分已有研究只关注了亲子依恋或教养方式的现状及对留守儿童心理健康的影响，既忽略了亲子关系的其他内容维度及对留守儿童心理健康的影响，又忽略了亲子关系各个维度的内在结构特征，还忽略了亲子关系作为一个多维相融概念对留守儿童心理健康的影响。其四，仅有的亲子关系类型研究还存在划分依据、划分方法和影响分析等方面的不足之处。其五，忽略了性别视角下留守家庭亲子关系的现状差异及其对留守儿童心理健康的影响差异。因此，本研究需要参考相关文献，基于相关理论，结合现实情境，对留守家庭亲子关系进行概念界定，并明确其内容维度，引入类型视角和类型学方法，利用调查数据，系统而深入地研究流动父母与留守儿童之间的亲子关系现状及性别视角下的群体差异。

第三，留守儿童心理弹性的影响因素研究较少，亟须以系统的分析框架为指导，以实地调查数据为支撑，从性别视角揭示人口流动特征和亲子关系类型的影响及差异。首先，已有研究探讨了心理弹性与心理健康的关系，检验了心理弹性的中介或者调节作用，却忽略了对心理弹性的影响因素进行深入研究。其次，已有研究基本证实了亲子关系影响心理弹性，却局限于亲子依恋或教养方式单一维度，难以从整体上和本质上揭示亲子关系对心理弹性的影响。再次，零星的研究从单一维度初步证实了亲子关系影响留守儿童的心理弹性，却忽略了不同人口流动的时空特征和不同亲子关系类型的影响。最后，已有研究缺乏基于性别视角的比较分析，忽略了现实中父母对子女发展的独立影响和共同影响。已有研究的上述不足之处为本研究提供了突破的空间。

第四，尚未见对不同城镇化进程中、不同人口流动模式下留守家庭亲子关系类型影响留守儿童心理弹性的比较研究。我国正在大力推进的新型城镇化与传统城镇化有重大区别；人口流动模式分化与变化明显，就地就近流动模式已渐变为主流，异地流动模式则日趋式微。这些宏观背景的变化与分化可能反映为留守家庭亲子关系的变化与分化，进而对留守儿童心理弹性产生不同的影响。然而，基于新型城镇化背景，从两种不同人口流动模式切入，围绕亲子关系类型影响留守儿童心理弹性的研究仍为空白。

｜第三章｜

人口流动下亲子关系类型影响留守儿童
心理弹性的分析框架

　　如前所述，人口流动背景下外出务工父母与留守儿童之间的亲子关系问题尚缺乏系统而深入的实证研究，从亲子关系的角度揭示留守儿童心理弹性的影响因素尚缺乏完善而适用的理论框架。故本章的研究目标是构建人口流动背景下亲子关系类型影响留守儿童心理弹性的分析框架。第一，对留守儿童亲子关系和心理弹性进行概念辨析；第二，以相关理论为基础，分析人口流动、亲子关系和心理弹性之间的内在逻辑关系；第三，以亲子关系与留守儿童心理弹性的关系研究为主，以亲子关系与一般儿童心理弹性的关系研究为辅，梳理已有研究发现、结论，作为分析框架提出的经验证据；第四，分析城镇化背景下人口流动的基本模式与时空特征、留守家庭亲子关系的现实状况、留守儿童的群体特征等，作为分析框架提出的现实依据；第五，在总结已有研究不足、指出本研究突破的基础上，提出人口流动背景下亲子关系类型影响留守儿童心理弹性的分析框架，并介绍其主要内容和验证策略，以指导后续实证章节的研究工作。

第一节　概念辨析

一　留守儿童亲子关系的概念辨析

1. 亲子关系的一般界定

　　对于究竟何谓亲子关系（parent-child relationship），不同学科领域有多种不同的界定。最初，亲子关系的概念强调的是生物学意义上父母与子女之间的血缘关系。后来，随着认知的逐步深化，亲子关系的概念不断得以丰富和发展，逐渐被赋予了社会学意义和心理学意义。

具体而言，针对亲子关系的概念，学界具有代表性的一般化界定主要有以下几种。

在朱智贤主编的《心理学大词典》中，亲子关系是指父母与其亲生子女、养子女、继子女之间的关系。该界定突破了亲子关系在生物学意义上的血缘关系范畴，将关系主体加以拓展，使其更贴近现实。然而，该界定的内容较为空泛，未能对亲子关系的丰富内涵进行明晰化。

有学者指出，亲子关系原是遗传学中的用语，指亲代和子代之间的生物血缘关系，这里指父母与其子女之间的相互关系（Kim-Cohen et al.，2004）。该界定虽然没有明确关系主体范围，但却强调了主体之间关系的相互性特征。

有学者对亲子关系的概念进行了扩展，认为亲子关系是父母与子女之间所形成的交互关系（郑希付，1996）。很显然，相较于已有概念界定，该界定的内涵更丰富了，增添了父母与子女之间的交往互动，凸显了主体之间关系的交互性特征。

一些学者认为，亲子关系是以血缘和共同生活为基础，父母与子女之间相互影响、相互作用所构成的亲子"双维行为体系"的自然关系和社会关系的统一体（刘晓梅、李康，1996）。该界定既包括了亲子关系的生物学属性，又增添了社会学属性，而且兼顾了自然关系和社会关系，并突出了亲子关系的双向性和双维性，强调了亲子之间的交流互动，完善了亲子关系的内容，是现有研究中较为全面、较为综合、较受认可的界定。然而，该界定强调了以血缘为基础，却排除了非血缘性亲子关系；强调了以共同生活为基础，却忽略了亲子分离境况下的亲子关系。

还有学者认为，亲子关系原本是遗传学术语，指亲代与子代之间的生物血缘关系，现在是指以血缘和共同生活为基础，家庭中父母与子女互动所构成的人际关系（王云峰、冯维，2006）。该界定明确了家庭是亲子关系产生的场域，强调了共同生活是亲子关系产生的基础，并指出了亲子互动是亲子关系的构成内容。

毋庸置疑，学界对于亲子关系的一般化界定具有重要的参考价值。然而，上述界定存在诸多局限，尚不能直接用于留守儿童问题研究，还需要依据相关理论，并结合现实情境和群体特征，对留守儿童的亲子关系进行具体化界定。

2. 留守儿童亲子关系的具体界定

（1）变化性和交互性凸显的社会学特征

已有研究认为，亲子关系具有五大基本特征：一是不可替代性，亲子关系是以血缘关系为基础的，是其他性质的人际关系所不能替代的；二是持久性，亲子关系会伴随亲子双方持续存在；三是强迫性，亲子关系一旦确定，便不可更改；四是不平等性，在亲子关系中，父母永远处于主导地位；五是变化性，随着年龄的增长或时间的推移，亲子双方的认知、态度、行为等均会发生改变，亲子关系也将有所不同（郑希付，1998）。

对于留守儿童来说，不可替代性、持久性和强迫性均是亲子关系在血缘关系意义上的特征；不平等性和变化性是亲子关系在社会学意义上的特征，它在亲子分离之后或亲子分离期间势必呈现不同于一般儿童的地方，这也是相关研究不能忽视的地方。特别需要强调的是，交互性也是留守儿童亲子关系的重要特征。这是因为，在亲子分居两地、不能共同生活的情境下，流动父母与留守儿童之间的交流互动，既是其亲子关系的重要内容，又是其亲子关系的决定因素，需引起相关研究的高度重视。

综上所述，在对留守儿童亲子关系的概念进行具体化界定时需要凸显其变化性和交互性等社会学特征。

（2）静态性和动态性相融的多维度概念

近年来，相关研究中亲子关系的概念界定正在逐渐由静态意义向动态意义转变。亲子联系沟通、父母教养参与或卷入、亲子矛盾或冲突成为亲子关系研究的重要内容，这代表了学界对于亲子关系的认知在不断深入，反映了概念界定的重要转向。

有学者通过文献梳理与总结发现，亲子关系是一个多维的概念，是动态与静态的统一体；亲子互动便是动态意义上的亲子关系，亲子关系质量便是静态意义上的亲子关系（王美萍，2010）。以往研究较多地关注静态意义上的亲子关系质量，却忽略了动态意义上的亲子互动。另有学者认为，在心理学中，所谓的亲子关系是父母与子女之间的相互关系，是父母与子女的行为、情感和期望的组合（赵欣，2018）。很显然，亲子双方的行为是动态意义上亲子关系的内容，亲子之间的情感和期望是静态意义上亲子关系的内容。

综上可见，从静态意义和动态意义上对亲子关系的概念进行综合性界定，更符合家庭生活中亲子关系的现实情况。一方面，在家庭生活中，父母和子女之间通过语言、动作、行为等各种形式直接或间接地进行交往和互动，并且相互影响；另一方面，某一时刻亲子之间的关系质量则是父母与子女进行交往和互动的结果呈现，是亲子关系的静态表征。

具体而言，在留守家庭中，父母外出务工后与留守儿童之间的交往和互动是原有亲子关系维系的重要途径，也是全新亲子关系形成的根本前提。通常，父母外出务工前与子女之间已经基于以往的亲子交往和互动形成了静态意义上的亲子关系，它反映为亲子分离时点亲子关系的质量水平。自然地，父母外出务工后或亲子分离期间双方的交往和互动情况决定了原有的亲子关系质量水平能否得以维系。如果交往和互动情况良好，则原有亲子关系质量水平在亲子分离期间得以良好维系；如果交往和互动情况糟糕，则原有亲子关系质量水平在亲子分离期间将会发生变化，形成全新的亲子关系状况。

可见，现时的静态意义上的亲子关系既是以往父母与子女之间交互的结果，又是以后父母与子女之间交互的背景。因此，从静态意义和动态意义上综合理解留守儿童的亲子关系，是重要的，也是必要的。

在静态意义上，从依恋的角度看，亲子关系反映的是父母和子女之间情感联结的质量。亲子关系是人类社会关系中建立最早、持续最久、具有明显感情倾向的一种特殊交际关系（赵欣，2018）。在以往的研究中，作为父母与子女之间的情感联结，亲子依恋也经常被用来测量亲子关系。某一时刻亲子之间的情感联结状况，是衡量亲子关系质量水平的重要指标。在现实中，流动父母与留守儿童分居两地，不能共同生活，情感联结状况更是他们亲子关系质量的重要衡量指标。

在动态意义上，亲子沟通和父母教养行为是亲子之间进行互动的方式和内容，是亲子关系的动态形式。亲子依恋关系或情感联结是在父母与子女之间交流和互动的基础上而逐渐形成的。所以，从静态审视转向动态考察的过程中，亲子沟通和父母教养行为越来越受到学者们的关注。

亲子沟通，是父母与子女之间信息、观点、意见、看法、态度和情感的传递和反馈的过程，是亲子双方寻求共识、消除隔阂、谋求一致的过程，是亲子关系的动态形式，是亲子关系维系或形成的内在作用机制（Su et al.，2013；Luk et al.，2010；Fang et al.，2006；Riesch et al.，2006）。在现实中，亲子沟通是流动父母与留守儿童之间维系良好关系的重要途径。如果亲子分离之后两地分居的双方未能通过任何形式进行有效的沟通，他们之前所形成的亲子关系必将受到威胁，情感联结逐渐弱化、断裂，变得难以修复，进而影响双方的心理健康发展。如果流动父母与留守儿童之间能够适时、有效地沟通，他们之前形成的亲子关系可能得以维系，亲子分离给留守儿童的心理健康所带来的负面影响也可能得以缓冲。因此，亲子沟通是留守家庭维系亲子关系和家庭功能的重要途径，亲子沟通状况是衡量亲子关系状况和家庭功能状况的重要指标。

父母抚养、教育、支持子女是亲子之间非常重要的互动形式和内容，也是亲子关系的动态表征。亲子关系是亲代和子代之间以家庭生活为形成基础，以抚养、教养、赡养等为基本内容的一种人际关系（赵欣，2018）。对于中国留守家庭来说，虽然父母和子女无法共同生活，亲子关系似乎失去了赖以形成的基础，但外出务工父母对其留守子女的抚养和教养行为并没有停止或消失，只不过采取了不同于以往的方式或形式。大量调查显示，外出务工父母对其留守子女的关心主要体现在教育或学业方面。他们会通过各种形式监督、辅导、帮助、支持子女来完成学业。

（3）男女有别和长幼有序的差异化概念

父母和子女的关系又叫亲子关系，亲指的是父亲和母亲，子指的是儿子和女儿。于是，在父母和子女性别视角下，亲子关系可以分为父子关系、父女关系、母子关系和母女关系。研究认为，亲子关系是每对父母与其后代之间的一种交互或者互动，并且与每个参与者的性别密切相关（Michalos，2014）。大量研究已证实，在农村留守家庭里，父子关系、父女关系、母子关系和母女关系的现实特征之间具有明显差异。特别是，在不同的外出务工模式下，上述四类亲子关系具有不同的特征。可见，从性别视角看，留守儿童的亲子关系是一个男女有别的概念。

作为典型的家庭代际关系，亲子关系是一种垂直性的家庭成员关系，有别于夫妻关系和同胞关系。周宗奎（1995）认为，亲子关系居于家庭关系中的核心地位，是一种不对称的双向关系，父母在亲子关系中占据支配地位。郑希付（1998）指出，亲子关系是一种不平等的社会关系，在亲子关系中，父母永远处于主导地位。伴随着年龄的增长，尤其是进入青春期，子女的独立意识和自主意识在明显增强，对父母的依赖和顺服在逐渐减少，父母的权威也在日益受到挑战。但是，在中国农村留守家庭的亲子关系中，外出务工的父母仍然处于主导性或支配性地位，他们对于亲子关系的认知、态度和行为在很大程度上决定了亲子关系的质量水平。可见，从代际视角看，留守儿童的亲子关系是一个长幼有序的概念。

（4）中国农村家庭重情重教的文化特征

首先，中国家文化中亲情厚重。父母外出务工前，亲子之间已经存在情感上的依恋关系，父母外出务工后，这种依恋关系可能依然浓厚，可能逐渐淡薄，终归难以割舍。

其次，中国家文化重视亲情维系。子女留守在家，父母外出务工，亲子分居两地，亲情需要维系。亲子之间的联系沟通是亲情维系的关键途径。随着科技的日新月异，流动父母与留守儿童之间通过各种方式、围绕各种内容进行联系沟通，已经成为他们工作、学习和生活中的重要内容。

最后，中国家文化重视亲子教辅。子女尚未成年，父母外出务工，纵使分居两地，但是教育、引导、帮助、支持子女的责任无法豁免，这也是工作之余的重要任务。

综合以上分析和论述，本研究把留守儿童的亲子关系界定为：留守儿童的亲子关系是外出务工父母通过联系沟通和教养辅助等动态形式与其农村留守子女之间形成情感依恋的过程和结果。

第一，留守儿童亲子关系是一个动态性和静态性相融合的多维度概念。亲子联系沟通和教养辅助是动态意义上亲子关系的重要维度，是静态意义上亲子关系的形成基础和内在机制；亲子情感依恋则是静态意义上亲子关系的重要维度，是动态意义上亲子关系的结果反映。只有综合考量了过去一段时间里亲子之间的交往和互动情况，以及当下亲子关系的现时状态，才能够更深刻地反映亲子关系的本质，更完整地呈现亲子关系的全貌。

第二，现实中的农村家庭是复杂的和多样的，存在领养、寄养、非婚生养等非血缘关系，本研究不限定留守儿童亲子关系是以血缘关系为基础的，以免将上述非血缘关系排除在外。此外，限定血缘关系本身也是一种标签化、不平等的行为。

第三，现实中农村留守儿童和外出务工父母分居两地，留守家庭是一种客观形式离散化的家庭，本研究不强调留守儿童亲子关系是以共同生活为基础的关系，而是一种跨越了时空的特殊的亲子关系。

第四，现实中外出务工父母在亲子关系中依然占据主导地位，留守儿童亲子关系不具有完全意义上的双向性；父母向子女提供教养、帮助、支持等更多地体现了父母在伦理、道德、法律意义上的义务和责任，具有明显的单向性特征。

基于以上理论与现实相结合地对留守儿童亲子关系的概念及特征进行的具体化界定和分析，本研究构建了如图 3-1 所示的留守儿童亲子关系的概念框架。

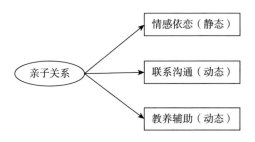

图 3-1　留守儿童亲子关系的概念框架

3. 留守儿童亲子关系类型的界定

所谓留守儿童亲子关系类型，是以选定的标准和方法对留守儿童的亲子关系进行种类细分的结果。通常，每个种类的亲子关系都具有明确的含义和特征，而不同种类的亲子关系之间具有显著的特征差异，它本质上反映了类型划分标准的特征。这意味着，标准和方法的选择对于留守儿童亲子关系类型的划分具有重要的意义。

以往研究中对亲子关系类型有多种划分标准。一是性别标准，即简单划分为父子关系和母子关系；二是年龄标准，如老年父母与成年子女的关系；三是以所选测量工具为标准；四是亲子依恋标准，如安全型和不安全型亲子依恋；五是教养方式标准，即以不同的教养方式来代表不同的亲子关系类型；六是关系质量标准，以某个限度对静态意义上的亲子关系状况进行质量好坏的划分；七是以留守儿童的留守类型、监护主体或流动父母的流动类型为依据。

不可否认，以上述标准来划分亲子关系类型有其价值或意义。然而，上述类型划分存在以下局限。一方面，已有研究选择的类型划分标准难以真正反映亲子关系的本质属性。性别反映的是关系主体的生物属性和社会属性；教养方式是父母在教育和抚养子女方面的态度、行为以及非语言表达的集合，反映的仅仅是动态意义上亲子关系中亲子互动部分；关系质量反映的仅仅是静态意义上亲子关系呈现的状态；留守或流动类型反映的是关系主体的位置变化情况。另一方面，已有研究所选择的类型划分标准较为单一，仅仅以关系主体的性别为标准，或者以亲子关系的某个维度为标准，均无法从本质上来反映亲子关系的整体面貌和内在结构。

本研究以留守儿童亲子关系的关键维度所呈现的现实特征为重要分类依据，利用潜在类别分析的方法和技术，对留守儿童亲子关系进行类型的识别、划分、命名、界定。分类依据和方法选择具有以下优势。第一，情感依恋、联系沟通和教养辅助在本质上均属于留守儿童亲子关系的重要内容，以其呈的现实特征为分类依据可以从本质上反映留守儿童的亲子关系。第二，三大维度分别从静态和动态意义上全面反映了留守儿童亲子关系的内容，以其呈现的现实特征为分类依据可以把握留守儿童亲子关系的整体面貌。第三，潜在类别分析方法保障了所识别出的潜在类型既能够反映亲子关系的本质属性，又能够展示亲子关系的整体面貌，还能够体现亲子关系的内在结构。

需要说明的是，尽管类型划分依据、方法和技术均已确定，但是留守儿童亲子关系究竟可分为哪些类型，尚需要具体的量化分析方可确定，这也是本研究的重要工作之一，具体内容见第四章。

二 留守儿童心理弹性的概念辨析

1. 心理弹性的一般界定

心理弹性也叫心理韧性、复原力、恢复力。关于心理弹性的概念，学界有多种界定。概括而言，主要有以下三类。

有些学者认为，心理弹性是个体在发展过程中所固有的应对压力、克服困难、对抗挫折、抵抗逆境、自行恢复、积极适应的能力或品质（Terrill et al.，2016；Henley，2010）。另有学者认为，心理弹性是个体在经历挫折、压力、创伤、危机等不利事件或情境后仍然能够良好适应，甚至更加积极发展的相对稳定的个人心理特质（Markstrom et al.，2000）。还有学者认为，心理弹性是生长于不利条件下的个体成功发展时所具有的特征集合（Jacelon，1997）。文献表明，每个人都有一定的心理弹性，每类人群中大约三分之一有高水平心理弹性（Resnick，2000；Hauser，1999）。可见，上述界说把心理弹性视为个体具有的"能力"、"品质"、"特征"或"特质"，可统称为"能力说"。

与"能力说"不同，另有学者将心理弹性界定为一种"结果"，或是一种"现象"，或是一类"状态"。例如，有学者认为，心理弹性是指尽管遭遇了重大风险、压力、创伤、挫折、威胁、困难或逆境，个体却取得了良好适应、发展顺利等积极结果（Masten and Obradović，2006；Olsson et al.，2003）。另有学者认为，心理弹性是指个体的心理发展并没有受到曾经遭遇或正在经历的严重压力或逆境的损害性影响，甚至还"挫而弥坚"的现象（Luthar et al.，2000；Rutter，2000）。还有学者认为，心理弹性是指个体面对高压、逆境或威胁时身心依然保持健康发展或成功适应的一种状态（Luthar et al.，2006；He et al.，2014）。这些界说的共同之处是均把心理弹性视为曾经遭遇或正在遭遇不利情境的个体当下的发展结果，可统称为"结果说"。

与"能力说"和"结果说"不同，还有些学者把心理弹性视为一个动态的过程。如认为心理弹性是个体在面对重大压力、灾祸、创伤、悲剧时，或在面临危险、威胁、逆境时积极应对、快速恢复、良好适应的动态过程，包含了各种风险因素与保护因素之间复杂的动态交互作用的过程（Masten，2011；Luthar et al.，2000；Windle，2011；Wang et al.，2015），是个体面对不利情境时调动自身各种内在能力，确保持续的动态交互作用，促使个体最终快速复原并良好适应的动态过程（Gudmundsdottir et al.，2011），是个体通过自我调适机制成功应对逆境的过程（Richardson，2002），是一个随着时间而改变的动态过程（Fletcher and Sarkar，2013）。可见，上述界说都从"动态"的视角把心理弹性理解为一个过程，可以统称为"过程说"。

综上，学界从不同角度对心理弹性做出了多种界定。其实，"能力说"、"结果说"和"过程说"都反映了心理弹性的本质属性，都应纳入心理弹性的概念范畴（胡月琴、甘怡群，2008）。各种界说都体现出心理弹性对逆境中的个体发展有积极意义，可应用于中国留守儿童（Wang et al.，2015）。

2. 留守儿童心理弹性的具体界定

通过对比分析"能力说"、"结果说"和"过程说"发现，学界对心理弹性的诸多界定都包含了以下三个核心要义。

第一，不利情境，是指个体过去曾经经历或当下正在经历的一切不利情况。例如，不幸生活经历、重大生活压力、重要负性生命事件、高风险暴露、严重威胁、困境、逆境等，其对个体可能产生负性影响，属于风险因素。通常，不利情境是既成事实，短期内难以根本改变。

第二，有利资源，是指来自个体内部和外部、可以用于应对不利情境的一切资源，对于个体可以起到保护作用或补偿作用，可以消减不利情境对个体造成的负性影响，属于保护因素。有利资源是个体应对不利情境的前提条件和重要保障。

第三，良好适应，积极发展。它是个人与环境互动的结果，是保护因素和风险因素相互博弈的结果，是通过利用资源应对不利情境、实现良好适应的结果呈现，属于发展目标。

对于中国农村的留守儿童来说，其心理弹性发展与国外儿童有以下不尽相同之处。

第一，不利情境方面，留守儿童过去和现在一直经历的可能对其生存和发展造成不利影响的各种情况主要起始于父母外出务工、自己被迫留守的生命事件，主要体现在亲子分居两地、不能共同生活、祖辈监护乏力、自身能力不强以及社会关爱不够等方面。这些情况与不同国家和地区的特定儿童群体所经历的或面对的不利情境在严重程度上有所不同，但在性质上又有相通之处，这些情况都可能对儿童的生存和发展造成不利影响，并且在短期内比较难发生根本性改变。

第二，有利资源方面，留守儿童拥有多种可以用来应对不利留守情境的宝贵资源，例如，与外出务工父母之间的良性互动、向外出务工父母寻求全方位帮助、与学校老师和同学之间的良好关系、来自政府和社会的关爱保护、来自个体自身的坚定信念等，都是留守儿童可以利用的宝贵资源。随着交通和通信技术的日益发达，亲子之间团聚和联系沟通等变得容易和方便；随着关爱保护体系的日益完善，留守儿童可以利用的来自学校、政府和社会的资源也越来越多。如何感悟、识别、利用各种有利资源，提升自身应对不利留守情境的综合能力，对于留守儿童的生存和发展显得尤为重要。

第三，与所有身处不利情境的儿童一样，良好适应和积极发展也是留守儿童希望实现的目标。在留守情境无法短期内根本性改变的状况下，准确识别、主动寻求、充分利用各种有利资源是留守儿童实现良好适应和积极发展的关键策略和有效途径。显而易见，目标是未来既定时间希望达到的状态，目标的实现是一个循序渐进的过程。

纵览儿童心理弹性研究发现，学界对心理弹性的认识和解读也在逐渐发生转变。国外学者认为，心理弹性不只是一种个人特质，还包含了儿童所在社会环境中的脆弱因素和保护因素（Luthar et al.，2000），是儿童特质与外部环境相互作用从而达到对不利情境良好适应的过程（Howard and Johnson，2000），是儿童与其周围环境中的良性特征或有利因素之间不断互动的动态过程（Gilligan，2010）。国内学者也认为，心理弹性并不是个体原本就具备的人格特点，而是个体在遭受压力或身处逆境时保护因素与刺激因素相互博弈以保持或回归身心平衡状态的过程，心理弹性可以理解为保护因素的动态呈现（胡月琴、甘怡群，2008）。所以，心理弹性是一个过程，是处境不利个体利用保护因素来化解风险因素的不利影响以取得良好适应结果的动态过程。

已有学者认为，动态过程是心理弹性的重要特征，个体在特定环境下或某个时段内是弹性的，但是在其他环境下或时段内可能不是弹性的（Tamis-LeMonda，2004）。某一时点或时段发生的生命事件对儿童发展有重要的负性影响或正性影响。而心理弹性恰恰可调节儿童在关键生命转折点上可能面临的风险，对儿童起到保护作用（Rutter，2000，2006）。这意味着，当儿童在某个生命时点或时段遭遇负性生命事件时，如果其心理弹性是弱的，那么保护因素便可以通过与风险因素的交锋来提升儿童的心理弹性，从而使其在下个生命时点或时段拥有一个较高的心理弹性水平。另有研究表明，随着年龄的增加，儿童的心理弹性也在增强（Werner and Smith，1992）。可见，儿童在不同生命时点的心理弹性水平不尽相同，它既是前个阶段发展的结果，又是下个阶段发展的基础，心理弹性是一个动态变化的过程。

对于留守儿童来说，在过去某个时刻所经历的父母外出务工、自己留守在家可能对其以后的发展产生不利的影响。这个时刻便成为其关键生命转折点，父母流动、自己留守便成为其重要生命事件。留守儿童在亲子分离期间所遭遇的留守情境已经有别于以往，这种生态转变可能影响其以后的发展。如果他们能够充分利用各种有利资源来应对不利留守情境，其心理弹性得以发展，水平得以提升，进而保障其良好适应、积极发展目标的实现。这个过程实际上是负性事件或风险因素与有利资源或保护因素之间相互作用的过程。随着时间的推移，这个动态变化的过程会持续推进。截至某个时点，留守儿童的心理弹性表现为某种状态，或强，或弱；他们面对不利留守情境时也表现为某种状态，或者适应良好，或者适应不良。

综合上述概念界定与分析，参考胡月琴和甘怡群关于心理弹性的概念界定和量表开发（胡月琴、甘怡群，2008），本研究中，留守儿童的心理弹性是指身处不利留守情境的农村儿童通过利用各种资源、形成各种能力来应对留守压力、实现良好适应、取得积极发展的动态过程。

上述界定涵盖如下核心要义。第一，留守儿童的心理弹性是个体与环境交互作用的动态过程。第二，实现良好适应、取得积极发展是心理弹性发展的基本目标，是心理弹性的价值体现。第三，利用各种资源、形成各种能力是实现目标的重要途径。

具体而言，各种资源是分布于留守儿童个体内外的各种有利资源，属于保护因素，是心理弹性发展目标得以实现的前提条件。对于留守儿童来说，要实现心理弹性发展，首先必须能够感知到或识别出各种可以利用的资源，然后必须能够积极主动地充分利用各种资源，最后方能将其转换为应对不利留守情境的综合能力，进而达到良好适应。

各种能力包括"个人力"和"支持力"，是心理弹性发展目标得以实现的核心要素。其中，"个人力"是一种来自个体内部的力量，是个人通过充分利用各种资源而形成的力量，它包括目标专注、情绪控制和积极认知三个维度；"支持力"是一种个人感知到的来自个体外部支持系统的力量，它包括家庭支持和人际协助两个维度；而"个人力"与"支持力"之和构成了心理弹性的总体水平，或称总弹性（胡月琴、甘怡群，2008）。

综上可见，对于留守儿童来说，各种资源是其心理弹性发展的前提条件，对其心理弹性发展有重要影响；而通过充分利用各种资源所形成的各种力量决定了心理弹性的发展水平，也成为心理弹性发展水平的重要体现。

第二节 理论分析

一 生态系统理论的适用性和局限性

生态系统理论强调环境系统对儿童发展具有重要的意义和作用，主张将儿童置于由各层环境系统所构成的生态系统中，认为儿童发展是个体与环境交互作用的过程和结果，指出家庭及学校等是处在同一层次的近端微观环境系统，儿童发展受到家庭及学校等近端微观环境系统的影响，家庭是儿童最早接触的微观环境系统，对儿童发展的影响最直接、最显著、最持久（Bronfenbrenner，1986，2005）。

在心理学、教育学和社会学领域，生态系统理论已经被广泛应用于儿童与青少年的健康发展问题研究中。当前，生态系统理论的基本思想也已经普遍渗透于有关个体发展的其他理论中。生态系统理论启示儿童发展研究绝不能忽视家庭及学校等近端微观环境系统的重要影响。

逆境适应是个体适应外部不利环境的动态过程，它包含了个体内部多个系统之间的互动，也包含了个人与多变环境之间的互动；当个人、家庭、学校及社区等各个层面均能够良性互动时，各类保护因素得以加强，心理弹性得以优化（Benzies and Mychasiuk，2009）。

据此，生态系统理论适用于分析留守儿童在不利留守情境中的适应过程或现象。它从宏观层面为解释外部环境系统与留守儿童心理弹性发展的关系提供了一般性框架（见图3-2）。留守儿童心理弹性是其与家庭、学校及社区等外部环境系统互动的过程和结果，由父母和同胞等主体所构成的家庭环境系统、由老师和同学等主体所构成的学校环境系统、由邻里和同伴等主体所构成的社区环境系统是影响留守儿童心理弹性的近端微观环境系统。其中，家庭环境系统对留守儿童心理弹性的影响至关重要。

运用生态系统理论分析中国农村留守儿童的心理弹性发展也存在局限性。一方面，该理论仅仅从宏观的层面为分析留守儿童的心理弹性发展提供了基础性框架,其基本思想仅仅可以作为方法论来指导留守儿童心理弹性发展研究,尚未能够从具体操作的层面为分析留守儿童的心理弹性发展提供更成熟的工具性建议。另一方面,作为留守儿童的重要微观环境,留守家庭是一种结构形式和基本功能已经受到损害的特殊家庭,有着不同于国外家庭的中国特征,也有着不同于国内其他家庭的留守特征。生态系统理论尚缺乏分析中国农村留守儿童心理弹性发展的实证范例,亟须结合中国留守家庭的现实情境和留守儿童的群体特征等从具体操作的层面进行本土化丰富和修缮。

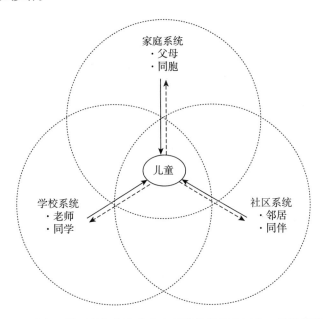

图3-2　外部环境系统与留守儿童心理弹性发展关系的一般性解释框架

二　家庭系统理论的适用性和局限性

与生态系统理论相似,家庭系统理论也强调家庭作为外部环境因素对儿童的健康发展具有最为重要的影响。与生态系统理论不同,家庭系统理论主张把儿童健康发展问题放在家庭内部的关系系统中进行观察和思考,强调从亲子关系及父母关系等家庭关系系统入手来揭示影响儿童健康发展的外部因素。

家庭系统理论认为,在家庭中,每个成员处在不同的位置上,成员之间相互作用，相互依赖，形成了多种关系；家庭是由父母子系统、亲子子系统、同胞子系统等所组成的复杂的关系系统；家庭系统中各个子系统的动态变化和各个子系统之间的交往互动影响儿童发展；每个子系统的特征变化都会引起其他子系统的特征变化，家庭系统的稳定、和谐、健康对儿童的身心健康发展有重要影响；作为核心家庭的基本成员，父亲、母亲和子女之间通过交往和互动形成了父母关系、父子关系和母子关系，进而构成了一个复杂的三角关系；父子关系和母子关系既分别影响子女发展，又通过夫妻的交往互动共同影响子女发展（张志学，1990；Minuchin，1985；Beavers and Hampson，2000；Rinaldi and Howe，2012）。

当前，家庭系统理论已成为儿童与青少年心理、教育、社会化发展研究领域的基础理论。家庭系统理论从微观层面为解释家庭关系系统与儿童健康发展的关系提供了具体性解释框架（见图3-3）。

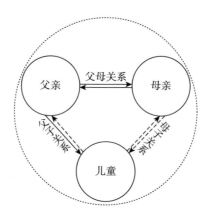

图3-3 家庭关系系统与儿童健康发展关系的具体性解释框架

对于中国农村留守儿童来说，人口流动背景下父母外出务工撕裂了其原有家庭的内部结构，扯开了原有家庭的关系系统。父母外出务工，生活起居于务工所在地城镇，子女留守在家，生活起居于户口所在地农村。亲子被迫分居两地，原有的亲子关系被迫转变成为一种跨越了地域空间的特殊关系，并可能在形式和本质上发生改变，进而影响留守儿童的心理弹性发展（见图3-4）。

然而，运用家庭系统理论分析中国农村留守儿童的心理弹性发展也存在局限性。一方面，该理论并未能够在父子关系和母子关系的具体操作化方面为农村留守儿童的亲子关系研究提供参考，所以需要对此进行丰富与完善；另一方面，该理论并未能够将人口流动因素纳入留守儿童心理弹性的解释框架中，所以需要将留守儿童的亲子关系问题放在人口城乡流动的宏观背景下加以具体化探讨。

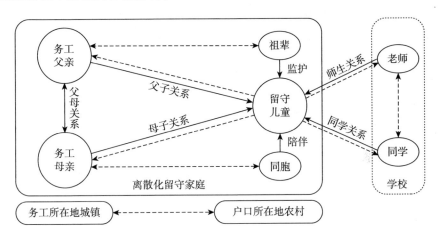

图 3 - 4　离散化留守家庭关系系统与留守儿童心理弹性发展

三　风险与弹性框架的适用性和局限性

根据风险与弹性框架，儿童的心理弹性发展受到风险因素与保护因素的共同影响；风险因素和保护因素存在于儿童自身和儿童所在的家庭、学校、社区等外部环境之中；风险因素可能对不利情境中的儿童发展产生负面影响，导致不良发展后果；多种风险因素可能同时发生，负面影响具有叠加效应或递增效应；保护因素可以缓冲甚至抵消风险因素的负面影响，带来良好发展结果，提升心理弹性水平；因为个性特征等儿童自身因素大多难以快速改变，所以从外部环境中寻求保护因素是提升心理弹性的重要策略；在外部保护因素中，家庭因素是重中之重；在各类家庭关系中，亲子关系对于儿童心理弹性的作用居首要地位（Masten and Narayan, 2012; Masten, 2007; Martinez-Torteya et al. , 2009; Luthar, 2015; Cicchetti, 2010; 张坤, 2016）。

与生态系统理论和家庭系统理论相一致，风险与弹性框架也指出外部环境的变化是儿童心理健康发展的风险因素。与生态系统理论和家庭系统理论不同，风险与弹性框架进一步强调了外部环境中存在的、能够缓冲风险因素不良影响的保护因素对儿童心理弹性发展的积极价值和作用。风险与弹性框架很好地将风险因素和保护因素纳入处境不利儿童的心理弹性解释框架中，其实用性已被大量研究所证实。

风险与弹性框架启迪留守儿童心理弹性研究应该重视父母外出务工作为风险因素对留守儿童心理弹性发展可能造成不良影响，更应该重视不同的亲子关系对留守儿童的心理弹性发展可能产生不同的影响。

对于留守儿童来说，作为重要生命事件，父母流动和亲子分离导致原有家庭系统的结构和功能遭遇破坏，留守儿童陷入了不利留守情境；在很大程度上，父母流动和亲子分离是风险因素，且已经发生，并可能继续，进而对留守儿童健康发展产生不利影响；亲子长期分居，不能共同生活，这种留守状态可能加剧了留守压力，也加剧了负性生命事件对留守儿童健康发展的不利影响。那么，父母怎样的流动可能是风险因素呢？

在父母外出务工、亲子分离期间，亲子关系可能发生了变化，不同的亲子关系可能对留守儿童的健康发展产生不同的影响，如果务工父母不重视与留守子女之间的亲子关系，那么不良亲子关系可能成为一种潜在的风险因素，这无疑是雪上加霜，各种风险因素的累积可能产生负面影响的叠加。那么，哪种亲子关系可能是风险因素呢？

同时，留守家庭及学校等外部环境系统中也存在保护因素，它可以缓冲、抵消风险因素的不利影响，避免不良后果的出现。在人口流动背景下，在父母外出务工后，留守家庭已经发生结构形式与功能的改变，成为一种离散化家庭，其显著特征是务工父母和留守子女分居两地，不能共同生活。但是，务工父母和留守儿童的亲子关系并未因此而消弭，只不过转变为一种跨越地域空间的、形式特殊的、有别于务工前的亲子关系，仍然可以直接或间接地影响留守儿童的心理健康发展。特别是，良好的亲子关系可以缓冲和消减风险因素的不良影响，起到保护作用，提升心理弹性水平。

因此，对各种风险因素的识别和管控，有利于防范不利影响的产生，进而促进留守儿童的健康发展；而探寻和利用那些能够起保护作用的亲子关系类型对于留守儿童的心理弹性发展便显得尤为重要。

综上，人口城乡流动、父母外出务工、亲子两地分居可能是风险因素，不利于留守儿童心理弹性发展；在此情境中，分析务工父母与留守儿童的亲子关系类型，揭示不同类型的亲子关系对留守儿童心理弹性的不同影响，识别哪些亲子关系类型是风险因素，哪些亲子关系类型是保护因素，有助于防范、缓冲、抵消负性生命事件或者生态转变对留守儿童的负面影响，有助于维系、提升留守儿童心理弹性水平。这是来自风险与弹性框架的理论启发，也是本研究提出具体化分析框架的重要基础（见图3－5）。

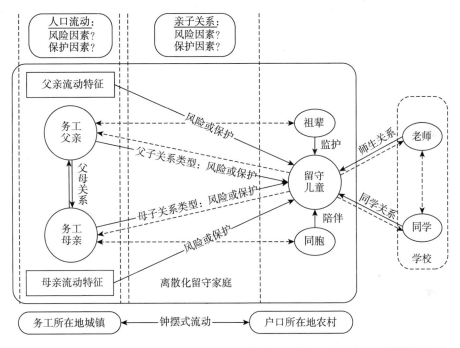

图3－5　风险与弹性框架下离散化留守家庭关系系统与留守儿童心理弹性发展

风险与弹性框架强调了外部环境中不同的因素在性质上可能分属于风险因素和保护因素，在功能上分别会产生负面影响和保护作用，在此启发下，人口流动因素和亲子关系类型既可能属于风险因素，又可能属于保护因素，对留守儿童的心理弹性具有不同的影响或作用。但是，风险与弹性框架尚未能够从根本上给出有关如何识别风险因素和保护因素的建议，亟须对人口流动基本特征和亲子关系基本类型进行深入分析。

此外，为准确把握不同因素对留守儿童心理弹性的不同影响，有效提高对策建议的针对性和可行性，需要从不同的视角比较分析人口流动特征和亲子关系类型对留守儿童心理弹性的影响差异。这将是本章接下来意欲分析的重要内容。

第三节　视角阐释

一　时间视角

生态系统理论通过将时间因素和环境因素相结合来考察儿童发展的动态过程，认为儿童是在不断变化的环境中发展的，受到所经历的生态转变的影响。随着时间的推移，儿童所在的生态环境会不断发生变化，每次生态环境的转变都是其人生发展的一个阶段。正常的生态转变如入学、青春期、参加工作、结婚、退休等，非正常的生态转变如家人去世、失踪、病重、离异、流动、迁居、冲突、中奖等。这些生态转变发生在毕生中的过渡点上，影响着个体以后的健康发展。

根据心理弹性动态过程性特征，儿童心理弹性发展是一个动态渐变过程，会受到不同生命阶段经历的重要生命事件的不同影响；在不同时点和不同时段，儿童的心理弹性水平不同；儿童当前的心理弹性水平是个体因素与环境因素交互作用的结果。同时，留守儿童尚未成年，他们的生理和心理均正处于快速发展和急剧变化的关键时期，并且生理和心理健康发展状况通常还存在明显的年龄差异。

据此，父母外出务工，从农村流动到城镇，或从城镇返流回农村，是留守儿童生命历程中的重要生命事件；父母外出务工，子女留守农村，亲子分居两地，家庭结构离散，家庭功能弱化，是留守儿童生命历程中的重要生态转变。经历上述生命事件和生态转变将有可能影响留守儿童以后的心理弹性发展。

所以，留守儿童心理弹性发展研究很有必要纳入时间视角，分析父母何时外出务工、何时返回家中、在外务工多久、城乡流动频率等时间特征对留守儿童心理弹性的重要影响，从而为农村家庭的决策优化和人口流迁的政策完善提供经验证据。

二　空间视角

空间视角是本书重点纳入的研究视角。本部分基于相关理论，结合中国现实，阐释从空间视角来分析人口流动背景下亲子关系类型影响留守儿童心理弹性的必要性和重要性。表 3-1 凝练了相关理论观点、现实中国城镇化模式与人口流动空间特征之间的内在关联性。

1. 基于推拉理论的阐释

推拉理论是人口流动迁移研究中的经典理论。该理论认为，人口的流动迁移受到"力"的影响，它既包括来自流入地的推力与拉力，又包括来自流出地的推力与拉力；人们会根据流入地推拉合力（推力＋拉力）与流出地推拉合力（推力＋拉力）的对比情况做出流动决策；流动距离的远近主要取决于两种推拉合力的差值（邹新树，2005）。研究认为，人口的流动迁移对城镇化水平的提高起到主导作用，城镇化的内在增长又变成了人口流动迁移的内在驱动力；人口的流动迁移具有空间特征，人口属性的其他指标对人口流动迁移的方向和距离均有一定的影响，相关政策也具有重要的影响（孙全胜，2018）。

在现实中，当城镇的推拉合力与农村的推拉合力不相等时，人们便可能做出流动迁移决策。例如，当某地农村的推拉合力表现为推力（推力＞拉力），或 A 地城镇的推拉合力表现为拉力（拉力＞推力）时，该地农村的剩余劳动力可能会离开农村，前往 A 地城镇务工或经商；当 B 地城镇的拉力＞A 地城镇时，该地农村的剩余劳动力可能会前往 B 地城镇；当 C 地城镇的拉力＞B 地城镇时，该地农村的剩余劳动力可能会前往 C 地城镇。可见，两种推拉合力的性质、大小与对比结果影响着农村剩余劳动力流动与否、流动方向和流动距离。

在城镇化进程中，农村剩余劳动力从农村向城镇的流动迁移助推了城镇化水平的提升。同时，农村剩余劳动力从农村向城镇的流动迁移又受到城镇化进程中相关因素的影响。例如，当前我国正在大力推进新型城镇化，相关导向性和扶持性政策可能成为一种引导力量，影响农村剩余劳动力的流动方向和流动距离。在相关政策的作用之下，附近 B 城镇表现出的拉力可能更为强劲，意欲外出务工或经商的农村剩余劳动力可能放弃前往较远的 A 城镇，而选择 B 城镇；已经在 A 城镇务工或经商的人们则可能离开 A 城镇，返回到 B 城镇。可见，不同的城镇化模式影响着农村剩余劳动力流动与否、流动方向和流动距离。

2. 基于父亲在位理论的阐释

如前所述，针对父亲缺位现象，父亲在位理论从子女的视角提出了心理父亲在位对于子女心理健康发展具有重要影响的观点，为儿童心理健康发展研究开辟了新视角：任何家庭结构的儿童均可拥有心理父亲在位，父亲缺位儿童的心理健康发展也会受到心理父亲在位的影响。

实际上，父亲在位理论的基本观点可以拓展至母亲，即心理母亲在位对子女心理健康发展有重要影响。尽管父亲和母亲在家庭中所扮演的角色、与子女之间进行互动的方式有所不同，但是客观上母亲缺位的子女在心理层面上同样可以拥有母亲在位。换言之，无论何种原因导致不能与母亲共同生活的子女同样可以拥有心理母亲在位，并且其心理健康发展也会受到心理母亲在位的影响。

根据父亲在位理论，父亲在位是指，父亲总在他人之前，总是触手可及，总是在场，总是存在（Krampe，2009；蒲少华等，2011）。显然，这是一种客观意义上或空间意义上的父亲在位，它有利于子女的身心健康发展。与之相反，父亲缺位则可能不利于子女的身心健康发展。同理，我们可以拓展出母亲在位和母亲缺位。母亲在位有利于子女的身心健康发展，而母亲缺位不利于子女的身心健康发展。

对于留守儿童来说，父亲外出务工或经商直接导致了客观意义上父亲在位的丧失，进而可能影响其心理健康发展。母亲外出务工亦是如此。这就意味着，父母流动与否决定了留守儿童是否拥有客观意义上的父母在位；父母流动距离的远近影响了留守儿童客观意义上父母在位程度的高低。在父母流动已确定发生的情况下，父母流动距离便成为影响父母缺位程度的因素。

另外，父亲在位也是一种心理父亲在位，也即子女心理上的父亲在位，是父亲对子女的心理亲近性和可触及性，是子女对父子关系的主观感受；心理父亲在位更注重子女内心的父亲感知，它不依赖于任何一种家庭结构，每个子女都拥有心理父亲在位，只不过他们的父亲在位具有品质高低之别，高品质的父亲在位是一种积极的心理状态，对子女心理健康有积极的作用（Tamis-LeMonda，2004；Krampe，2009；蒲少华等，2011；蒲少华、卢宁，2012）。同理，我们可以拓展出心理母亲在位，其品质会影响子女的身心健康发展。

在现实中存在两种不同的城镇化类型（新型城镇化和传统城镇化），对应着两种不同的人口流动模式（就地就近流动和异地流动），人口的流动存在是否跨越地域边界或行政区域范围的差异。换言之,人口流动存在流动距离上的差异或者务工地点分布上的差异。流动距离的远近或务工地点的分布均反映人口流动的空间特征。父母务工地点离农村老家的远近会影响留守儿童的心理父母在位。通常,父母务工地点距离农村老家越近,他们返回农村老家看望子女越方便,这给留守儿童以越强的安全感,外出务工可能给子女带来的负面影响会因流动距离较近而减弱;相反,父母务工地点离农村老家越远,留守儿童心理层面的安全感可能越弱,受到父母外出务工的负面影响可能越大。

综上可见,父母外出务工,子女留守在家,父母流动距离越远,留守子女在客观上的父母缺位程度越高,理想的高品质的心理父母在位也愈加难以达成,受到父母流动的负面影响可能越大。

所以,留守儿童心理弹性发展研究很有必要纳入空间视角,分析父母流动距离对留守儿童心理弹性的重要影响,从而为农村家庭的决策优化和人口流迁的政策完善提供经验证据。

表 3-1 基于理论与现实的人口流动空间特征

人口流动空间特征	理论		现实	
	推拉理论	父亲在位理论	就地就近城镇化	异地城镇化
流动决策	流入地推拉合力 VS 流出地推拉合力	客观上在位丧失 或 心理上在位产生	外出务工经商 或 返乡务工经商	外出务工经商 或 返乡务工经商
流动距离	两种合力的差值	在位质量的高低	就地就近流动	异地流动

三 性别视角

根据家庭系统理论,家庭是一个由父亲、母亲和子女等不同的成员所构成的复杂系统。家庭系统具有结构性,父亲、母亲和子女等不同的成员在家庭之中占据着不同的位置,相互之间通过交往和互动形成了父母关系、父子关系和母子关系,各种关系纵横交织,呈现为复杂的三角关系结构。

家庭系统具有功能性,父亲、母亲和子女等不同的成员在家庭之中扮演着不同的角色,发挥着不同的作用,父亲和母亲对子女发展既有各自单独的影响，又有双方共同的影响；父亲和母亲是通过亲子关系对子女发展产生影响的，父子关系和母子关系既分别影响子女发展，又通过夫妻之间的交往互动共同影响子女发展。

据此，留守儿童亲子关系研究应纳入性别视角，分析流动父母与留守儿童之间的亲子关系在性别视角下的现状差异，揭示父子关系和母子关系对留守儿童心理弹性的影响差异。

此外，在现实生活中，父母外出务工在时间特征上可能存在性别差异。比如，父亲先行外出务工，母亲暂时留守在家，操持家务，抚养子女，赡养老人，等子女达到一定年龄再外出务工。父母外出务工在空间特征上可能也存在性别差异。比如，父亲在外省务工，母亲在省内务工，以方便返乡照顾家中子女和老人。父母流动在时间和空间上的性别差异会反映在家庭结构与功能的变化上，进而影响留守儿童的心理弹性。

据此，留守儿童心理弹性研究应纳入性别视角，分析父母流动的时间特征和空间特征对留守儿童心理弹性的影响差异。

四 类型视角

1. 亲子关系相关理论的局限性

（1）父亲在位理论的局限性

父亲在位理论启迪学者们应该重视通过建构主观上高品质的心理父亲在位来缓冲客观上亲子分离和父亲缺位对留守儿童心理健康的不利影响。但是父亲在位理论尚未深入探讨在客观上父亲缺位的条件下如何实现高品质的心理父亲在位。

如前所述，子女的心理父亲在位是子女在心理层面上对于父亲及父子关系的感知和体验，影响其心理发展；对于客观上父亲缺位的儿童来说，心理父亲在位的质量是影响其心理健康发展的重要因素（Krampe，2009；蒲少华等，2011；蒲少华、卢宁，2012）。

对留守家庭来说，外出务工的父亲可以通过各种方式向留守子女表达关爱、提供帮助、给予支持；留守子女在感受、体验、得到它们之后可能在内心里认为父亲就在身边，认为父子关系良好，从而拥有高质量的心理父亲在位，并最终保障自身心理健康发展。

可见，良好的父子关系可能是留守儿童心理弹性的关键保护因素。然而，父亲在位理论并没有对此展开深入讨论，也没有阐释什么样的父子关系才是良好的亲子关系，更没有拓展、讨论母亲缺位的情况下什么样的母子关系才是良好的亲子关系。

（2）亲子依恋理论的局限性

亲子依恋的概念常常被学者们用来预测那些经历过依恋关系丢失或消减的儿童的发展结果（Berlin et al.，2007），可用于分析留守儿童的亲子关系及其影响。但是，亲子依恋理论的局限在于仅仅强调了静态意义上的亲子关系对儿童心理健康的影响。

亲子依恋理论认为，亲子依恋是父母与子女之间最亲密的情感联结纽带，是儿童时期最为重要的依恋关系，使儿童在面临危险时能够得到保护；从婴儿期到儿童期是儿童与父母之间建立依恋关系的重要时期；安全型亲子依恋对于儿童心理弹性有重要影响（Moullin et al.，2014）。显然，亲子依恋并不完全等同于亲子关系，前者是后者的重要内容或维度，是静态意义上的亲子关系。所以，亟须从整体上对亲子关系的概念进行更为丰富的界定和操作化，以便全面把握其现状与影响。

（3）父母卷入理论的局限性

父母卷入理论重点强调了动态意义上的亲子关系对儿童健康发展的影响。父母卷入是指为促进学生心理和学业发展，父母在家庭和学校等情境下参与到学习和生活中的各种行为（El Nokali et al.，2010）。父母卷入的形式包括养育、交流、家庭学习等（Epstein，2010）。父母可以通过辅导孩子学习的直接接触行为和营造家庭环境的间接接触行为来影响子女的发展（Desimone，1999）。中国父母的卷入行为包括家庭监控、学业辅导、亲子沟通、共同活动、家校沟通（吴艺方等，2013），他们最常通过辅导功课、督促学习、帮助学习、购买书籍等认知卷入行为来促进子女的认知发展（梅红等，2019）。很显然，父母卷入也不能完全等同于亲子关系，前者是后者的重要内容维度，是动态意义上的亲子关系，相当于教养辅助。所以，亟须从整体上对亲子关系的概念进行更为丰富的界定和操作化。

综上，父亲在位理论、亲子依恋理论和父母卷入理论具有相通之处，均强调了亲子关系对儿童健康发展的重要影响。三大理论也有不同之处，各有侧重点。父亲在位理论将儿童发展研究的关注重点引导至家庭内部以亲子关系为核心的关系系统之中；亲子依恋理论从亲子关系内部深入挖掘父母和子女双方在情感层面的联结状态对子女健康发展的影响，更多地强调了静态意义上的亲子关系对子女健康发展的作用；父母卷入理论从亲子关系内部深入分析父母在行为层面卷入子女生活和学习的情况对子女健康发展的影响，更多地强调了动态意义上的亲子关系对子女健康发展的作用。

显然，在父亲在位理论的引导之下，基于亲子依恋理论和父母卷入理论，综合考量父母和子女之间的情感联结状态和交往互动行为，是全面认识亲子关系的必要途径，是真正把握亲子关系影响儿童健康发展的先决条件。

2. 亲子关系类型视角的突破性

通过亲子关系的概念辨析发现，亲子关系是一个内涵非常丰富的抽象概念。通常，成年父母与未成年子女之间会基于血缘关系和共同生活而产生情感依恋或情感联结；成年父母与未成年子女之间会通过联系沟通交流等来传递思想、表达情感，进而相互影响、相互作用；成年父母还会通过抚养、教育、帮助、支持未成年子女等行为来实现其亲职功能。

通过回顾亲子关系类文献发现，大部分已有研究是以亲子依恋代表亲子关系的，或以亲子沟通代表亲子关系，或以教养参与代表亲子关系，或以亲子亲合和亲子冲突来代表亲子关系。显然，上述概念界定与操作化均存在"以点概面、以偏概全"的局限性，难以真实反映亲子关系的本质，难以完整呈现亲子关系的面貌。于是，如何综合界定和准确测量亲子关系的概念成为亲子关系实证研究中的难点。

伴随着类型学研究的兴起，家庭养老领域开始出现使用类别分析的策略和方法来全面地分析老年父母和成年子女之间复杂而多元的代际关系的研究。潜在类别分析方法正在成为家庭代际关系研究中重要的分析方法。

概括而言，潜在类别分析方法是一种利用潜在类别模型、基于多个类别变量的外显特征来识别其潜在类别的分析方法。该种方法具有两大突出优势：既可以全面描述复杂概念多元维度的显性特征，又可以通过潜在类别来代表多元维度之间的内在关系；既可以维持多个外显变量之间的独立性，又可以通过潜在类别来反映多个外显变量的整体性。潜在类别分析方法的适用性已被大量研究所证实，正在成为实证研究中有效测量复杂概念的重要方法之一。

潜在类别分析方法在统计原理和应用效果上的优势保障了留守儿童亲子关系研究纳入类型视角具有很强的突破性。

通过对留守儿童亲子关系的概念辨析可知，留守儿童亲子关系是一个静态和动态相融的、多维度的复杂概念，它主要包含亲子情感依恋、亲子联系沟通、亲子教养辅助三个维度。亲子情感依恋是静态意义上的亲子关系，亲子联系沟通和亲子教养辅助是动态意义上的亲子关系。三个维度之间的关系较为复杂，无法通过维度的简单加总来测量亲子关系整体状况。运用潜在类别分析方法可以识别留守儿童亲子关系的潜在类型，这些潜在类型不仅可以更好地描述流动父母与留守儿童在亲子情感依恋、亲子联系沟通、亲子教养辅助三个维度上的外显特征，而且可以更好地区别三个维度之间的独立关系，还可以更好地反映三个维度的整体面貌。

综上，在留守儿童亲子关系研究中纳入类型视角可以很好地突破已有相关研究的局限性，通过分析不同的亲子关系类型对留守儿童心理弹性的影响差异，可以更加真实地反映亲子关系作为整体性概念对留守儿童心理弹性的影响。

基于本章第一节的核心概念辨析、第二节的基础理论分析以及第三节的研究视角阐释，初步提出了人口流动背景下留守儿童心理弹性的解释框架（见图3-6）。

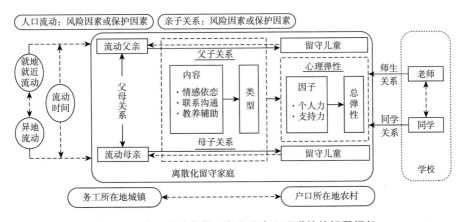

图3-6 人口流动背景下留守儿童心理弹性的解释框架

第一，在人口城乡流动背景下，父亲流动和母亲流动的时间特征和空间特征可能是影响留守儿童心理弹性的前提性因素，分析人口流动的时空特征对于留守儿童心理弹性的影响有助于判断怎样的人口流动是风险因素或保护因素。

第二，在离散化留守家庭系统中流动父亲和流动母亲与留守儿童之间的亲子关系可能是影响留守儿童心理弹性的微观环境因素，而亲子关系类型可以更好地反映亲子关系的内容特征和内在结构，分析亲子关系类型对于留守儿童心理弹性的影响有助于判断怎样的亲子关系是风险因素或保护因素。

第三，在离散化留守家庭系统中父母关系可能通过亲子关系类型影响留守儿童的心理弹性；师生关系和同学关系可能是学校微观环境系统中影响留守儿童心理弹性的重要因素。

第四节　经验证据

一　父母流动影响留守儿童心理弹性的经验证据

本部分基于相关研究，从整体视角、性别视角、空间视角和时间视角总结父母流动影响留守儿童心理弹性的经验证据，为分析框架的提出提供佐证。

1. 父母流动是留守儿童心理弹性的风险因素

国外相关研究指出，家庭结构、家庭关系、家庭氛围、家庭凝聚力、家庭成员的支持是影响儿童心理弹性的重要因素（Luthar et al.，2000；Martinez-Torteya et al.，2009；Luthar，2015；Benzies and Mychasiuk，2009；Morrison and Allen，2007；Rueger et al.，2010）。亲子分离是亲子关系的巨大威胁。据此，父母外出务工可能会导致上述家庭因素的变化，进而影响留守儿童的心理弹性。

国内大量研究表明，人口流动背景下父母外出务工对留守儿童的心理健康与发展有着重大影响（刘红艳等，2017；朱斯琴，2016；孙文凯、王乙杰，2016；Zhou et al.，2015）。与此同时，高心理弹性是农民工子女心理健康与发展的重要保障和促进因素（王瑞等，2015；李洁等，2018；柴晓运等，2018；张峰等，2016；谢玲平、邹维兴，2015；王志杰等，2014；王中会、蔺秀云，2018）。据此，父母外出务工可能削弱了留守儿童的心理弹性，进而导致其出现心理健康与发展问题。

国内留守儿童心理弹性研究表明，父母流动的农村儿童和父母未流动的农村儿童在心理弹性上有显著差异（牛英，2014）；留守儿童在心理弹性总体水平或维度得分上既低于农村正常儿童（董泽松、张大均，2013b；徐礼平等，2013a，2013b；许松芽，2011），又低于农民工随迁子女（应湘等，2013）。据此，父母流动可能是留守儿童心理弹性的风险因素。

2. 父母流动对留守儿童心理弹性的影响差异

已有研究在探讨亲子关系和儿童发展时多聚焦于母亲的角色和作用。研究认为，留守的母亲既是儿童情感支持的主要来源，也是儿童情绪适应的重要保护因素（张莉等，2014）。研究发现，父母双方流动和父母单方流动对留守儿童的影响有明显的差异，即便同样是单亲外出务工，父亲外出和母亲外出产生的作用也不尽相同（Wen and Lin，2012）。

相关研究表明，父母流动模式不同对留守儿童心理弹性的影响不同。单亲流动者的心理弹性水平显著高于双亲流动者（董泽松、张大均，2013a，2013b），父亲流动对留守儿童心理弹性的影响明显小于母亲流动和双亲流动（牛英，2014）；母亲流动的留守儿童在心理弹性水平上低于父亲流动的留守儿童（Suárez-Orozco et al.，2010）；相较于父亲流动，双亲流动的影响更大，而母亲流动、父亲留守的影响最大（李永鑫等，2008）。可见，父母流动对留守儿童心理弹性的影响存在性别差异。

3. 父母流动距离对留守儿童心理弹性的影响

关于父母流动距离对留守儿童心理弹性的影响，已有研究很少关注。一项对河南省中学生的调查结果初步表明，父母流动距离对留守儿童的心理弹性具有显著的负性影响，父母流动距离越远，儿童心理弹性水平越低；与父母跨省流动的留守儿童相比，父母仅在县内流动的留守儿童，其个人力和总弹性明显更强，但其支持力未见显著变化；父母跨县流动但未出省的留守儿童的个人力明显更强（刘红升、靳小怡，2018）。

这可能是因为，父母务工地点离家越近，他们与子女见面越容易，见面机会越多，沟通效率越高，情感联结越牢；相反，父母务工地点离家越远，他们返乡或子女前往务工地成本越高、难度越大，面对面沟通概率越低，沟通效果越差，情感联结越可能受损。父母流动距离的远近可能影响亲子关系，进而影响留守儿童心理弹性。

4. 父母流动时间对留守儿童心理弹性的影响

有研究发现，亲子分离时长与儿童心理症候之间存在正向相关关系（Suárez-Orozco et al.，2010）。关于父母流动的时间特征对留守儿童心理健康的影响，已有研究主要关注了父母外出务工时长的作用，发现与父母分离的时间越长，留守儿童的心理健康水平越低，心理问题越突出（王东宇、王丽芬，2005）。

关于父母流动的时间特征对留守儿童心理弹性的影响，已有研究较少关注，并且集中于父母外出务工的时间长度对留守儿童心理弹性的影响。研究发现，父母在外务工的时间越长，留守儿童的心理弹性水平越低（牛英，2014；王淑芳，2010）。这为本研究提供了相关证据。

然而，关于父母何时外出务工对留守儿童心理弹性的影响，已有研究鲜有关注。作为生命历程中非常重要的生命事件，父母何时流动，直接关系到亲子分离时儿童的年龄，既可能通过年龄影响留守儿童心理弹性，又可能通过影响亲子关系来影响留守儿童心理弹性。这是本研究预设关注的因素。

二　亲子关系影响留守儿童心理弹性的经验证据

本部分基于相关实证研究，从整体视角、类型视角、性别视角和类型组合视角总结亲子关系影响留守儿童心理弹性的经验证据，为分析框架的提出提供佐证。

1. 亲子关系是留守儿童心理弹性的影响因素

有研究发现，大部分经历过亲子分离的儿童似乎能够恢复，并且得以正常发展；在亲子分离前后儿童与父母的关系和儿童在父母缺位期间所得到的照料对于其所做出的应对反应均十分重要（Bowlby，1969），这意味着亲子关系对亲子分离儿童的心理弹性具有重要作用。大量研究认为，良好的亲子关系是儿童心理弹性的保护因素（Masten，2001，2007；Mandleco and Peery，2010；曾守锤、李其维，2003；Olsson et al.，2003；Masten and Reed，2002；Newman and Blackburn，2002；Geanellos，2005），亲子关系影响儿童的心理弹性发展结果（Gribble et al.，1993）、认知（Hu and Ai，2016）、情绪和人际关系（李燕芳等，2015）等。尽管上述研究并不是针对留守儿童的，却为留守儿童相关研究提供了一般性经验证据。

关于留守家庭亲子关系的量化研究总量比较少，关注亲子关系影响留守儿童心理弹性者更为少见。研究指出，作为家庭内部的重要因素，亲密的亲子关系是留守儿童心理弹性重要的保护因素（江琴，2013a；万江红、李安冬，2016），良好的亲子依恋可以强化留守初中生的心理弹性（赵永婧等，2014），良好的亲子交流沟通有利于增强留守儿童的心理弹性（王淑芳，2010），父母积极的教养、帮助和支持是儿童心理弹性的保护因素（刘红升、靳小怡，2018；李旭等，2016；唐开聪，2012）。

尽管已有研究大多是从单一的维度来分析亲子关系对留守儿童心理弹性的影响，尚不能完整呈现亲子关系的影响，但是为本研究提供了证据。

2. 亲子关系类型可能影响留守儿童的心理弹性

如前所述，国内学界缺乏以亲子关系内容的现实特征为分类标准的亲子关系类型研究，尚未见到关于亲子关系类型影响留守儿童心理弹性的实证研究。

尽管如此，如果以父母性别为分类标准，亲子关系可以分为父子关系和母子关系；如果以关系质量为分类标准，亲子关系可以分为高质量、中质量和低质量的亲子关系。那么，已有研究发现和结论可以为本研究提供相关证据。

以往研究也已经证实，作为亲子关系的内容维度，亲子情感依恋、亲子联系沟通、亲子教养辅助对留守儿童的心理健康有重要影响，心理弹性在其中起中介作用。那么，以亲子关系内容的现实特征为依据所划分的亲子关系类型可能对留守儿童的心理弹性产生影响。

此外，不同的教养方式对留守儿童心理弹性有不同的影响（刘红升、靳小怡，2018）。据此推断，不同的亲子关系类型对于留守儿童的心理弹性可能有不同的影响。父子关系和母子关系对留守儿童心理弹性有不同的影响。据此推断，父子关系类型和母子关系类型对留守儿童的心理弹性有不同的影响。

3. 亲子关系影响留守儿童心理弹性的性别差异

总体而言，亲子关系视角下的留守儿童心理弹性研究较少，关注父母亲子关系对留守儿童心理弹性的影响差异者更少。

研究发现，亲子依恋与留守儿童心理弹性的关系有显著的性别差异：与父子依恋相比，母子依恋与心理弹性及其各维度的相关性更强；母子依恋是心理弹性的主要预测变量，它对心理弹性及其各维度的影响更大（赵永婧等，2014）。

研究表明，父母不同的教养方式对留守儿童心理弹性具有不同的影响：父母关爱关怀对留守儿童心理弹性有显著正向影响，父亲冷漠拒绝和母亲过度保护有显著负向影响；父母关爱关怀对留守儿童个人力有显著正向影响，父亲冷漠拒绝和母亲过度保护有显著负向影响；母亲关爱关怀和父亲鼓励自主对儿童支持力有显著正向影响，父母冷漠拒绝有显著负向影响（刘红升、靳小怡，2018）。

尽管上述研究仅关注父子关系和母子关系的个别维度对留守儿童心理弹性的影响差异，但是其研究结论为本研究提供了参考证据。

4. 亲子关系类型组合对留守儿童心理弹性的影响

已有研究较多关注父子关系和母子关系对留守儿童心理健康的独立影响，较少关注父子关系和母子关系对留守儿童心理健康的共同影响，也忽略了父子关系类型和母子关系类型对留守儿童心理健康的共同影响。亲子关系类型组合对留守儿童心理弹性的影响研究更是如此。

不过，一项关于父母教养方式影响流动儿童生活满意度的研究为本研究提供了有力的证据（靳小怡等，2015）。该研究发现，母亲"温暖理解"和父亲"温暖理解"的教养方式组合对所有儿童的生活满意度均有显著正向影响，并且显著程度在城市本地儿童、城市流动儿童和农村流动儿童之间存在差异，这表明积极的家庭教养方式组合普遍有利于儿童生活满意度的提高；而母亲"拒绝否认"和父亲"拒绝否认"的教养方式组合只对流动儿童的生活满意度有显著的负向影响，这表明父母均较多地采用"拒绝否认"型教养方式是流动儿童生活满意度的制约因素（靳小怡等，2015）。

据此，本研究在比较了父子关系类型和母子关系类型对留守儿童心理弹性的影响差异之后，深入分析父子关系类型和母子关系类型的组合对留守儿童心理弹性的影响，这有利于揭示父子关系和母子关系对留守儿童心理弹性的共同影响。

第五节　现实依据

如前所述，相关理论为本研究分析框架的提出奠定了理论基础，提供了分析视角，积累了经验证据，但是我们仍然需要依据中国社会人口流动的多维特征、亲子关系的现实状况及留守儿童的群体特征等现实情境来修改完善所提出的解释框架。

一 人口流动的多维特征

1. 性别特征

长期以来，由于男女两性在生理、心理、能力上存在差异，特别是母亲在子女看管、照料、养育上占有明显的优势，所以农村家庭在人口流动决策上通常是以男性外出务工、女性留守在家为主流模式。

随着社会经济的不断发展和城镇化进程的持续推进，家庭性别分工模式正在经历转变，农村家庭人口流动主体选择也在发生变化。除了父亲流动、母亲留守的传统流动模式，父亲和母亲双方流动的情形愈加常见。

中国人口流动家庭化过程可以分为四个阶段，包括个人单独流动、夫妻共同流动、核心家庭流动、扩展家庭流动；当前，人口流动处于从第二阶段向第三阶段的过渡中；农村留守儿童中，近半数为父母双方外出务工（段成荣，2016；段成荣等，2013）。中国农村留守妻子正在经历规模上从急剧膨胀到快速缩小的转变，这一数量变化过程完全符合人口流动家庭化的基本趋势（段成荣等，2017a）。越来越多的家庭出现父母共同流动的现象（国家卫生健康委员会，2018）。

上述人口流动的现实状况和变化趋势应引起留守儿童研究的关注。流动主体不同，家庭结构发生的本质性改变也不同，家庭成员的角色与责任也会重新安排，儿童所处的家庭环境将有明显的差异，儿童与父母的亲子关系也会发生改变，对儿童心理弹性的影响也可能有所不同。

2. 空间特征

受到多种因素的影响，农村人口流动的空间特征或务工地点的空间分布已发生了新变化。自改革开放以来，农村人口流动以跨省的、远距离的流动为主流模式。相应地，已有研究将人口流动分为跨省流动和省内流动，省内流动可根据行政层级或区划具体分为本乡镇内流动、本县内流动、本市内流动、本省内流动。

在新型城镇化背景下和乡村振兴战略驱动下，农村劳动力以就地就近务工为重要特征，就地就近流动成为农村人口流动在空间上的重要特征。相应地，一些研究将人口流动分为就地就近流动和异地流动，前者是指务工地点在本地级市范围以内的流动，后者是指务工地点在本省他市和其他省、自治区、直辖市的流动（李强等，2015）。

由此可见，结合我国当前城乡社会经济发展的宏观背景和农村劳动力城乡间流动的空间特征，是开展农村人口流动研究和留守儿童发展研究的应有之义和必要前提。相应地，在不同的人口流动模式下，研究对象在关键变量（就地就近流动和异地流动）上所具有的现实特征理应受到重点关注。

具体而言，在人口就地就近流动模式下和人口异地流动模式下，外出务工父母及其留守子女在流动特征方面具有以下重要特征。

第一，在人口就地就近流动模式下，父母的务工地点离老家比较近，回家耗时少、成本低、难度小；部分就地就近流动的父母甚至存在白天外出工作、晚上回家过夜的情况。相应地，就地就近流动的父母与留守子女见面的概率会比较高。

第二，在人口异地流动模式下，父母的务工地点离家比较远，在城乡之间往返比较耗费时间；尽管现代交通工具变得日益发达，但是交通成本也在向上攀升，而他们选择"不远万里"去外地务工的核心目的大多是"挣钱"，所以他们平时很少回家；由于在城镇里工作和生活压力大、节奏快，并且因私事请长假的难度大、代价高，所以他们往往选择春节期间返乡探亲，而平时几乎不回老家。异地流动父母回家的频率与流动距离之间呈现负相关关系；相应地，他们与留守子女见面的概率也非常低。

可见，由于流动距离上存在明显差异，加之流动的时间成本和经济成本上也存在差异，所以就地就近流动父母和异地流动父母之间在"返乡流动"方面也可能存在明显差异，进而衍生出诸多方面的群体差异。

其中，与留守儿童心理健康密切相关的群体差异集中在亲子关系方面。

第一，在两种人口流动模式下，流动父母与留守儿童之间的亲子联系沟通和交流互动往往存在群体差异。就地就近流动父母与留守子女之间见面概率高，面对面沟通、交流、互动的频率也高，这有利于维系亲子情感、解决亲子矛盾。异地流动父母与子女之间往往通过电话、短信、社交软件、电子邮件等方式进行联系沟通和交流互动，尽管这些方式也具有优越性，但是其沟通和交流的效果往往不如面对面形式的理想。

第二，在两种人口流动模式下，流动父母与留守儿童之间的亲子情感依恋往往会出现群体差异。由于就地就近流动父母的工作地点离家近，他们回家与子女直接见面的概率高，这在一定程度上有利于子女维持其原有的父母在位品质水平，进而维持原有的亲子情感依恋水平，至少不会遭遇严重的水平降低。对于异地流动的父母来说，如果他们不重视亲子情感依恋的维系与改善，将可能导致严重的心理父母缺位，进而影响留守儿童的心理健康发展。

第三，在两种人口流动模式下，流动父母对留守儿童的教养辅助功能往往也具有群体差异。就地就近流动的父母可以经常回家，并在学习和生活方面监督、指导、帮助子女，相比异地流动父母，他们在各方面的卷入程度比较高；异地流动的父母往往需要借助通信工具或媒介间接地在学校和生活方面对子女进行监督、指导和帮助，他们在各方面的卷入程度往往比较低。

可见，在两种不同的人口流动模式下，由于流动距离存在明显的差异，加之经济、时间、技术等因素的影响，流动父母与留守儿童的亲子关系可能发生较大的变化，出现明显的差异，进而反映为留守儿童心理弹性差异。

因此，在新形势下，不同的人口流动模式应该作为农村儿童群体划分的重要依据，而流动空间特征应该成为农村留守儿童心理弹性研究的重要视角。

那么，在人口就地就近流动和人口异地流动模式下，农村留守儿童心理弹性状况究竟怎样，又受哪些因素影响，均是值得深入调查研究的问题。

3. 时间特征

在生命历程的视角下，父母流动、子女留守、亲子分离是一种非常复杂的社会事实。现实中，农民工一直处于不断漂泊和频繁流动的生活状态中（谭深，2011；符平、唐有财，2009）。在新型城镇化背景下，这种生活状态不仅仍将持续，而且还会更加明显。

如前所述，与异地流动父母相比，就地就近流动父母在城乡之间往返的频率更高，甚至存在白天外出务工、晚上回家过夜的情况。这意味着，一方面，他们在留守子女的生命历程中"出现"的时间更长一些；另一方面，他们在外流动的持续时间更短一些。这也使得父母就地就近流动的子女成为一种不同于"传统留守儿童"的"新留守儿童"，也是新时期、新形势下具有鲜明特征的崭新群体，尤其值得关注。本研究的调查显示，异地流动父母回家的频率非常低，在父母异地流动的留守儿童中，父亲半年及以上才回家一次的占 79.71%，母亲半年及以上才回家一次的占 67.19%。可见，大部分异地流动父母在外持续流动的时间长达半年。换言之，大部分父母异地流动的留守儿童处于持续性亲子分离状态的时间长达半年。

在本质上，留守儿童的留守状态是一种即时性、阶段性的生活状态或生命经历。现实中，留守儿童自身可能也有流动经历，一种是利用节假日前往父母务工地的流动经历，一种是跟随父母到外地上学和生活的随迁经历。本课题组的调查发现，有 55.75% 的留守儿童曾经去母亲务工所在地上学或玩耍，有 47.06% 的留守儿童曾经去父亲务工所在地上学或玩耍。因此，不应该简单地将当下的即时性留守状态视为一直持续的留守状态，而应该视为一种动态的、变化的过程，以往的流动经历对当下的心理弹性的累积影响应该受到关注。

综上可见，父母钟摆式流动、子女即时性留守、亲子间断性分离是当下人口流动中的不争事实，这些都是留守儿童生命历程中重要的生命事件和生态转变。因此，只有兼顾父母及子女流动的时间轨迹，才能完整呈现人口流动对留守儿童心理弹性的影响。

二 亲子关系的现实状况

1. 关系内容

中国社会的主流文化非常重视家庭团圆，父母与未成年子女共同生活尤为重要，备受重视。对于儿童来说，完好的家庭结构与家庭功能是他们身心健康成长与发展的重要条件。

父母外出务工、儿童留守在家、亲子分居两地、不能共同生活，是留守家庭的现实境况。对于留守儿童来说，家庭结构完整性被破坏了，部分家庭功能被削弱了，其身心健康成长与发展受到了威胁。

不可否认，留守儿童仍然处于亲子关系网络之中。不过，在中国特定文化背景下，流动父母与留守子女之间的关系极有可能因为"流动、分离、分居"而发生微妙的变化，进而可能影响留守儿童的健康发展。

第一，父母外出务工后通过打电话、发短信、发邮件、社交软件等方式与留守子女进行联系，但是这些显然都有别于外出务工前亲子之间的交往互动。流动父母和留守子女的亲子交往趋于非当面化、低频率化，具有长时期的间断性、远距离的间隔性（宋月萍，2018）。亲子交往互动方式及其特征变化可能不利于留守儿童的健康发展。

第二，中国家长更加关注子女学业情况，更愿为子女提供学习资源和学业帮助（梅红等，2019）。流动父母与留守子女联系沟通时一般只关心子女的学习成绩或身体状况，而忽视子女的心理健康发展状况。亲子联系沟通的内容单一，不能深入子女的心理和精神层面，无法掌握子女的深层需求，这可能不利于子女的心理健康发展。

第三，中国进城务工人员的工作环境和工作条件较差，工作强度大，生活压力大，可能导致亲子交往互动"消极化"，表现在主动性弱、频率低、形式化、不深入等方面，这些方面尤其集中于从父母一方所发起的交往活动中，进而导致亲子交往互动的效果变差，父母无法及时把握子女的健康发展状况。

第四，祖辈监护是中国农村留守儿童最为普遍的监护类型（国家卫生健康委员会，2018），"重养而不重教"是长期以来中国农村家庭中祖辈监护的主要特征。祖辈通常只关注留守儿童的衣食住行等生活问题，对于心理和学业问题，他们或者疏忽大意，或者爱莫能助。留守儿童的心理健康发展问题往往成为祖辈监护模式下的"真空区"。流动父母会通过向监护人提供钱财、食品和衣物等来提升留守子女的物质生活水平，但却忽略了让监护人关注留守子女的心理健康发展问题。

第五，不可否认，外出务工父母即使无法客观上参与到子女的学习和生活中，也可以通过亲子联系、交流、沟通等让子女感受到父母的关注、关心、关爱和参与，从而使子女拥有不同品质的心理父母在位，它可能缓冲、消减亲子分居两地所造成的负性影响，进而保障和促进子女的心理健康发展。

第六，尽管亲子分居两地，但是流动父母依然是留守儿童最重要的依赖对象，他们会通过多种形式在子女学业上进行督促和辅导，在子女生活中提供支持和帮助。例如，他们会在和子女通话时询问子女作业是否已经完成；他们会向子女邮寄学习生活用品。作为亲子交往互动的重要内容，这些可能影响子女的心理健康发展。

总之，父母外出务工、亲子两地分居，可能降低了亲子情感的亲密度，限制了亲子沟通的表达性，削弱了教养辅助的功能性，留守儿童赖以生存与发展的家庭微观环境系统受到了损害，心理健康发展也遭到了威胁。

2. 关系类型

在留守家庭中，父亲与子女之间可能存在多种不同类型的亲子关系。例如，父子情感依恋水平较高、父子联系沟通一般、父子教养辅助功能较差；或者父子情感依恋水平一般、父子联系沟通较多、父子教养辅助功能较好。换言之，外出务工的父亲与留守子女之间的亲子关系会因为亲子关系内容的不同特征状况而包含潜在的不同类型，进而对留守儿童的心理弹性有不同的影响。母子关系亦是如此。

3. 性别差异

有别于西方家庭文化，长期以来，在中国农村家庭文化中盛行着"男主外、女主内"的性别角色分工模式。在传统农村家庭中，父亲承担着赚钱养家的责任，母亲在照料、抚养、教育子女方面的时间和精力投入更多。相应地，父亲和母亲在与子女的关系方面存在性别差异。通常，与父子关系相比，母子关系更为亲密。

在中国农村家庭中，父亲和母亲所扮演的角色有所不同，所发挥的作用也存在差异。正如费孝通先生所言，在"双系抚育"体制中，母亲扮演的角色是生理性抚育的提供者，而父亲扮演的角色是社会性抚育的提供者。

在日常生活中，父亲和母亲对子女发展的关注点也有所不同。父亲更多地关注子女的行为问题和学业问题，而母亲更多地关注子女的情绪问题，其在子女生活层面的介入也往往更多、更深入。相应地，父亲和母亲对子女身心健康发展的影响也可能因此而存在差异。

随着社会经济文化的发展、科学技术水平的提高以及女性社会地位的上升，农村家庭的性别角色分工模式也在悄然改变。

一方面，随着农业机械化水平的逐步提高和城市用工制度的日益完善，农村女性劳动力进一步从农业生产中解放出来，并加入外出务工的队伍中。在母亲外出务工的情况下，母子关系内容可能会呈现不同的特征，进而对留守子女身心健康发展的影响可能也会有所不同。

另一方面，随着共同养育理念的兴起、男性文化水平的提高和女性逐渐进入职场，父亲教养参与的程度正在逐步提高，父母双方需要同时兼顾工作和家庭，在教养参与方面的投入差距也在逐渐缩小。尽管父亲在照顾子女的时间投入上和承担教养任务的数量上都远低于母亲,且这一现象在母亲有着同样的外出工作时间的情况下也依然存在(伍新春等,2014),但是在父亲外出务工和教养参与增多的双重背景下,父子关系可能会呈现不同的特征,对留守子女心理弹性发展的影响可能也会有所不同。

此外,千百年来中国家庭在教育子女的过程中逐渐形成了"严父慈母"的家庭文化传统,或者一个"唱红脸"一个"唱白脸"的合作教育模式。自然地,父母不同的教养方式或风格对子女的心理弹性会有不尽相同的影响。

4. 共同影响

家庭是团体性社群,父母双系抚育是最基本、最重要的家庭制度,子女必然会受到父母的共同影响。随着社会经济文化发展和生产生活方式转变,家庭养育方式也在经历变迁。父亲越来越多地参与到子女养育过程中,反映了父亲所承载的社会期望在发生变化,所背负的家庭责任也在发生变化,父亲参与养育的重要性在日益凸显(Coyl-Shepherd and Newland,2013)。尽管《中国家庭发展报告 2015》指出,夫妻共同抚养、教育儿童的比例还比较低,父亲在照料和教育儿童的过程当中所发挥的作用、扮演的角色还比较有限,但是父母共同抚育子女正在越来越多的家庭中得以践行。父母双方在参与方式和参与程度方面存在差异并不能否定子女的身心健康发展受到父母双方的共同影响。

在现实生活中,完整家庭的儿童既受到了父亲和母亲的独立影响,又受到了父亲和母亲的共同影响。对于留守儿童来说,共同外出务工的父母既会通过各自的方式分别影响留守儿童的心理弹性,又会通过交流协商来共同影响留守儿童的心理弹性;即使那些不在同一地方务工的父母也会通过交流协商来共同影响留守儿童的心理弹性。例如,母亲通常会建议或要求父亲多和孩子联系、多关心孩子的内心世界或情感状况。此时,即使父亲没有照做,但是父子关系在本质上已经发生改变,对儿童发展的影响也已经受到了母亲的影响。

三 留守儿童的群体特征

需要强调的是,与一般儿童和流动儿童及成年人相比,留守儿童具有两大特征:"留守"特征和"儿童"特征。"留守"特征突出反映在父母外出务工、自己留守在家、亲子分居两地、无法共同生活、亲子关系变化上，对应了人口流动特征和亲子关系类型。"儿童"特征集中反映在"年龄"方面尚未成年上，与此紧密联系的是，生理和心理尚未发育成熟，容易受到各种因素的影响。对于中学阶段的学生来说，其生理和心理均进入快速发展阶段，更容易受到各种因素的影响，更需要适当引导和积极介入。

第六节　分析框架

在核心概念辨析、基础理论分析、研究视角阐释、经验证据和现实依据提供之后，本节先简评已有研究的局限，指出本研究的突破，再重点提出分析框架与主要内容。

一　分析框架的提出

1. 留守儿童的亲子关系与亲子关系类型

通过回顾文献发现，学界已经意识到，亲子关系可能影响留守儿童心理弹性，并且初步探讨了亲子依恋和教养方式的影响。但是，对于核心自变量亲子关系，以往研究还存在如下局限。

（1）对亲子关系的关注较少

通过基础理论分析可知，亲子关系对留守儿童的心理弹性可能有重要影响。然而，已有研究对此较少关注，并且大部分研究尚处于思辨的阶段。因此，本研究引入亲子关系作为主自变量，实证分析亲子关系对留守儿童心理弹性的影响，从而既验证相关理论在留守儿童中的适用性，又填补已有研究在视角切入上的欠缺。

（2）对亲子关系的测量单一

如前所述，亲子关系的内涵丰富、维度多元。留守家庭的亲子关系主要包括亲子情感依恋、亲子联系沟通和亲子教养辅助三大维度。也只有综合分析三大维度的现实状况，才能够全面掌握亲子关系对留守儿童心理弹性的影响。

然而，仅有的少量研究主要关注亲子关系中相对独立的单一维度对留守儿童心理弹性的影响，如亲子依恋、亲子联系、教养方式等，忽略了亲子关系的整体和各个维度之间的潜在关系。

总之，以往研究对"因"的测量"失当"容易导致对"因果关系"的判断"失真"。据此，本研究用多元维度来代替单一维度，引入潜在类别分析的类型学方法，通过分析多元维度的显性特征，识别多元维度的潜在关系，来构造亲子情感依恋、亲子联系沟通和亲子教养辅助的分类组合，并探索亲子关系类型对留守儿童心理弹性的影响。

所以，从亲子关系的测量方法上看，本研究既弥补了以往研究中测量维度单一的方法缺陷，又突破了亲子关系的不同维度无法通过加总来形成单一结构或整体模式的方法局限，并更好地描述了亲子关系不同维度之间的复杂性和整体性。

此外，针对亲子关系的"双向"性特征，本研究在具体测量亲子关系的重要维度时采用了"双向"测量法，以期更真实地反映亲子关系的本质属性（详见第四章第一节第三部分）

2. 人口流动特征影响留守儿童心理弹性

通过文献回顾发现，学界已经意识到，父母外出务工是留守儿童心理弹性的风险因素，并关注父母当前是否流动和父母流动类型对留守儿童心理弹性的影响。但是，以往研究对于人口流动的时空特征的关注不够。

（1）对空间特征的关注不够

第一，根据父亲在位理论，父母流动的空间特征（流动距离远近或务工地点分布）可能对留守儿童的心理弹性产生不同的影响。因此，本研究纳入空间的视角，探讨父母流动的空间特征对留守儿童心理弹性的影响。

第二，新型城镇化背景下，人口就地就近流动和人口异地流动是两种典型的流动模式，它们在流动距离上的明显差异引发了两类流动父母在亲子关系上的群体分化，进而可能对留守儿童心理弹性有不同的影响。已有研究往往只比较留守儿童和非留守儿童，却忽略了留守儿童的内部比较。

因此，本研究根据人口流动的典型模式，把留守儿童分为父母就地就近流动组和父母异地流动组，深入比较亲子关系的组间差异，并揭示其对心理弹性的影响差异。

（2）对时间特征的关注不够

第一，根据生态系统理论和亲子依恋理论，儿童心理弹性、父母流动和亲子分离是动态变化的过程；作为生命历程中的重要生命事件，父母以往的流动经历（亲子分离经历）可能影响留守儿童当下的心理弹性。已有研究关注了父母外出时长对留守儿童心理弹性的影响，却忽略了父母何时初次流动的影响。因此，本研究拟纳入时间视角，特别关注父母流动的时间特征对留守儿童心理弹性的影响。

第二，儿童即时性留守、亲子间断性分离，是新形势下人口流动的重要特征；作为生命历程中的重要生命事件，留守儿童自身的流动、随迁经历可能影响其当下的心理弹性。已有研究往往将当下的、即时性的留守状态视为一种持续性的留守状态，忽略了留守儿童自身可能拥有"流迁"经历的客观现实。因此，本研究纳入时间视角，特别关注留守儿童的"流迁"经历对心理弹性的影响，以完整呈现人口流动的影响。

综上，本研究将全面考量父母及子女当前和过往流动的时空特征对留守儿童心理弹性的影响，这有利于丰富已有研究在人口流动/留守影响儿童心理弹性方面的成果。

3. 亲子关系类型影响留守儿童心理弹性

（1）关注亲子关系类型的影响者极少

如前所述，对于亲子关系类型对留守儿童心理弹性的影响，以往的研究关注极少。尽管少量研究从性别视角探讨了父子/母子依恋、父亲/母亲教养方式对留守儿童心理弹性的影响，但是性别标准下的亲子关系类型并不能真正反映亲子关系的本质。

鉴于此，本研究基于流动父母和留守儿童在亲子关系三大维度上的显性现实特征，识别出亲子关系的潜在类型，并进一步揭示不同的亲子关系类型对留守儿童心理弹性的不同影响。

特别是，从亲子关系类型的生成逻辑上看，本研究的分析结果更能从本质上真正反映亲子关系的影响，这弥补了以往研究"仅仅从父母性别的角度揭示亲子关系单一维度的影响"的缺陷。

此外，从预防和干预的角度看，本研究从留守儿童亲子关系的外显特征入手，分析其亲子关系的类型差异及其影响差异，更有利于针对不同的亲子关系类型制定不同的政策和措施，来预防和干预留守儿童的心理健康发展问题。

（2）关注父母亲子关系类型的影响差异者缺失

研究业已表明，父亲和母亲对儿童心理健康发展有不同的影响；父子关系和母子关系对留守儿童心理弹性的影响存在差异。然而，关于父子关系类型和母子关系类型对留守儿童心理弹性的影响差异，以往研究还鲜有论及。

因此，本研究纳入性别视角，分析父子关系类型和母子关系类型对留守儿童心理弹性的独立影响和影响差异，以期能弥补"以往研究仅仅关注了亲子关系类型的影响而忽略了该影响的性别差异"所留下的遗憾。

需要说明的是，在理想化的性别视角下，亲子关系本应分为父子关系、父女关系、母子关系、母女关系，但是，本研究中的性别视角主要是指父母的性别，有四点理由：一是本研究重点关注作为成年人的流动父母通过怎样的亲子关系对其未成年留守子女的心理弹性产生影响，影响有何差异；二是本研究中亲子关系类型是以其内容维度的现实特征为划分依据，可能划分出 N 种类型，如果再与性别视角下的亲子关系相结合，将可能有 $4 \times N$ 种亲子关系类型；三是本研究还关注父母的亲子关系类型组合的作用，届时可能将有 $2N^2$ 种组合，其分布情况可能难以保证有效的回归分析；四是本研究控制了子女性别。

（3）关注父母亲子关系类型组合的影响者缺失

如前所述，儿童的心理健康发展既受到父亲和母亲的独立影响，又受到父母的共同影响；留守儿童的心理弹性既可能受到父子关系类型和母子关系类型的独立影响，又可能受到父子关系类型和母子关系类型的共同影响。然而，截至目前，尚无研究关注父子关系类型和母子关系类型对留守儿童心理弹性的共同影响。

因此，本研究通过分析父子关系类型和母子关系类型的不同组合对留守儿童心理弹性的影响，来反映父子关系类型和母子关系类型的共同影响。

根据上述分析，本研究提出如下分析框架（见图 3－7）。

二 分析框架的内容

如图 3－7 所示，本研究实证分析部分的主体内容及其内在逻辑关系如下。

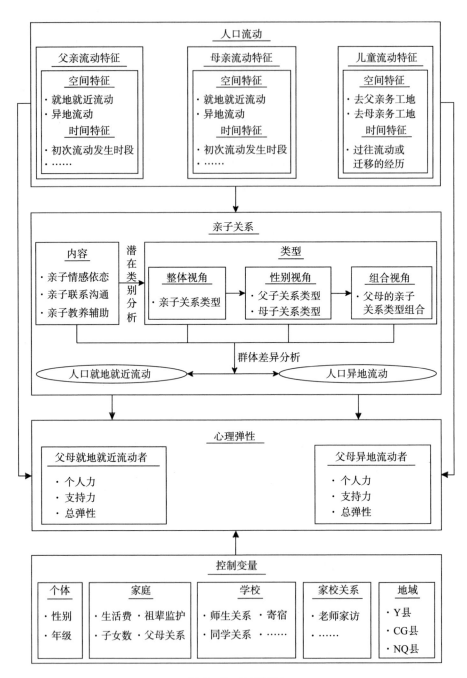

图 3-7 分析框架

1. 人口流动下农村留守家庭亲子关系的现状与类型

对于农村留守家庭而言，流动父母与留守儿童之间的亲子关系内容主要包括亲子情感依恋、亲子联系沟通和亲子教养辅助。通常，父母外出务工后，亲子关系内容可能发生变化，并呈现不同于以往的特征，这意味着亲子关系的显性特征背后潜藏着不同的关系类型。

因此，本书第四章里将首先描述留守家庭亲子关系三大维度内容的现实特征，然后利用潜在类别分析方法，重点识别出流动父母和留守儿童之间亲子关系的潜在类型。

父母在家庭中的地位、角色、功能等均存在明显的差异，对儿童发展的影响也存在明显的不同，他们对儿童发展的影响是通过父子关系和母子关系来实现的。这意味着，父子关系类型和母子关系类型可能存在明显的差异，并可能对儿童心理弹性产生不同的影响。与此同时，儿童的发展除了受到父亲和母亲的单独影响外，通常还会受到父亲和母亲的共同影响。这意味着，儿童的心理弹性可能受父子关系类型和母子关系类型的共同影响。

因此，在识别出留守家庭的亲子关系类型后，本书第四章还将进一步比较流动父亲和流动母亲与留守子女之间的亲子关系类型差异，并匹配出流动父亲和流动母亲之间存在的亲子关系类型组合，以用来分析父子关系和母子关系对留守儿童心理弹性的独立影响和共同影响。

特别是，人口就地就近流动和人口异地流动是我国新型城镇化进程中共存的两种人口流动模式，就地就近流动父母和异地流动父母在流动特征方面有着明显的差异，并可能进一步引发留守家庭亲子关系的群体分化。换言之，在人口就地就近流动模式和人口异地流动模式下，流动父母的亲子关系内容、亲子关系类型、亲子关系类型组合均有可能出现群体差异，并可能对留守儿童的心理弹性产生不同的影响。

因此，在匹配出流动父亲和流动母亲的亲子关系类型组合之后，本书第四章将进一步比较分析就地就近流动父母和异地流动父母在亲子关系内容、亲子关系类型、亲子关系类型组合方面的群体差异，以便为后续两个章节的实证分析提供依据和支持。

2. 人口就地就近流动下亲子关系类型对留守儿童心理弹性的影响

在就地就近城镇化背景下，人口流动的典型特征是就地就近流动。如前所述，人口就地就近流动模式下，父亲、母亲及儿童当前和过去的流动特征对留守儿童心理弹性可能有不同的影响；就地就近务工父母的亲子关系类型对留守儿童心理弹性也可能有不同的影响。因此，本书第五章将以父母就地就近流动的农村留守儿童为对象，在控制个体、家庭、学校、家校互动、地域等因素的基础上，重点分析三大内容：第一，人口流动特征和亲子关系类型对留守儿童心理弹性的个人力的影响；第二，人口流动特征和亲子关系类型对留守儿童心理弹性的支持力的影响；第三，人口流动特征和亲子关系类型对留守儿童总弹性的影响。

（1）人口流动特征变量说明

人口流动特征包括就地就近流动的父亲、母亲和儿童自身当前流动的空间特征和过去流动的时间特征。父母当前流动的空间特征主要通过流动距离来反映；父母过去流动的时间特征主要通过父母初次流动发生时间和回家频率来反映；儿童自身流动的时空特征主要通过最近是否去过父母务工地和过去是否有流动迁移经历来反映。

需要特别说明的是，尽管父母过去流动的空间特征可能影响留守儿童当前的心理弹性水平，但是本研究未能纳入该类变量，具体原因包括两个方面。

第一，父母过去流动的空间特征信息具有多样性和复杂性。父母过去流动的空间特征可能因为时间的推移而发生变化，即 T1 时间段里父母可能在 P1 地务工，但 T2 时间段里父母可能在 P2 地务工，所以该类信息具有多样性。父母双方过去既有可能在同一地点务工，又有可能在不同地点务工，所以在"性别"因素作用下该类信息具有复杂性。即使获得了该类信息，在处理和使用过程中也可能存在难度。

第二，由于本研究的调查对象是留守儿童，相关信息的获取途径是问卷调查，加之相关信息可能非常多样、极其复杂，所以让他们在有限的时间内通过回忆准确地提供关于父母过去不同时间的流动距离信息，本是一种奢望。即使提供了相关信息，其信度也可能不够理想。

关于就地就近流动父母过去流动的时间特征，除了关注他们初次流动发生时段，本研究重点关注"回家频率"特征。"回家"是父母从务工地点向农村老家流动的动作、行为或事件；"回家频率"是既定时间段内父母回家次数的多少，次数越多，频率越高，意味着在外持续流动的时间越短，或亲子持续分离的时间越短，亲子见面的次数越多，亲子共处的时间也越长。因此，"回家频率"可以用来考量父母过去流动的时间长度。如前所述，就地就近流动父母与异地流动父母最典型的区别就在于务工地点离家近，他们回家频率可能很高。所以，本研究特将"回家频率"纳入父母过去流动的时间特征变量之中。

（2）亲子关系类型变量说明

亲子关系类型变量包括父子关系类型、母子关系类型、父母的亲子关系类型组合。一方面，通过分析父子关系类型和母子关系类型对留守儿童心理弹性的影响，来揭示父子关系和母子关系的独立影响与影响差异；另一方面，通过分析父母的亲子关系类型组合对留守儿童心理弹性的影响来揭示父子关系和母子关系的共同影响。

（3）关于控制变量的说明

基于理论分析，参考相关研究，除了儿童性别、年龄、家庭经济状况、监护类型、兄弟姐妹数目、学校类型外，第五章控制了父母、师生、同学、家校等微观环境系统中的关系网络因素；由于该类父母离家不远，第五章还特将"参加家长会"纳入家校互动变量之中。

3. 人口异地流动下亲子关系类型对留守儿童心理弹性的影响

在新型城镇化背景下，与人口就地就近流动模式对应的是异地流动模式。在人口异地流动模式下，父亲、母亲和儿童当前和过去的流动特征对留守儿童心理弹性可能有不同的影响；异地流动父母的亲子关系类型及其组合对留守儿童心理弹性也可能有不同的影响。因此，本书第六章将以父母异地流动的农村留守儿童为对象，在控制个体、家庭、学校、家校互动和地域等相关变量的基础上，重点分析三大内容：第一，人口流动特征和亲子关系类型对留守儿童心理弹性的个人力的影响；第二，人口流动特征和亲子关系类型对留守儿童心理弹性的支持力的影响；第三，人口流动特征和亲子关系类型对留守儿童总弹性的影响。

第六章的研究与人口就地就近流动背景下亲子关系类型对留守儿童心理弹性的影响研究有所不同，主要体现在以下几个方面。

第一，由于该类父母流动距离比较远，回家频率非常低，加之父母异地流动的留守儿童样本量有限，所以过去流动的时间特征中将不再纳入"回家频率"变量，以便确保回归分析的实现。

第二，由于该类父母流动距离比较远，他们亲自直接到校参与家校互动非常困难，所以第六章未将"参加家长会"纳入家校互动变量之中。

第三，研究表明，随着年龄的增长、社交范围的拓展、依恋对象的增多，相比亲子关系，同辈关系对儿童心理健康发展的作用越来越凸显，尤其以友谊质量的作用为甚；在现实中，对于初中阶段的留守儿童来说，在亲子长期分离、父母缺位严重的情况下，朋友作为同辈群体极有可能成为他们重要的依恋对象，来自朋友的支持和陪伴很可能对其心理健康发展产生重要的影响。由于异地流动父母回家频率非常低，所以第六章特将"朋友支持"因素纳入控制变量之中，以便更准确地考察异地流动父母的亲子关系类型对留守儿童心理弹性的影响。

需要说明的是，根据人口流动的性别特征（父母）和空间特征（务工地点分布），接受调查的留守儿童可细分为父母就地就近务工者（1265 人）、父母异地流动者（646 人）、母亲就地就近务工父亲异地流动者（775 人）和父亲就地就近务工母亲异地流动者（105 人）。但是，本研究使用人口就地就近流动模式和人口异地流动模式来分别呼应新型城镇化和传统城镇化，核心宗旨是揭示不同城镇化进程中不同人口流动因素和亲子关系类型对留守儿童心理弹性的影响差异，由于后两类儿童父母在当前流动的空间特征方面很特殊，务工地点不一致，无法与前两类儿童进行比较，并且第四类儿童的样本量过少，所以暂且未能纳入实证分析。不过，在后期计划中将专门针对"第三类留守儿童"问题展开深入研究。

第七节　验证策略

针对本章第六节提出的人口流动背景下留守家庭亲子关系类型影响留守儿童心理弹性的分析框架，本节将具体论述其验证策略。

一　框架验证思路与理论依据

表 3 - 2 梳理了分析框架的验证思路与理论依据。总体验证思路为：以人口就地就近流动和人口异地流动为背景，基于留守家庭亲子关系三大维度的现实状况，识别亲子关系的潜在类型，检验在不同人口流动模式下的群体差异，如果群体差异显著，则分别针对人口就地就近流动模式和人口

异地流动模式，进一步考察人口流动特征和亲子关系类型对留守儿童心理弹性的影响及其差异。

由总体验证思路可知，本研究重在考察不同人口流动背景下留守家庭的亲子关系类型差异，并进一步揭示其对留守儿童心理弹性的影响差异。所以，验证不同人口流动背景下留守家庭的亲子关系类型是否存在显著差异，成为关键所在。如果留守家庭的亲子关系类型在不同的人口流动背景下呈现显著的群体差异，那么它们可能对留守儿童心理弹性产生不同的影响。

与此同时，不同的人口流动背景下留守家庭的亲子关系类型存在显著差异的前提条件是亲子关系本身需要具有多样性和差异性。

从微观层面看，留守家庭的亲子关系是流动父母与留守儿童之间交往互动的过程和结果。基于亲子依恋理论、父母卷入理论、父亲在位理论，参考以往经验研究，结合中国现实情境，本研究认为，留守家庭的亲子关系是一个"动静相融"的多维性概念，亲子情感依恋是静态意义上的重要维度，亲子联系沟通和亲子教养辅助是动态意义上的重要维度。所以，亲子关系的多维性为亲子关系的多样性提供了前提条件。

从宏观层面看，留守家庭的亲子关系不可避免地受到不同人口流动模式的冲击，在父母就近流动模式下和父母异地流动模式下，留守家庭亲子关系的三大维度均可能发生变化，呈现不同的特征，从而具有差异性。

针对人口流动背景下留守家庭亲子关系类型影响留守儿童心理弹性的分析框架，本书的验证将从不同人口流动模式下亲子关系多维内容和潜在类型的群体差异渐进式展开。其中，前者是后者的前提基础，后者是前者在整体层面上的差异延伸，也是本研究验证的关键所在。

由总体验证思路可知，当不同人口流动背景下留守家庭的亲子关系类型存在显著的群体差异时，本研究将依次针对人口就地就近流动模式和人口异地流动模式，进一步考察人口流动特征和亲子关系类型对留守儿童心理弹性的影响差异。

根据父亲在位理论和风险与弹性框架，人口流动的空间特征可能影响留守儿童的心理弹性，父母不同的流动距离可能对留守儿童的心理弹性有不同的影响；根据生态系统理论和风险与弹性框架，作为生命历程中的重要生命事件，父母流动的时间特征可能影响留守儿童当前的心理弹性水平。

因此，无论是在人口就地就近流动背景下，还是在人口异地流动背景下，父母流动的空间特征和时间特征均有可能影响留守儿童的心理弹性。所以，在探讨留守家庭的亲子关系类型对留守儿童心理弹性的影响时，需要考虑不同人口流动背景下父母流动特征的影响。

根据生态系统理论，作为微观环境系统，家庭因素对留守儿童心理弹性具有最为重要的影响；根据家庭系统理论，父子关系和母子关系对留守儿童心理弹性有着至关重要的作用；根据风险与弹性框架，不同类型的父子关系和母子关系对留守儿童心理弹性有着不同性质的影响。

因此，无论是在人口就地就近流动背景下，还是在人口异地流动背景下，流动父母与留守儿童之间的亲子关系类型均可能对留守儿童的心理弹性产生重要的影响。所以，在后续的第五章和第六章里，本研究将依次验证人口就地就近流动下和人口异地流动下亲子关系类型对留守儿童心理弹性的影响及其差异。

表 3 - 2　分析框架的验证思路与理论依据

章节	内容/变量		理论							现实	
			核心概念界定	亲子依恋理论	父母卷入理论	父亲在位理论	生态系统理论	家庭系统理论	风险与弹性框架	就地就近流动	异地流动
第四章：人口流动下农村留守家庭亲子关系的现状与类型	亲子关系的现状及群体差异	亲子情感依恋	√	√		√				√	√
		亲子联系沟通	√		√	√				√	√
		亲子教养辅助	√		√	√				√	√
		群体差异								√	√
	亲子关系的类型及群体差异	潜在类型	√							√	√
		多维现状								√	√
		群体差异								√	√
第五章：人口就地就近流动下亲子关系类型对留守儿童心理弹性的影响	人口流动特征	空间特征				√			√	√	
		时间特征					√		√	√	
	亲子关系类型	父子关系类型	√				√	√	√	√	
		母子关系类型	√				√	√	√	√	
		关系类型组合	√				√	√	√	√	
	儿童心理弹性	个人力	√				√	√	√	√	
		支持力	√				√	√	√	√	
		总弹性	√				√	√	√	√	

续表

章节	内容/变量		理论							现实	
			核心概念界定	亲子依恋理论	父母卷入理论	父亲在位理论	生态系统理论	家庭系统理论	风险与弹性框架	就地就近流动	异地流动
第六章：人口异地流动下亲子关系类型对留守儿童心理弹性的影响	人口流动特征	空间特征				√			√		√
		时间特征					√		√		√
	亲子关系类型	父子关系类型	√					√	√		√
		母子关系类型	√					√	√		√
		关系类型组合	√					√	√		√
	儿童心理弹性	个人力	√				√	√	√		√
		支持力	√				√	√	√		√
		总弹性	√				√	√	√		√

二　数据采集策略与质量控制

分析框架的验证需要有质量上乘的数据资料作为支撑。本部分重点介绍数据采集策略与质量控制方案。

1. 调查地区选择

为了保障研究目标能够得以实现，需要结合人口流动态势来选择具体调查地区。根据《2017 年农民工监测调查报告》，我国农民工总量持续增长，与东部地区相比，中西部地区吸纳更多新增农民工，吸纳能力逐步增强（中华人民共和国国家统计局，2018）。《中国流动人口发展报告 2018》指出，农民工有从东部地区向中西部地区回流的现象，劳动密集型产业和资源密集型产业也在向中西部地区转移（国家卫生健康委员会，2018）。可见，选择中西部地区进行调查能够反映我国人口流动的现状和趋势。

河南省是我国中部地区的劳动力输出大省，其农村留守儿童的规模较大。2015 年，河南省的城镇化率为 46.85%；从人口流动的发展趋势来看，外出人口总量虽然有增加，但是增速明显减缓，逐渐趋于稳定，省内流动速度快于向省外流动；流动人口中 63% 以上的人口流向了县级城市，县域经济实力和活力在不断增强（河南省统计局，2016）。Y 县隶属平顶山市，地处平原地带，是传统农业大县，其农村劳动力丰富，外出务工人员较多，且就地就近流动和异地流动比例基本持平。可见，Y 县是研究新型城镇化背景下中部地区农村留守儿童问题的理想县域。

陕西省是我国西部地区的劳动力输出大省，农村留守儿童的规模较大。2015 年，陕西省的城镇化率为 53.92%；从总量上看，全省流动人口规模为 576.82 万人，占常住人口的 15.21%，流动人口规模仍处高位；从结构上看，省内流动更加活跃，流动人口中，省内流动者为 493.85 万人，占全省流动人口的 85.6%；从趋势上看，省内流动人口规模呈现逐年加大趋势，省际人口流动减缓（陕西省统计局，2016）。CG 县和 NQ 县隶属汉中市，前者紧邻汉中市区，是人口大县，交通便利，经济较为发达，农村劳动力以就地就近流动为主；后者远离汉中市区，经济相对落后，农村劳动力以异地流动为主。CG 县和 NQ 县均是研究新型城镇化背景下西部地区农村留守儿童问题的理想县域。

此外，上述三县农村人口的流动特征既有共性，又有差异。一方面，三县农村家庭均以男性外出务工为主、女性外出务工为辅；另一方面，三县农村男性人口的流动模式存在一定的差异，CG 县农村男性中就地就近流动的比例最高，NQ 县农村男性中就地就近流动的比例最低，Y 县农村男性中就地就近流动的比例居中。三县农村女性人口的流动模式无明显差异，大部分是就地就近流动。上述特征为研究不同人口流动模式下的留守儿童问题提供了保障。

2. 调查对象抽样

在调查对象的确定方面，由于本研究重点探讨亲子关系类型对留守儿童心理弹性的影响，所用数据需要借助调查问卷来收集，对于学龄前儿童和小学段低年级学生而言，他们在问题和选项的阅读、理解及作答等方面均存在较大困难，所以两次调查仅选取小学阶段高年级学生（四至六年级学生）和初中学生为施测对象。

在调查对象的代表性方面，可以通过学校在调查实施前通知学生切不可无故请假来确保在调查实施时因故未到校者所占的比例达到最小；加之被调查地区中小学生的入学率为百分之百，所以调查时在校的学生具有极强的代表性。

在抽样方法的选择方面，两次调查均采用分层整群抽样法。以中学生样本的抽取方法为例，在综合考虑上述三县的人口、经济、地理等因素之后，先在每个县抽取初级中学（Y 县四所、CG 县三所、NQ 县三所），再对每所被抽取学校七至九年级的所有在校学生实施问卷调查。

由于本研究的因变量为心理弹性，其测量工具为心理学量表，量表结构较为复杂，题量较大，小学生完成作答存在困难，所以两次调查中小学生问卷中都没有心理弹性类信息，本研究仅能以初中生为具体分析对象。

3. 调查实施过程

为了能够顺利开展调查、保障数据质量，需要对调查实施全过程进行精细化管理。

相关人员需要明确分工、密切合作。西安交通大学的老师和研究生对于调查目标和调查工具更为熟悉，所以两次调查均可由西安交通大学的老师和研究生为指导员，负责调查前的培训、调查中的巡查、调查后的收场。被调查学校的班主任或任课教师对所带班级的学生更为熟悉，所以两次调查均可以各班班主任或任课教师为主试，负责以班为单位对调查时到校的学生集体施测。

在调查正式开始之前，由西安交通大学的师生对班主任或任课教师进行严格培训，使其知晓调查目的、熟悉问卷内容、了解填答流程、清楚注意事项和问题处理的原则与方法，并将调查问卷及所需工具发放给班主任或任课教师。

在调查正式开始之后，西安交通大学的师生们分别对各个被调查班级进行巡视，针对处理不当的问题及时予以纠正，针对突然出现的情况确定处理方案，并且把前面巡视过程中遇到的问题告知后面班级的主试；主试把调查问卷依次发放给每位学生，并说明填答要求与注意事项，掌控全班；被试在填答过程中若遇到问题可以询问主试，主试需要根据培训要求、结合现实情况予以合理解答；如果主试也无法解答，则由巡视指导员来解答。

在调查接近尾声之时，主试需要提醒被试认真检查是否按要求完成填答，在收齐所有问卷后需要逐一核查问卷编码是否有误、填答是否完整，发现问题需要及时处理，在清点完份数后统一交给指导员。指导员在接到主试交来的问卷后需要再次清点份数、审核问卷，如果发现问题，及时进行相应的处理。

4. 数据质量控制

在数据录入与清洗过程中应遵循科学的质量控制程序，执行严格的质量控制标准。

在数据录入方面，两次调查均由指导员将数据录入 EpiData 数据库，通过 EpiData 附带程序进行初步的数据质量控制，如数值型数据的范围、逻辑类问题的跳问等。

在数据录入之后，所有指导员应根据等距抽样原则抽取 5% 的样本进行轮换输入，以检验录入的准确性和完整性，确保两次调查学生问卷双工录入一致率能够达标。

在双工检测之后，由专人利用 Stata 软件编写数据清洗程序，仔细检测数据的内在逻辑的一致性。对于存在逻辑问题的记录，要求寻找、核对原始问卷，对于输入有误的记录，进行修改；对于极少数无法修改的错误问卷，则视为无效问卷。

通过采取上述各项策略，共同保障本研究所用数据的代表性和可靠性，使其可以用于留守儿童问题研究，并得出具有现实意义的结论。

综上，调查地区选择的典型性、所确定调查对象的代表性、抽样方法选择的科学性、调查实施过程的合理性、数据质量控制的严谨性等，共同保障两次调查数据可以用于留守家庭和留守儿童相关问题研究中，并得出具有现实意义的结论。

三　数据分析策略与分析方法

实证研究部分的主要内容和所用方法见图 3-8。人口流动背景下留守

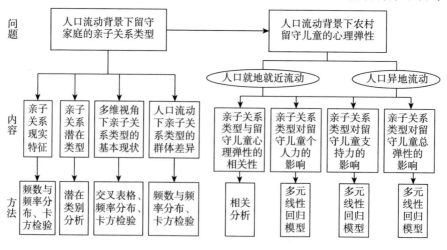

图 3-8　实证研究的内容与方法

家庭亲子关系的现实特征、潜在类型及其现状和群体差异分析,主要运用频数与频率分布、卡方检验和潜在类别分析等方法;人口就地就近流动和人口异地流动背景下留守家庭亲子关系类型与留守儿童心理弹性的相关性以及对留守儿童个人力、支持力和总弹性的影响分析,主要运用相关分析和多元线性回归模型。

第八节　小结

基于留守儿童亲子关系和心理弹性的概念与理论,依托相关实证研究的经验证据,结合中国社会的现实情境,本章构建了人口流动背景下留守儿童亲子关系的概念框架和亲子关系类型影响留守儿童心理弹性的分析框架,为后续实证研究提供理论支撑。

第一,基于亲子关系的一般概念,结合留守儿童亲子关系的具体特征与现实情境,对留守儿童亲子关系进行概念界定和维度甄选,完成了留守儿童亲子关系的概念重构,界定了留守儿童亲子关系类型的概念;基于心理弹性的一般概念,结合留守儿童留守情境,界定了留守儿童心理弹性的概念。

第二,先通过分析生态系统理论的适用性和局限性,提出了解释外部环境系统与留守儿童心理弹性发展关系的一般性框架;然后通过分析家庭系统理论的适用性和局限性,提出了解释家庭关系系统与留守儿童健康发展关系的具体性框架;又通过分析风险与弹性框架的适用性和局限性,提出了风险与弹性框架下解释离散化留守家庭关系系统与留守儿童心理弹性发展关系的具体性框架。

第三,基于相关理论,先阐释了心理弹性研究纳入时间视角、空间视角和性别视角的依据,又阐释了亲子关系研究纳入类型视角的依据,从而使分析视角的丰富化有了理论依据。

第四,先从整体视角、性别视角、空间视角和时间视角总结父母流动影响留守儿童心理弹性的经验证据,又从整体视角、类型视角、性别视角和类型组合视角总结亲子关系影响留守儿童心理弹性的经验证据,为分析框架的完善提供了佐证。

第五,从新型城镇化背景、人口城乡流动模式、人口流动留守动态转化、家庭性别角色分工、家庭结构功能变迁、家庭传统文化、父母共同抚育及隔代教养等方面的现实情境，具体分析了人口流动特征和亲子关系状况，简介了留守儿童的群体特征，为分析框架的完善提供了依据。

第六，围绕留守家庭的亲子关系及其类型、人口流动特征影响留守儿童心理弹性、亲子关系类型影响留守儿童心理弹性，申明以往研究的局限性，提炼本研究的创新性，提出本研究的分析框架，介绍其主要内容，并说明其关键变量，从而为后续三章的实证分析提供了理论支撑和指导。

第七，针对人口流动背景下留守家庭亲子关系类型影响留守儿童心理弹性的分析框架，从框架验证思路与理论依据、数据采集策略与质量控制、数据分析策略与分析方法等方面具体论述了验证策略，为后续三章的实证研究提供了分析策略与方法指导。

| 第四章 |

人口流动下农村留守家庭亲子关系的现状与类型

在新型城镇化推进过程中，在人口流动模式分化背景下，流动父母与留守儿童的亲子关系问题研究仍然非常匮乏。以第三章提出的人口流动背景下亲子关系类型影响留守儿童心理弹性的分析框架为指导，本章将以人口流动为背景，围绕流动父母与留守儿童之间的亲子关系，全面描述其现实状况，详细分析其群体差异，并重点识别其潜在类型，配对亲子关系类型组合，比较其在不同人口流动模式下的群体差异，以便为后续章节揭示亲子关系类型对留守儿童心理弹性的影响奠定良好的基础。

第一节　研究设计

一　研究目标

由理论综述、文献回顾可知，家庭亲子关系是影响留守儿童心理弹性的重要因素。新型城镇化背景下，父亲流动和母亲流动在时间上和空间上将呈现新特征。相应地，留守家庭的亲子关系在情感依恋、联系沟通、教养辅助三大维度上也将呈现新特征，并且蕴含着不同的潜在类型，还可能出现不同人口流动模式下的群体差异，并对留守儿童的心理弹性产生不同的影响。

鉴于此，本章研究的核心目标是分析亲子关系的现实特征，识别亲子关系的潜在类型，描述亲子关系类型的基本现状，并深入比较亲子关系类型的群体差异。

具体而言，本章研究的细分目标主要包括以下几个。

（1）分析人口流动背景下留守家庭亲子关系的现实特征

具体内容包括：①亲子情感依恋的总体状况及不同人口流动模式下的具体特征；②亲子联系沟通的总体状况及不同人口流动模式下的具体特征；③亲子教养辅助的总体状况及不同人口流动模式下的具体特征。

（2）识别人口流动背景下留守家庭亲子关系的潜在类型

具体内容为：基于亲子情感依恋、亲子联系沟通、亲子教养辅助维度的现实特征，利用潜在类别分析方法，识别出留守家庭亲子关系的潜在类型。

（3）描述多维视角下留守家庭亲子关系类型的基本现状

具体内容包括：①从整体视角描述留守家庭亲子关系类型的现状；②从性别视角描述留守家庭亲子关系类型的现状；③从组合视角描述留守家庭亲子关系类型的现状。

（4）从人口流动视角分析留守家庭亲子关系类型的群体差异

具体内容包括：①从人口流动视角分析亲子关系类型的群体差异；②从人口流动视角分析父子关系类型的群体差异；③从人口流动视角分析母子关系类型的群体差异；④从人口流动视角分析亲子关系类型组合的群体差异。

二　数据来源

本章所用数据来自西安交通大学公共政策与管理学院"新型城镇化与可持续发展课题组"于 2015 年在河南省平顶山市 Y 县和 2016 年在陕西省汉中市 CG 县与 NQ 县实施的中小学生问卷调查。

根据总体研究目标与研究设计的需要，本章研究对两次调查所得数据进行了合并，形成了"三县合库数据"。由于两次调查所用问卷的结构高度相似，共用题项的比例也非常高，并且两次调查的时间间隔较短（11 个月），其可能引致的变化较小，所以数据可以合并，且质量能够得到保障。

三　变量测量

亲子关系类型是本研究的核心变量。该变量是运用潜在类别分析方法，通过分析亲子关系三大维度的现实特征来识别、生成和命名的。

1. 亲子关系的测量维度

关于一般家庭亲子关系的测量维度，国内外学者认知不同，操作不一。关于良好的亲子关系，学者们观念中自有其评价指标，国外研究便是据此来提炼亲子关系的测量维度，如开诚布公的交流沟通、情感温暖、接纳认可等（Crockett et al.，2007）。国外学者还通过教养方式、亲子沟通、亲子情感、亲子冲突等测量亲子关系质量（Shek，1999）。还有的通过父母态度、父母参与、父母指导来考察四至六年级儿童与父母的亲子关系质量：父母态度包括父母"对子女的爱"和"关心子女的感受"；父母参与包括父母直接和间接参与到孩子的学习生活中；父母指导主要是设定子女应该遵守的规则、规矩、纪律等（Gribble et al.，1993）。

关于一般家庭亲子关系的测量维度，国内实证研究并不多见，选择的测量维度也不尽一致。概括而言，已有研究中对亲子关系测量维度的选择方法主要有两类。

一类是采用心理学量表作为测量工具。例如，郑希付（1996）采用亲子关系量表来测量亲子关系，该量表测量的内容包含了父母对子女的情感、父母与子女的沟通、子女对父母的态度。马龙（2015）选取父母养育方式问卷（EMBU）中的 45 个题项来测量初中生亲子关系的亲密度。刘海娇等（2011）采用修订的关系网络问卷来测量青少年的亲子关系，问卷包含陪伴、工具性帮助、情感支持、亲密性、争吵与冲突等维度。

另一类是基于文献回顾和理论分析选择亲子关系的测量维度。王云峰和冯维（2006）认为亲子关系包含了亲子之间的关爱、情感和沟通。王美萍（2010）认为亲子依恋、亲子沟通、亲子亲合、父母教养、亲子冲突是评价亲子关系的重要指标。田菲菲和田录梅（2014）研究指出，亲子关系的指标主要包括亲子依恋、父母支持、父母接受或拒绝、亲子冲突、父母教养方式。田录梅等（2012）也把父母支持作为衡量亲子关系的重要指标与核心变量。李文倩（2017）认为初中生的亲子关系包含亲子情感交流和亲子互动模式等内容。

关于留守儿童亲子关系的测量维度，为数不多的已有研究所做出的选择不尽相同。例如，贾文华（2011）选择了父母的关怀程度和沟通频次，宋淑娟和廖运生（2008）选择了与父母团聚频率和联系频率，王东宇和王丽芬（2005）选择了亲子分离时间的长短，张丽芳等（2006）选择了父母的教养方式。还有研究通过关系主观评价、亲子沟通频率以及家庭团聚频率来测量外出务工父母与留守儿童之间的关系（刘琴等，2011）；或通过询问留守儿童与父母讨论学业、安全、情感的频率高低来测量亲子沟通（Su et al.，2013）。

基于留守儿童亲子关系的概念，结合已有研究对亲子关系的测量，本研究选择亲子情感依恋、亲子联系沟通、亲子教养辅助作为留守儿童亲子关系的主要测量维度。亲子情感依恋状况反映的是静态意义上的亲子关系，表现为亲子之间情感联结的亲密程度。亲子联系沟通反映的是动态意义上的亲子关系，体现为亲子之间通过各种形式联系彼此、沟通信息。亲子教养辅助，即父母对子女的教育、帮助、支持，反映的是动态意义上的亲子关系，并且是亲子分离情境下流动父母与留守子女之间最主要的互动行为。

鉴于亲子矛盾和冲突既可以反映于亲子联系沟通中，也可以体现为亲子情感依恋状况，在亲子分离情境下还有可能被双方有意隐藏、回避、压抑，所以本研究暂不将其作为留守儿童亲子关系的测量维度。

2. 亲子关系的测量方法

亲子关系是一种"双向"的关系，是父母和子女在长期交往、互动中所形成的关系。已有研究往往忽略了亲子关系的"双向性"特征，难以如实刻画亲子关系的原本面貌。为了弥补以往研究中变量测量方面的不足，本研究在测量留守儿童的亲子关系时引入"双向测量"的理念和方法。

（1）亲子情感依恋

亲子情感依恋，是指父母和子女之间在长期的亲子互动中所形成的情感上的依恋关系。它通常表现为父母和子女之间的喜欢、爱戴、关心等，可以通过父母和子女对相互之间情感关系的态度或评价来具体测量。

在本研究中，亲子情感依恋的双向测量方法如下：通过"你爱爸妈"来测量子女对父母的情感依恋程度；由于父母外出务工，且务工地点分布各地，对其实施问卷调查难度很大，所以通过"爸妈关心你"来测量父母对子女的情感依恋程度。从子女的视角出发，考察子女对父母及亲子关系的主观感知和态度，是心理父母在位的重要体现方式。具体测量方法见表4-1。

（2）亲子联系沟通

亲子联系沟通是指父母和子女之间通过面对面、打电话、发邮件等多种方式联系彼此、交流信息、沟通问题。

以往研究中，联系沟通的频率及方式是最主要的测量指标，但却忽略了子女作为沟通主体对于亲子联系沟通的主观态度。

在本研究中，亲子联系沟通的双向测量方法概括如下：通过"爸妈联系你"来测量父母和子女之间联系沟通的频率；通过"喜欢和爸妈聊天"来测量子女对于亲子联系沟通的主观态度。具体测量方法见表 4-1。

（3）亲子教养辅助

亲子教养辅助是指父母在学习和生活上对子女进行教育、引导、监督、督促、帮助、支持等。对于留守儿童来说，由于亲子分居两地，外出务工父母针对他们的教养行为主要体现在监督、督促学习和辅导功课上，毕竟祖辈在这些方面的能力不足；由于儿童尚未成年，不够自立，在生活中还需要父母提供帮助和支持。

需要说明的是，由于儿童尚未成年，父母已经成年，作为成年人，父母具有对子女进行教养辅助的功能；反过来，作为儿童，子女在教养辅助方面的功能非常微弱。所以，亲子教养辅助的单向性特点远大于双向性特点，在具体测量时仅仅考察从父母到子女的单向关系。

由于外出务工父母可能无法直接向留守子女提供学业上的教导和生活上的照料，本研究通过如下问题来测量父母对子女的教养辅助——"最经常督促你学习的人是谁"，如果被试选择"爸爸"或"妈妈"，则将"爸妈最常督促学习"这一变量赋值为 1，如果被试选择其他人，则赋值为 0；"给你帮助或支持最多的人是谁"，如果被试选择"爸爸"或"妈妈"，则将"爸妈帮助支持最多"这一变量赋值为 1，如果被试选择其他人，则赋值为 0。具体测量方法见表 4-1。

表 4-1　留守家庭亲子关系维度的测量

变量	测量
亲子情感依恋	
你爱爸妈	1＝一点都不爱，2＝不太爱，3＝一般，4＝比较爱，5＝非常爱
爸妈关心你	1＝一点都不关心，2＝不太关心，3＝一般，4＝比较关心，5＝非常关心

变量	测量
亲子联系沟通	
爸妈联系你	1 = 从不，2 = 有时，3 = 经常
喜欢和爸妈聊天	1 = 不喜欢，2 = 一般，3 = 喜欢
亲子教养辅助	
爸妈最常督促学习	0 = 否，1 = 是
爸妈帮助支持最多	0 = 否，1 = 是

四　研究方法

本章主要的研究内容和对应的研究方法具体如下。

①留守家庭亲子关系的现状分析，主要运用频数与频率分布和卡方检验等描述性统计分析方法，通过 SPSS 22.0 分析软件实现。

②留守家庭亲子关系的类型识别，主要运用潜在类别分析方法，通过 MPlus 7.4 分析软件实现。

③留守家庭亲子关系类型的现状分析，主要运用交叉表格、频率分布和卡方检验等描述性统计分析方法，通过 SPSS 22.0 分析软件实现。

④留守家庭亲子关系类型的群体差异，主要运用频数与频率分布和卡方检验等描述性统计分析方法，通过 SPSS 22.0 分析软件实现。

五　样本处理

本研究重点探讨流动父母与留守儿童之间的亲子关系类型及其对留守儿童心理弹性的影响，所以在样本处理方面，应注意以下几点。

①删除父亲/母亲由于其他原因而外出的农村儿童样本，因为该类儿童不属于本研究中留守儿童的范畴，尽管他们同样需要社会各界的关注。

②删除父亲/母亲去世、失踪、离婚的农村留守儿童样本，以确保每个保留的样本对应的父亲信息和母亲信息能够匹配起来。

③删除父母一方外出务工或经商而另一方无法判断是否具有监护能力的农村儿童样本，因为该类儿童无法确定是否属于本研究中留守儿童的范畴。

④删除父子关系三大维度所用变量和母子关系三大维度所用变量存在严重缺失的样本，以便于识别和比较父母的亲子关系类型。

⑤将数据结构转换为"长数据"，一个被试在一个变量上对应着父亲和母亲两条记录，样本量也由 N 转变为 2N，以便于识别和分析"父母"作为整体概念时的亲子关系类型。

第二节　人口流动下农村留守家庭的亲子关系维度现状

一　亲子情感依恋的现状

表4-2分析了人口流动背景下留守家庭父子情感依恋和母子情感依恋的总体现状，重点比较了父子情感依恋的群体差异和母子情感依恋的群体差异。

1. 总体现状

总体而言，流动父母和留守子女之间的情感依恋状况比较好。这与已有调查发现相一致，多数留守儿童感觉其亲子关系的亲密程度良好（陈亮等，2009）。

具体而言，关系主体双方与对方的情感依恋程度均较高。无论是流动父母对留守子女的关心程度，还是留守子女对流动父母的爱戴程度，其得分均比较高。

此外，在性别视角下，留守家庭的亲子情感状况存在差异，相较于父亲，流动母亲与留守子女之间的双向情感状况更好一些。

上述发现与以往研究对一般家庭亲子关系的调查发现相一致（Crockett et al.，2007；付秋瑾，2015；肖慧，2015），说明亲子关系的性别差异具有普遍性。

2. 人口流动下的群体差异

父子情感依恋方面，对于父亲就地就近流动者和父亲异地流动者而言，无论是父亲对子女的关心程度，还是子女对父亲的爱戴程度，均没有显著的差异。这在一定程度上说明，父亲在哪里务工可能并不会影响子女对父子情感的评价，这可能与父亲和子女之前的情感依恋通常并没有那么强烈、深厚有关。

母子情感依恋方面，对于母亲就地就近流动者和母亲异地流动者而言，无论是母亲对子女的关心程度，还是子女对母亲的爱戴程度，均有显著差异；相较于母亲异地流动者，母亲就地就近流动者的母子情感更好。这在一定程度上说明，母亲在哪里务工可能会影响子女对母子情感的评价。从维系母子情感的角度来看，母亲就地就近务工是较好的选择。

这些研究发现填补了以往研究中因忽视人口流动距离因素而留下的研究空白。

表 4-2 人口流动背景下流动父母与留守子女的情感依恋现状

单位：人，%

变量	父子情感依恋				母子情感依恋			
	总体	人口流动			总体	人口流动		
		就地就近流动	异地流动	LR 检验		就地就近流动	异地流动	LR 检验
你爱爸妈	(2787)	(1263)	(645)		(2779)	(1263)	(643)	
一点都不爱	0.50	0.32	0.62		0.29	0.24	0.31	
不太爱	1.04	0.95	1.55	Ns	0.90	0.48	1.87	*
一般	7.46	7.60	8.99		5.94	5.78	7.15	
比较爱	23.97	25.34	25.43		23.53	24.23	25.51	
非常爱	67.03	65.80	63.41		69.34	69.28	65.16	
爸妈关心你	(2788)	(1264)	(645)		(2784)	(1264)	(643)	
一点都不关心	0.54	0.63	0.78		0.43	0.24	0.47	
不太关心	1.26	1.42	1.55	Ns	1.11	0.87	1.71	*
一般	7.28	7.75	8.37		4.78	5.22	4.98	
比较关心	24.86	25.24	26.51		21.77	21.44	26.28	
非常关心	66.07	64.95	62.79		71.91	72.23	66.56	

注：* $p < 0.05$；Ns，不显著。总体中还包括父母双方流动模式不一致的样本。

二 亲子联系沟通的现状

表 4-3 分析了人口流动背景下留守家庭父子联系沟通和母子联系沟通的总体现状，重点比较了父子联系沟通的群体差异和母子联系沟通的群体

差异。

1. 总体现状

总体而言，人口流动背景下流动父母与留守子女之间的联系沟通状况不容乐观。

具体而言，在联系频率方面，流动父母经常与留守子女联系的比例并不高，这与已有研究结论基本一致（李彦章、向娟，2010；叶敬忠、孟祥丹，2010；张胜等，2012），可能与他们工作时间长、工作强度大有关。相比父亲，流动母亲与留守子女联系的频率更高，这与一般家庭亲子沟通的研究发现相一致（徐杰等，2016），可能与父母的家庭角色分工有关，母亲通常负责照料子女，母子联系频率相应更高。

在亲子联系沟通的主观评价方面，子女喜欢和父母聊天的比例也不高。一方面，这可能和他们恰恰处于青春期早期有关，该阶段的儿童往往更加渴望独立自由，也更为叛逆；另一方面，这可能与父母联系子女时的内容和语气有关。我们的调查数据显示，流动父母联系子女时经常谈论学习的比例最高（73.15%），这可能引起子女的反感；个案访谈发现，流动父母联系子女时往往不太注意语气。以往研究未能关注留守子女对亲子联系的态度。

2. 人口流动下的群体差异

在父子联系沟通方面，无论是父亲联系子女的频率，还是子女对父子联系沟通的态度，就地就近流动的父亲和异地流动的父亲之间均存在显著差异。相较于就地就近流动的父亲，异地流动的父亲与子女联系的频率明显更高，子女喜欢与父亲聊天的比例也明显更大。这可能是因为，相较于异地流动的父亲，就地就近流动的父亲回家与子女面对面沟通的机会更大，通过其他方式联系的必要性和可能性也更小。

在母子联系沟通方面，就地就近流动的母亲和异地流动的母亲在联系子女的频率上存在显著差异。就地就近流动的母亲从不联系子女的比例更大，异地流动的母亲联系子女的频率更高。究其原因，流动距离近者回家的时间成本和金钱成本更小，回家与子女面对面沟通的机会更多，通过其他方式联系子女的频率自然较低。

表4-3　人口流动背景下流动父母与留守子女的联系沟通现状

单位：人，%

变量	父子联系沟通				母子联系沟通			
	总体	人口流动			总体	人口流动		
		就地就近流动	异地流动	LR检验		就地就近流动	异地流动	LR检验
爸妈联系你	(2788)	(1264)	(646)		(2783)	(1263)	(644)	
从不	7.86	9.02	5.57	***	5.96	6.57	3.26	**
有时	54.73	57.59	49.38		39.53	42.36	40.53	
经常	37.41	33.39	45.05		54.51	51.07	56.21	
喜欢和爸妈聊天	(2788)	(1264)	(646)		(2784)	(1263)	(644)	
不喜欢	6.81	7.28	6.04	*	5.53	5.78	5.12	Ns
一般	45.73	48.34	44.12		41.13	42.76	39.44	
喜欢	47.45	44.38	49.85		53.34	51.46	55.43	

注：$^*p<0.05$；$^{**}p<0.01$；$^{***}p<0.001$；Ns，不显著。总体中包括父母流动模式不一致的样本。

三　亲子教养辅助的现状

表4-4分析了人口流动背景下留守家庭父亲教养辅助和母亲教养辅助的总体现状，重点比较了父亲教养辅助的群体差异和母亲教养辅助的群体差异。

1. 总体现状

总体而言，人口流动背景下，对于部分留守儿童来说，外出务工父母既不是最常督促他们学习的人，也不是向他们提供帮助和支持最多的人。由此可见，人口流动背景下外出务工父母的亲子教养辅助功能被弱化了。然而，以往研究对此极少关注。

具体而言，选择父亲不是最常督促其学习的人和父亲不是提供帮助支持最多的人的留守儿童所占比例均超过75%，说明外出务工在很大程度上削弱了父亲的亲子教养辅助功能，尽管在外出务工之前父亲的亲子教养辅助功能可能也不强。选择母亲不是最常督促其学习的人的留守儿童所占的比例为50.49%，选择母亲不是提供帮助支持最多的人的留守儿童所占的比例为60.39%，说明尽管母亲外出务工，但是相较父亲而言，其亲子教养辅助功能发挥得更好。

2. 人口流动下的群体差异

总体而言，在人口流动距离视角下外出务工的父亲和母亲在亲子教养辅助功能上均呈现显著的差异。

具体而言，无论是外出务工的父亲还是外出务工的母亲，在本市范围内（就地就近）务工的，其亲子教养辅助功能的发挥要明显好于在本市范围以外（异地）务工的父母。这主要是因为，异地流动的父母难以像就地就近流动的父母那样可以经常回家督促子女学习或者向子女提供帮助和支持。

综上可见，人口异地流动可能削弱了外出务工父母对留守子女的教养辅助功能。

表4-4　人口流动背景下外出务工父母的亲子教养辅助现状

单位：人，%

变量	父亲教养辅助				母亲教养辅助			
	总体	人口流动			总体	人口流动		
		就地就近流动	异地流动	LR 检验		就地就近流动	异地流动	LR 检验
爸妈最常督促学习	(2749)	(1246)	(634)	***	(2749)	(1246)	(634)	***
否	75.41	70.14	82.18		50.49	46.39	71.45	
是	24.59	29.86	17.82		49.51	53.61	28.55	
爸妈帮助支持最多	(2747)	(1247)	(634)	**	(2747)	(1247)	(634)	***
否	75.76	74.02	80.44		60.39	58.94	70.19	
是	24.24	25.98	19.56		39.61	41.06	29.81	

注：** $p < 0.01$；*** $p < 0.001$。总体中还包括父母流动模式不一致的样本。

第三节　人口流动下农村留守家庭的亲子关系类型识别

根据本章的研究设计，在全面描述了亲子情感依恋、亲子联系沟通、亲子教养辅助三个维度的基本现状之后，本节运用潜在类别分析方法，识别亲子关系的潜在类型，并加以命名，解释其含义。

一　相关变量处理

在变量处理上，根据潜在类别分析方法的要求，参考相关文献（Rooy-ackers et al. , 2014；Dykstra and Fokkema, 2011），首先对用来测量亲子情感依恋和亲子联系沟通的变量做二分类处理，以便保证在列联表中的各个分类有足够的样本。

在亲子情感依恋方面，鉴于亲子情感类数据通常具有较为明显的正偏性特征（Ward, 2008），本研究生成两个新变量："你非常爱爸妈"，原选项5（非常爱）重新编码为1（是），原选项1（一点都不爱）、2（不太爱）、3（一般）和4（比较爱）重新编码为0（否）；"爸妈非常关心你"，原选项5（非常关心）重新编码为1（是），原选项1（一点都不关心）、2（不太关心）、3（一般）和4（比较关心）重新编码为0（否）。

在亲子联系沟通方面，相较于父母与子女共同生活者，流动父母与留守儿童之间联系沟通的频率和质量只有达到更高的标准，才有可能消减人口流动所带来的冲击，进而保障亲子双方得以正常生活和健康发展。因此，本研究对留守家庭的亲子联系沟通变量进行二分类处理时，选择了更高的标准。

具体地，亲子联系沟通生成了两个新变量："爸妈经常联系你"，原选项3（经常）重新编码为1（是），而原选项1（从不）和原选项2（有时）重新编码为0（否）；"你喜欢和爸妈聊天"，原选项3（喜欢）重新编码为1（是），而原选项1（不喜欢）和2（一般）重新编码为0（否）。

在亲子教养辅助方面，由于原始问题的选项本身就形成了二分类变量，所以仍然使用原始问题及其选项设置（见表4-1）。

二　识别维度描述

表4-5提供了用于识别亲子关系类型的三大维度的描述性统计结果。

数据显示，留守儿童中，认为自己非常爱爸妈的占67.83%，认为爸妈非常关心自己的占68.49%，亲子情感依恋状况尚可；爸妈经常联系自己的占45.63%，喜欢和爸妈聊天的占50.06%，亲子联系沟通状况一般；爸妈最常督促自己学习的比例（36.88%）和爸妈给自己帮助支持最多的比例（31.64%）也都比较低，亲子教养辅助功能较差。

上述分析结果进一步说明，流动父母与留守儿童之间的亲子关系状况并不乐观，且以亲子教养辅助为甚。

表 4 – 5　亲子关系类型识别维度的描述性统计结果

单位：人，%

变量	频数	频率
亲子情感依恋		
你非常爱爸妈	(5713)	
否	1838	32.17
是	3875	67.83
爸妈非常关心你	(5719)	
否	1802	31.51
是	3917	68.49
亲子联系沟通		
爸妈经常联系你	(5718)	
否	3109	54.37
是	2609	45.63
你喜欢和爸妈聊天	(5717)	
否	2855	49.94
是	2862	50.06
亲子教养辅助		
爸妈最常督促学习	(5646)	
否	3564	63.12
是	2082	36.88
爸妈帮助支持最多	(5644)	
否	3858	68.36
是	1786	31.64

三　适配检验结果

潜在类别分析是通过潜在类别模型（Latent Class Model，LCM），用潜在类别变量来解释外显类别变量之间的关系；潜在类别分析的基本假设是，各外显变量各种反应的概率分布可以由少数互斥的潜在类别变量来解释，而每种类别对各外显变量的反应选择都有特定的倾向；潜在类别分析的具体方法是，首先计算只有一个潜在类别时的模型，然后逐步增加潜在类别数目，对比各模型的适配检验结果，直至找到最佳模型，确定最佳模型后，根据条件概率来判断各个类别的反应倾向，条件概率越大，表示该潜在类别在该外显变量上选择该水平的概率越大，即这种外显倾向越明显，然后根据各个外显变量的条件概率对各个潜在类别的特征进行归纳和命名（张洁婷等，2010；崔烨、靳小怡，2015；宋璐、李树茁，2017）。

潜在类别模型的适配检验指标包括似然比卡方检验（Likelihood ratio chi-square test statistic，L^2）、赤池信息准则（Akaike Information Criterion，AIC）、贝叶斯信息准则（Bayesian Information Criterion，BIC）、样本校正的贝叶斯信息准则（Adjusted BIC，aBIC）、Likelihood Ratio Chi-Square（LRC）、自由度（Degrees of Freedom，DF）和 p 值等，其中 AIC、BIC、aBIC 越小，模型拟合越好（张洁婷等，2010；Muthén and Muthén，2010）；在选择最佳模型时 BIC 使用最为广泛，BIC 越小，模型越适合（崔烨、靳小怡，2015；宋璐、李树茁，2017）。

表 4 - 6 提供了留守家庭亲子关系潜在类别分析模型的适配检验结果。当潜在类别数目增多至 5 时，BIC 值持续下降至 55402.803，p 值均为 0，表示适配模型均显著；当潜在类别数目增多至 6 时，BIC 值上升至 55407.453，p 值仍为 0，表明 5 类时模型为最优模型。因此，留守家庭亲子关系的潜在类型可以划分为 5 类。

表 4 - 6　留守家庭亲子关系潜在类别分析模型的适配检验结果

模型	K	L^2	AIC	BIC	aBIC	LRC	DF	p 值
1		- 30312.676	60637.351	60679.041	60659.975	5654.798	57	0.0000
2	13	- 28031.304	56088.608	56178.937	56137.625	1092.055	50	0.0000
3	20	- 27784.182	55608.365	55747.331	55683.775	597.812	43	0.0000
4	27	- 27621.462	55296.925	55484.530	55398.729	272.372	36	0.0000
5	34	- 27549.280	55166.560	55402.803	55294.758	128.007	29	0.0000
6	41	- 27520.286	55122.572	55407.453	55277.164	70.019	22	0.0000

注：K 为自由估计的参数数目。

四　类型系数特征

表 4 - 7 提供了五类最优模型中亲子关系潜在类型的系数。该系数反映

了所有样本在某项指标上属于某种类型的概率，也反映了所有样本在某项指标上的现实特征。我们可以根据各个系数的具体特征和相互关系对亲子关系的潜在类型进行分析和命名。

具体而言，类型 1 的系数特征非常鲜明，相较于其他四类，属于类型 1 者的亲子情感依恋最为浓厚、强烈，亲子联系沟通最为频繁、密切，亲子教养辅助功能最为完好，据此，类型 1 可命名为"亲密且强功能型"。

类型 2 的系数特征比较鲜明，与类型 3、类型 4 和类型 5 相比，属于类型 2 者的亲子情感依恋状况比较好，亲子联系沟通也比较多，但是亲子教养辅助功能严重缺失，据此，类型 2 可命名为"亲近却无功能型"。

类型 3 的系数特征比较鲜明，与类型 4 和类型 5 相比，属于类型 3 者的亲子情感依恋状况尚可，亲子联系沟通适中，亲子教养辅助功能尚可，三个方面的具体程度既不高，也不低，据此，类型 3 可命名为"中间型"。

对类型 4 的系数特征进行分析后发现，相比类型 1、类型 2 和类型 3，属于类型 4 者的亲子情感依恋较为淡薄，亲子联系沟通较少；与类型 3 和类型 5 相比，属于类型 4 者的亲子教养辅助功能比较强。根据上述特征，类型 4 可命名为"疏远但强功能型"。

对类型 5 的系数特征进行分析后发现，与类型 1、类型 2、类型 3 和类型 4 相比，属于类型 5 者的亲子情感依恋关系最为冷漠，亲子联系沟通极少，亲子教养辅助功能极差，据此，类型 5 可命名为"疏离且弱功能型"。

表 4-7　五类最优模型中亲子关系潜在类型的系数

维度	指标	类型 1	类型 2	类型 3	类型 4	类型 5
亲子情感依恋	你非常爱爸妈	0.916 ***	0.877 ***	1.000	0.238 ***	0.175 ***
	爸妈非常关心你	0.946 ***	0.862 ***	0.825 ***	0.440 ***	0.162 ***
亲子联系沟通	爸妈经常联系你	0.839 ***	0.603 ***	0.078	0.336 ***	0.110 ***
	你喜欢和爸妈聊天	0.816 ***	0.773 ***	0.368 ***	0.196 ***	0.102 ***
亲子教养辅助	爸妈最常督促学习	0.654 ***	0.000	0.381 ***	0.583 ***	0.142 ***
	爸妈帮助支持最多	0.604 ***	0.082	0.276 ***	0.527 ***	0.027

注：*** $p < 0.001$。

第四节　多维视角下农村留守家庭的亲子关系类型现状

一　整体视角下的亲子关系类型现状

表4－8提供了整体视角下留守家庭亲子关系类型的总体现状。所谓的整体视角，是将"父母"视为"整体"概念，即"亲"；将"子女"也视为"整体"概念，即"子"；将"父母"与"子女"的关系视为"整体"概念，即"亲子关系"。

数据显示，在所有留守家庭中，流动父母与留守儿童之间的亲子关系属于"亲密且强功能型"的最多，所占比例为25.17%；亲子关系属于"亲近却无功能型"的次之，所占比例为23.39%；亲子关系属于"疏离且弱功能型"的居中，所占比例为20.98%；拥有"中间型"亲子关系者的比例为17.97%；拥有"疏远但强功能型"亲子关系者最少，所占比例为12.48%。五种不同的亲子关系类型是否存在群体差异、是否影响留守儿童心理弹性、影响是否存在差异，均是有待于检验或验证的问题。

表4－8　留守家庭亲子关系类型的总体现状　($N = 5609$)

单位：%

亲子关系类型	是	否
亲密且强功能型	25.17	74.83
亲近却无功能型	23.39	76.61
中间型	17.97	82.03
疏远但强功能型	12.48	87.52
疏离且弱功能型	20.98	79.02

注：留守家庭还包含那些父母双方流动模式不一致的家庭。

二　性别视角下的亲子关系类型现状

表4－9从父母性别的视角分析了留守家庭的亲子关系类型差异。结果显示，父母在五种亲子关系类型上均存在显著差异。

第一，"亲密且强功能型"亲子关系在母子关系中所占的比例明显高于父子关系，体现了流动母亲与留守子女之间情感依恋与联系沟通情况均好于流动父亲，留守母亲在教养辅助子女方面也优于父亲。

第二，"亲近却无功能型"亲子关系在父子关系中所占的比例明显高于母子关系，体现了该类流动父亲在教养辅助子女方面明显差于该类流动母亲。

第三，"中间型"亲子关系在父子关系中所占的比例明显高于母子关系，反映了留守家庭里亲子关系处于"中庸状态"的流动父亲明显多于流动母亲。

第四，"疏远但强功能型"亲子关系在母子关系中所占的比例明显高于父子关系，反映了该类流动母亲与留守子女之间的情感依恋与联系沟通方面的状况不佳，但在教养辅助子女方面明显优于流动父亲。

第五，"疏离且弱功能型"亲子关系在父子关系中所占的比例明显高于母子关系，暗示了该类流动父亲在情感依恋、联系沟通和教养辅助方面可能普遍差于该类流动母亲，尤其应该予以重视、加以改善。

综上可见，留守家庭的亲子关系类型存在显著的性别差异。这也填充了以往研究在此方面的空白。

表4-9　父母性别视角下留守家庭的亲子关系类型差异

单位：人，%

亲子关系类型	父子关系	母子关系	LR 检验
亲密且强功能型	（473）	（939）	***
是	16.83	33.56	
亲近却无功能型	（769）	（543）	***
是	27.36	19.41	
中间型	（573）	（435）	***
是	20.38	15.55	
疏远但强功能型	（279）	（421）	***
是	9.93	15.05	
疏离且弱功能型	（717）	（460）	***
是	25.51	16.44	
合计	（2811）	（2798）	

注：*** $p < 0.001$；小括号中为样本数。

三　组合视角下的亲子关系类型现状

如前所述，家庭中父亲和母亲所扮演的角色和所肩负的职责均不尽相同。相应地，父子关系和母子关系也不尽相同，父子关系类型和母子关系类型也不尽相同，其已经在前面两部分里被证实。

与此同时，家庭中父亲和母亲分别拥有各自的亲子关系类型，这些亲子关系类型可能相同，也可能不同。于是，父亲和母亲之间便存在多种亲子关系类型组合。例如，父亲"亲密且强功能型"父子关系和母亲"亲密且强功能型"母子关系的同类型组合，或父亲"亲近却无功能型"父子关系和母亲"亲密且强功能型"母子关系的异类型组合。相应地，通过分析父子关系类型和母子关系类型对留守儿童心理弹性的影响及差异，可以揭示父子关系和母子关系的独立影响；通过分析父亲和母亲的亲子关系类型组合对留守儿童心理弹性的影响，可以反映父子关系和母子关系的共同影响。

据此，本部分依据流动父亲和流动母亲各自的亲子关系类型，配对出留守家庭中父母的亲子关系类型组合，以期从整体上把握留守家庭父母的亲子关系类型状况，并为进一步分析父子关系和母子关系对留守儿童心理弹性的共同影响奠定基础。为此，本部分对所有样本的父亲和母亲的亲子关系类型进行交叉分析（见表4-10）。

具体而言，在留守家庭中，流动父亲和流动母亲的亲子关系类型之间共计有25种组合形式，它们所占的比例从0.2%到17.8%不等。这些类型组合所占的比例越高，说明其在留守家庭中越普遍，其代表性也越强。

根据研究目标和设计，在后续的章节中将通过回归分析来揭示父子关系类型和母子关系类型对留守儿童心理弹性的共同影响，所以本部分仅选取那些所占比例超过5%的亲子关系类型组合（共8种，如表4-10中加粗字体所示），来代表人口流动背景下流动父亲和流动母亲之间的亲子关系类型组合。

这八种亲子关系类型组合被命名为："双亲亲密且强功能型"组合（6.0%）、"父亲亲密且强功能型－母亲亲近却无功能型"组合（8.2%）、"父亲亲近却无功能型－母亲亲密且强功能型"组合（17.8%）、"双亲亲近却无功能型"组合（5.8%）、"父亲中间型－母亲亲密且强功能型"组合（5.5%）、"双亲中间型"组合（10.9%）、"父亲疏离且弱功能型－母亲疏远但强功能型"组合（9.5%）和"双亲疏离且弱功能型"组合（10.2%）。可见，留守家庭中最普遍的亲子关系类型组合是"父亲亲近却无功能型－母亲亲密且强功能型"组合，其次是"双亲中间型"组合。上述各类组合是否影响留守儿童心理弹性，还有待验证。

表4－10　流动父亲和流动母亲的亲子关系类型交叉分析

单位：人，%

亲子关系类型	亲密且强功能型	亲近却无功能型	中间型	疏远但强功能型	疏离且弱功能型	总体
亲密且强功能型	**189** **(6.0)**	**257** **(8.2)**	33 (1.0)	12 (0.4)	23 (0.7)	514 (16.3)
亲近却无功能型	**561** **(17.8)**	**182** **(5.8)**	78 (2.5)	32 (1.0)	12 (0.4)	865 (27.5)
中间型	**172** **(5.5)**	106 (3.4)	**344** **(10.9)**	14 (0.4)	34 (1.1)	670 (21.3)
疏远但强功能型	23 (0.7)	34 (1.1)	7 (0.2)	117 (3.7)	113 (3.6)	294 (9.3)
疏离且弱功能型	99 (3.1)	29 (0.9)	57 (1.8)	**300** **(9.5)**	**322** **(10.2)**	807 (25.6)
总体	1044 (33.1)	608 (19.3)	519 (16.5)	475 (15.1)	504 (16.0)	3150 (100.0)

注：小括号内数字为亲子关系类型组合所占比例；总体中还包括父母流动模式不一致的样本。

第五节　人口流动下农村留守家庭亲子关系类型群体差异

一　人口流动下亲子关系类型的群体差异

表4－11分析了人口流动视角下留守家庭的亲子关系类型差异。总体而言，在人口流动视角下，留守家庭的亲子关系类型呈现了显著的群体差异。

具体而言，在就地就近流动父母中，亲子关系属于"亲密且强功能型"、"中间型"和"疏远但强功能型"的比例明显高于异地流动父母；在异地流动父母中，亲子关系属于"亲近却无功能型"和"疏离且弱功能型"的比例则明显高于就地就近流动父母。

相较而言，"亲密且强功能型"亲子关系可能优于"亲近却无功能型"亲子关系；"疏离且弱功能型"亲子关系可能劣于"疏远但强功能型"亲子关系。

由此可见，就地就近流动父母的亲子关系状况整体上要明显好于异地流动父母。这在一定程度上说明人口异地流动可能不利于留守家庭亲子关系的维系与改善。

表 4 – 11 人口流动视角下亲子关系类型的群体差异

单位：人，%

亲子关系类型	就地就近流动（本市内）(2535)	异地流动（本市外）(1320)	LR 检验
亲密且强功能型	24.73	21.36	
亲近却无功能型	20.00	30.23	
中间型	20.32	12.35	***
疏远但强功能型	14.64	9.55	
疏离且弱功能型	20.32	26.52	

注：*** p < 0.001；小括号内数字为样本数。

二 人口流动下父子关系类型的群体差异

表 4 – 12 分析了人口流动视角下留守家庭的父子关系类型差异。总体而言，在人口流动视角下，父子关系类型呈现了显著的群体差异。

就地就近流动者和异地流动者之间的显著差异主要体现在：异地流动者属"亲近却无功能型"父子关系的比例（33.02%）明显高于就地就近流动者（22.46%）。一方面说明了务工地点离家较远限制了父亲在教养辅助子女方面功能的发挥，另一方面说明了异地流动可能会促使父亲更加重视与留守子女之间情感联结的维系。

就地就近流动者属于"中间型"父子关系的比例（22.87%）显著高于异地流动者（14.53%），这可能是因为就地就近务工尚未能显著地改变那些本就一般的父子关系，而异地流动者可能已经意识到转变亲子关系的重要性和必要性，并采取了行动。

就地就近流动者属于"疏远但强功能型"父子关系的比例（11.67%）明显高于异地流动者（7.9%）。一方面，这透露了就地就近务工者回家机会更多，可能导致通过其他形式进行亲子联系的必要性难以凸显，或者是就地就近务工还没有唤起亲子双方对情感联结的高度重视；另一方面，也凸显了就地就近务工的父亲在教养子女方面较异地流动的父亲更有优势。

表 4 – 12　人口流动视角下留守家庭的父子关系类型差异

单位：人，%

父子关系类型	就地就近流动	异地流动	LR 检验
亲密且强功能型	（1242）	（633）	Ns
否	81.96	84.20	
是	18.04	15.80	
亲近却无功能型	（1242）	（633）	***
否	77.54	66.98	
是	22.46	33.02	
中间型	（1242）	（633）	***
否	77.13	85.47	
是	22.87	14.53	
疏远但强功能型	（1242）	（633）	*
否	88.33	92.10	
是	11.67	7.90	
疏离且弱功能型	（1242）	（633）	+
否	75.04	71.25	
是	24.96	28.75	

注：$^+ p < 0.1$；$^* p < 0.05$；$^{***} p < 0.001$；Ns，不显著。小括号内是样本数。

三　人口流动下母子关系类型的群体差异

表 4 – 13 分析了人口流动视角下留守家庭的母子关系类型差异。结果显示，在流动母亲中，就地就近流动者和异地流动者之间呈现较父子关系类型更多的显著差异。

首先，就地就近流动母亲属于"亲密且强功能型"母子关系的比例（32.15%）显著高于异地流动母亲（27.26%），这可能是因为就地就近流动母亲具有务工地点离家近的优势，她们回家与子女见面较为方便，使用各种通信工具与子女联系交流较为便宜，这些都有利于亲子情感依恋水平的维系和亲子教养辅助功能的保持。

其次，异地流动母亲属于"亲近却无功能型"母子关系的比例（28.21%）明显高于就地就近流动母亲（17.89%），这可能主要归因于地理或空间制约了她们在教养帮扶子女方面的功能发挥。

最后，就地就近流动母亲中属于"中间型"和"疏远但强功能型"母子关系的比例都比异地流动母亲更高，其可能的原因与同类型的父子关系相似；异地流动母亲中属于"疏离且弱功能型"母子关系的比例又明显高于就地就近流动母亲，反映了异地流动可能损伤了部分留守家庭的母子关系。

总之，人口流动背景下留守家庭的母子关系类型已经呈现显著的差异，在一定程度上反映了人口流动模式不同，流动母亲与留守儿童之间的亲子关系类型也不同，并可能对留守儿童心理弹性造成不同的影响，这有待于进一步验证。

表 4 - 13　人口流动视角下留守家庭的母子关系类型差异

单位：人，%

母子关系类型	就地就近流动	异地流动	LR 检验
亲密且强功能型	(1241)	(631)	*
否	67.85	72.74	
是	32.15	27.26	
亲近却无功能型	(1241)	(631)	***
否	82.11	71.79	
是	17.89	28.21	
中间型	(1241)	(631)	***
否	82.03	89.70	
是	17.97	10.30	
疏远但强功能型	(1241)	(631)	***
否	83.00	88.59	
是	17.00	11.41	
疏离且弱功能型	(1241)	(631)	***
否	85.01	77.18	
是	14.99	22.82	

注：$^{*} p < 0.05$；$^{***} p < 0.001$。小括号内是样本数。

四　人口流动下亲子关系类型组合的群体差异

表 4 - 14 分析了人口流动视角下留守家庭在亲子关系类型组合方面的群体差异。总体上，不同人口流动模式下农村留守家庭的亲子关系类型组合存在显著的差异。

　　具体而言，父母就地就近流动的留守家庭中，"父亲亲近却无功能型 –母亲亲密且强功能型"的亲子关系类型组合所占的比例最高，"双亲中间型"的亲子关系类型组合所占的比例次之，而"双亲亲近却无功能型"的亲子关系类型组合所占的比例最低。

　　父母异地流动的留守家庭中，"双亲疏离且弱功能型"的亲子关系类型组合所占比例最高，"父亲亲近却无功能型 –母亲亲密且强功能型"的亲子关系类型组合所占比例次之，"父亲中间型 –母亲亲密且强功能型"的亲子关系类型组合所占比例最低。

　　同时，从"双亲亲近却无功能型"的亲子关系类型组合所占的比例看，父母就地就近流动的留守家庭显著低于父母异地流动的留守家庭；就"双亲中间型"的亲子关系类型组合所占的比例看，父母就地就近流动的留守家庭显著高于父母异地流动的留守家庭；就"双亲疏离且弱功能型"的亲子关系类型组合所占的比例看，父母就地就近流动的留守家庭显著低于父母异地流动的留守家庭。

　　总之，父母就地就近流动的留守家庭和父母异地流动的留守家庭在亲子关系类型组合方面存在显著的群体差异，这可能反映了不同人口流动模式带来的作用，并可能对留守儿童心理弹性产生不同的影响。

表 4–14　人口流动视角下亲子关系类型组合的群体差异

单位：%

亲子关系类型组合	就地就近流动（本市内）	异地流动（本市外）	LR 检验
双亲亲密且强功能型	10.44	7.09	
双亲亲近却无功能型	5.38	18.22	
双亲中间型	17.14	8.50	
父亲疏离且弱功能型 – 母亲疏远但强功能型	13.74	10.12	
双亲疏离且弱功能型	12.42	21.46	***
父亲亲密且强功能型 – 母亲亲近却无功能型	12.31	10.73	
父亲亲近却无功能型 – 母亲亲密且强功能型	21.21	19.03	
父亲中间型 – 母亲亲密且强功能型	7.36	4.86	

注：*** $p < 0.001$。

第六节　小结

本章主要分析了人口流动背景下留守家庭亲子关系的现实状况，识别了亲子关系的潜在类型，从整体、性别、组合三大视角描述了亲子关系类型的基本现状，并比较了父母的亲子关系类型及其组合在不同人口流动模式下的群体差异，主要发现如下。

第一，流动父母和留守子女之间的情感依恋状况较好，母子之间的双向情感依恋状况均好于父子，情感依恋状况在人口流动视角下有显著的群体差异；流动父母与留守子女之间的联系沟通状况不容乐观，母子联系沟通状况好于父子，父子联系沟通和母子联系沟通在人口流动视角下的群体差异显著，异地流动父亲与留守子女的联系沟通状况更好，不同流动模式下母子的联系沟通状况不同；流动父母在亲子教养辅助上有显著差异，流动母亲的亲子教养辅助功能更好，在人口流动视角下不同人口流动模式父母的亲子教养辅助存在显著差异，就地就近流动父母的亲子教养辅助功能明显好于异地流动父母。

第二，人口流动背景下留守家庭存在五种亲子关系类型。占比由大到小依次为"亲密且强功能型"、"亲近却无功能型"、"疏离且弱功能型"、"中间型"以及"疏远但强功能型"。

第三，人口流动背景下留守家庭的亲子关系类型普遍存在显著的性别差异。"亲密且强功能型"和"疏远但强功能型"亲子关系在母子关系中所占的比例均明显高于父子关系；而"亲近却无功能型"、"中间型"和"疏离且弱功能型"亲子关系在母子关系中所占的比例均明显低于父子关系。总体而言，母子关系状况好于父子关系。

第四，人口流动背景下留守家庭主要存在八种有代表性的亲子关系类型组合。占比由大到小依次为："父亲亲近却无功能型－母亲亲密且强功能型""双亲中间型""双亲疏离且弱功能型""父亲疏离且弱功能型－母亲疏远但强功能型""父亲亲密且强功能型－母亲亲近却无功能型""双亲亲密且强功能型""双亲亲近却无功能型""父亲中间型－母亲亲密且强功能型"。

第五，不同人口流动模式下流动父母的亲子关系类型及其组合均存在显著的群体差异。人口就地就近流动模式和人口异地流动模式下，流动父母的亲子关系类型存在显著的群体差异，从总体上看，就地就近流动父母的亲子关系好于异地流动父母。父子关系类型存在显著的群体差异，异地流动父亲中属于"亲近却无功能型"父子关系的比例明显大于就地就近流动父亲，而属于"中间型"和"疏远但强功能型"父子关系的比例明显低于就地就近流动父亲；异地流动母亲中属于"疏离且弱功能型"和"亲近却无功能型"母子关系的比例均明显高于就地就近流动母亲，而属于其他三类母子关系的比例均明显低于就地就近流动母亲；流动父母之间不同的亲子关系类型组合在不同的人口流动模式下也呈现显著的群体差异。

综上，人口流动背景下留守家庭亲子关系的总体状况不容乐观，相较于母子关系，父子关系状况更差；人口流动给亲子关系带来了冲击，且以异地流动为甚；在人口就地就近流动模式下和人口异地流动模式下，无论是整体视角的亲子关系类型，还是性别视角的父子关系类型和母子关系类型，抑或是组合视角下父母的亲子关系类型组合，均存在显著的群体差异。

可见，在不同人口流动模式下流动父母的亲子关系类型及其组合呈现了显著的群体差异。这为后续两个章节依次深入研究人口就地就近流动下父母的亲子关系类型和人口异地流动下父母的亲子关系类型对留守儿童心理弹性的影响提供了基础。

第五章

人口就地就近流动下亲子关系类型
对留守儿童心理弹性的影响

以第三章构建的人口流动背景下留守家庭亲子关系类型影响留守儿童心理弹性的分析框架为指导，在第四章识别出亲子关系类型、匹配出亲子关系类型组合、比较了不同人口流动模式下亲子关系类型及其组合的群体差异的基础上，本章将进一步具体分析人口就地就近流动背景下亲子关系类型及其组合对留守儿童心理弹性的影响及差异。

第一节　研究设计

一　研究目标

在新型城镇化背景下，就地就近流动是人口流动的重要模式。人口就地就近流动在空间上和时间上都具有不同的特征，留守家庭亲子关系所呈现的现实特征和所蕴含的潜在类型也将有所不同，这些都可能对留守儿童的心理弹性产生不同的影响。所以，本章研究的核心目标是进一步揭示人口就地就近流动背景下留守家庭的亲子关系类型及其组合对留守儿童心理弹性的影响及差异，以期为制定和完善相关政策提供丰富而有力的现实依据。

具体而言，本章研究计划回答以下三类重要问题。

第一，就地就近流动父母及子女当前和过去流动的空间特征和时间特征是否影响留守儿童心理弹性？父亲流动特征和母亲流动特征对留守儿童心理弹性的影响有何差异？

第二，就地就近流动父母与其子女之间的亲子关系类型是否影响留守儿童心理弹性？父子关系类型和母子关系类型对留守儿童心理弹性的影响有何差异？

第三，就地就近流动父母的亲子关系类型组合是否显著影响留守儿童的心理弹性？

通过深入分析就地就近流动父母的亲子关系类型及其组合对留守儿童心理弹性的影响，为家庭流动决策、家庭关系修复、家庭教育教养改良和地方政府城镇化进程推进等提供现实依据和政策建议，以期切实提高人口就地就近流动背景下留守儿童的心理弹性及心理健康水平。

二 分析框架

本章构建的分析框架如图 5 - 1 所示，重点分析的内容包括：就地就近流动父母及其子女当前和过去流动的空间特征和时间特征对留守儿童心理弹性的影响及差异；就地就近流动父母的亲子关系类型及其组合对留守儿童心理弹性的影响及差异。

其中，父母就地就近流动是重要的前提性变量，具有不容忽视的典型特征，并突出表现在务工地点离家较近，回家耗时较短、花费较少、难度较小上，所以该类父母回家与子女见面的频率可能较高。这些特征均可能影响留守儿童心理弹性，所以本章特别纳入父母"回家频率"变量，作为反映父母流动时间特征的重要指标，以全面揭示父母就地就近流动的时空特征对留守儿童心理弹性的影响。

同时，由于务工地点离家较近，返乡难度相对较小，所以该类父母的教育卷入程度可能较高，一方面可能反映在父母的亲子教养辅助功能上，另一方面可能反映在父母代表家庭与学校进行的家校互动上。如前所述，亲子教养辅助是留守家庭亲子关系的重要维度，而家校互动是家庭与学校之间的关系在动态意义上的重要体现形式，两者对留守儿童心理弹性可能均有重要影响，所以本章特别纳入"父母参加家长会"变量，作为反映家校互动关系的重要指标加以控制，以便全面分析和准确揭示父母就地就近流动的时空特征和亲子关系类型对留守儿童心理弹性的净影响。

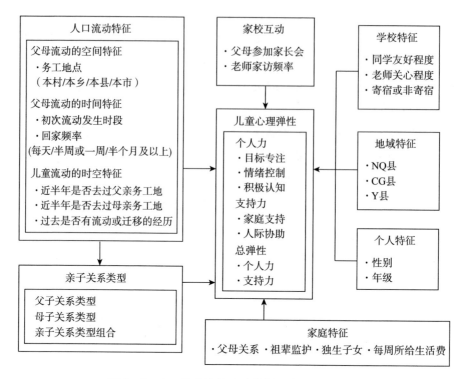

**图 5-1　人口就地就近流动背景下亲子关系类型
影响留守儿童心理弹性的分析框架**

三　数据来源

本章所用数据来自西安交通大学公共政策与管理学院"新型城镇化与可持续发展课题组"于 2015 年在河南省平顶山市 Y 县和 2016 年在陕西省汉中市 CG 县与 NQ 县实施的中小学生问卷调查。

本章所用数据的选取标准是样本是父母均在本市范围内务工的农村留守儿童。如前所述，在新型城镇化背景下，人口城乡流动主要有就地就近流动和异地流动两种模式。其中，人口就地就近流动模式已经成为主流模式，并且可能愈加主流。根据研究目标和设计，本章将从"三县合库数据"中选取父母均在本市内务工（就地就近流动）的农村留守儿童作为研究对象，该类儿童的父母务工地点的分布情况见表 5-1。

表 5 – 1　父母务工地点分布情况

单位：人

各工地点	母亲本村务工	母亲本乡务工	母亲本县务工	母亲本市务工
父亲本村务工	302	16	17	7
父亲本乡务工	80	192	8	7
父亲本县务工	96	42	231	6
父亲本市务工	85	39	33	104

需要说明的是，鉴于新型城镇化和乡村振兴战略背景下农村地区存在父母在本村就地务工的现象，并且可能愈加普遍，本研究未将其子女排除在研究对象之外。本章所选样本的分布情况见表 5 – 2。

表 5 – 2　样本分布

单位：人，%

变量	频数	频率
性别	(1262)	
女	562	44.53
男	700	55.47
年级	(1265)	
七年级	413	32.65
八年级	466	36.84
九年级	386	30.51
独生子女	(1265)	
否	1035	81.82
是	230	18.18
学校类型	(1265)	
非寄宿	496	39.21
寄宿	769	60.79
地域	(1265)	
CG 县	275	21.74
NQ 县	356	28.14
Y 县	634	50.12

四 变量测量

1. 因变量

本章的因变量为那些父母就地就近务工留守儿童的心理弹性，采用胡月琴和甘怡群（2008）编制的青少年心理弹性量表来测量。该量表是以心理弹性过程模型为理论基础而开发的；心理弹性过程模型兼顾了心理弹性的结果性定义和特质性定义，考虑了中国文化情境下儿童心理弹性的独特性，更适用于分析中国的中学生群体，且具有令人满意的信效度（刘红升、靳小怡，2018；张丽敏、田浩，2014）。

该量表共计有 27 个问题，分为个人力因子和支持力因子，均采用 5 级评分（1 = 完全不符，2 = 比较不符，3 = 说不清，4 = 比较符合，5 = 完全符合）。

个人力因子具体包括三个维度：目标专注、情绪控制和积极认知。个人力因子的得分为目标专注、情绪控制和积极认知三个维度的得分之和，分数越高，说明个人力越强。

支持力因子具体包括两个维度：家庭支持和人际协助。支持力因子得分为家庭支持和人际协助两个维度得分之和，分数越高，说明支持力越强。

心理弹性的总得分（总弹性）为个人力因子和支持力因子的得分之和，得分越高，说明心理弹性越强。

在本章中，目标专注、情绪控制、积极认知、家庭支持和人际协助五个维度的 Cronbach's α 系数分别为 0.743、0.641、0.697、0.643 和 0.686，个人力因子和支持力因子的 Cronbach's α 系数分别为 0.766 和 0.747，总量表的 Cronbach's α 系数为 0.837，所有信度系数均在可接受范围内。

在本章中，心理弹性五大维度、两大因子和总弹性的描述性统计结果见表 5 - 3。数据显示，对于那些父母就地就近流动的留守儿童来说，其心理弹性的现状并不乐观。该类儿童心理弹性的总分均值为 92.303，占满分（135）的 68.373%，仅仅处于"及格"水平。从心理弹性的内部结构看，该类儿童个人力因子的得分均值为 51.223，占满分（75）的 68.297%，支持力因子的得分均值为 40.953，占满分（60）的 68.255%，个人力和支持力现状几乎没有差异，这说明其心理弹性的总体水平不容乐观并非某个因子过低所致的，而是两个因子普遍不高的结果。

表5－3　因变量的描述性统计结果

变量	释义与赋值	样本量	均值	标准差
目标专注	连续变量［5，25］	1232	17.194	3.756
情绪控制	连续变量［6，30］	1232	19.848	4.196
积极认知	连续变量［4，20］	1233	14.157	3.241
个人力	连续变量［15，75］	1191	51.223	8.147
家庭支持	连续变量［6，30］	1230	20.720	4.112
人际协助	连续变量［6，30］	1229	20.212	4.517
支持力	连续变量［12，60］	1204	40.953	7.254
总弹性	连续变量［27，135］	1151	92.303	13.512

2. 自变量

（1）人口流动特征

人口流动特征是本研究重点关注的自变量。在留守儿童的生命历程中，父亲、母亲和儿童自身的流动特征均可能影响留守儿童当前的心理弹性。所以人口流动特征包括父亲、母亲和儿童自身当前流动的空间特征和过去流动的时间特征。

①人口当前流动的空间特征。人口当前流动的空间特征是父亲、母亲和子女在近半年内流动的距离特征。研究认为，留守时间达到半年可以作为划分留守儿童的标准（郝振、崔丽娟，2007a）。绝大部分已有研究也是以父母当前是否外出务工来判定子女是否为留守儿童。现实中，农村劳动力选择春节过后外出务工，选择子女放暑假时返乡团聚，或者让子女前往务工地团聚，亲子分离的时间跨度在半年左右。所以，父母和子女在近半年内的流动情况可以代表人口当前的流动情况。此外，本研究的研究对象为初中生，与其年龄相比，半年是一个比较短的时间段，这期间的流动情况可以理解为当前的流动情况。尽管被试在接受调查时留守在农村，但是他们可能拥有利用周末或假期前往父母务工地的经历，所以近半年内有前往父母务工地经历者也纳入分析。

具体而言，人口当前流动的空间特征包括父母当前的流动距离和子女近半年内的访亲经历。

需要特别说明的是，父母流动的空间特征存在性别上和时间上的多样性与复杂性，即父亲过去不同时间的流动距离可能存在变化或差异，母亲过去不同时间的流动距离也可能存在变化或差异，父亲和母亲之间在过去不同时间的流动距离方面将存在多种组合，而让调查对象在短时间内通过回忆来准确提供上述信息的难度极大，纵使勉强提供，相关信息的信度也可能不高。因此，本研究中父母流动的空间特征暂且仅以他们当前的流动距离来测量。

由于被试还是尚未成年的儿童，让他们提供关于父母流动距离的准确信息本是一种奢望，所以我们以当前父母的务工地点来代表父母流动距离，来反映父母流动的空间特征。父母务工地点的测量问题是：父母在哪里工作？选项为：1＝本村；2＝本乡/本镇；3＝本县；4＝本市；5＝本省；6＝外省；7＝不知道。被试需要先填答父亲的信息，再填答母亲的信息。由于本章的分析对象是父母在本市范围内务工的儿童，所以本题的选项仅包括本村、本乡/本镇、本县、本市。

关于留守儿童的访亲经历信息，我们通过询问被试近半年是否去过父母务工地来获取。具体的测量问题是：你是否去过爸/妈工作的地方？选项为：1＝是，去那里上学；2＝是，去那里玩儿；3＝否。被试需要先填答父亲的信息，再填答母亲的信息。在具体分析时，我们将"是，去那里上学"和"是，去那里玩儿"合并为"是"，"否"依然为"否"。

②人口过去流动的时间特征。人口过去流动的时间特征主要是从儿童出生到调查实施时父亲、母亲以及儿童的流动经历。在问卷中，被试需要按照年龄顺序依次提供父亲、母亲和自己在不同年龄时的流动状态。由于被试通过回忆准确提供父亲、母亲和自己在各个年龄时的流动距离存在难度，所以本题的选项被简化处理为：1＝在家乡；2＝在外地；3＝不清楚。据此判断父母及子女过去流动的时间特征，包括父亲/母亲初次流动时儿童所处的年龄段，以及儿童自身是否有流动或迁移的经历。

受限于被试的年龄，特别是低年级的学生无法在调查时提供未来高年级时的信息，参考相关文献中关于儿童关键年龄段的划分（贾文华，2011；凌辉等，2012），本研究根据生命历程中的关键节点，把儿童从出生后到被调查时总共划分为三个阶段：1～3岁（婴幼儿）、4～6岁（学龄前）、7～10岁（小学阶段）。这样可确保将尽可能多的流动信息纳入分析中。在流动信息的具体处理方面，如果父亲/母亲的初次流动发生在儿童的某个年龄段，则记为"是"；如果父亲/母亲的初次流动没有发生在儿童的这个年龄段，则记为"否"。关于儿童自身以往的流迁经历，如果其在 1～10 岁曾经有跟随父母在外地生活或学习的经历，则记为"是"；如果没有，则记为"否"。

需要说明的是，尽管使用结构性问卷来测量动态化变量确实存在困难，但这是从生命历程的角度考察过往生命事件影响当前生命状态的有益尝试，它在一定程度上能够反映人口流动背景下父母流动轨迹和子女身份转换的复杂性。特别是，尽管回忆性信息的可靠性值得商榷，但那是对于上了一定年纪者而言，针对有了一定时间间隔的事情。本研究的调查对象是农村初中生，其年纪尚小，经历尚少，对于其生命历程中的重大事件，他们的记忆往往是深刻的，是可靠的；对于他们而言，离开自己的村庄，前往陌生的他乡，无论是为了生活还是为了上学，都会在其记忆里留下深刻的痕迹，并且可能成为和同伴们聊天的"资本"。此外，尽管他们有可能无法记得 1～3 岁的事情，但是父母往往会给他们讲述小时候的事情。综上，由学生提供父母和自己在过往时间里的流动信息是较为可靠的。

如前所述，务工地点离家近，回家耗时短、花费少、难度小，回家频率可能较高，是父母就地就近流动的重要特征，所以本章纳入"回家频率"变量来反映父母就地就近流动的时间特征。尽管"回家"是父母从务工所在地返回农村老家的"动作"，本质上是一种发生在"两个地点"之间的"流动事件"，具有"空间"特性，但是"回家频率"具有"时间"特性，通常表现为父母在既定时间段内回家的次数，次数越多，说明频率越高；回家频率越高，意味着父母在外持续流动的时间长度越短，在一定程度上反映了父母流动的时间长度。所以，本章纳入"回家频率"变量来间接地反映父母流动的时间持续性或时间长度。

用来测量父母"回家频率"的问题为：爸/妈大约多长时间回家一次？其选项为：1 = 每天；2 = 两三天；3 = 一周；4 = 半个月；5 = 一个月；6 = 两个月；7 = 三个月；8 = 半年；9 = 一年及以上。被试需要先填答与父亲相关的信息，再填答与母亲相关的信息。根据就地就近流动人口的现实情况，结合原始数据的分布特征，对选项及取值做如下合并处理：0 = 每天（原选项 1）；1 = 半周或一周（原选项 2 和 3）；2 = 半个月及以上（原选项 4 ~ 9）。

本章纳入回归分析的人口流动特征的描述性统计结果见表 5 - 4。数据显示，首先，该类样本中，父亲务工地点的分布较为均衡，母亲在本村就地务工的比例为 44.51%，在本市其他县务工的比例较小（9.80%）；其次，父亲初次流动发生在子女 1 ~ 3 岁、4 ~ 6 岁和 7 ~ 10 岁的比例分别为 39.23%、45.46% 和 44.07%，母亲初次流动发生在子女 1 ~ 3 岁、4 ~ 6 岁和 7 ~ 10 岁的比例分别为 20.92%、25.07% 和 21.88%，子女各个年龄段里父亲初次流动发生率均高于母亲；最后，近半年里去过父亲务工地的留守儿童占 53.75%，去过母亲务工地的留守儿童占 59.44%，过去有流动或迁移经历的留守儿童占 15.10%。

表 5 - 4　人口流动特征的描述性统计结果

单位：人，%

变量	释义与赋值	频数	频率
父亲流动的空间特征			
务工地点	本村 = 0	342	27.04
	本乡/本镇 = 1	287	22.69
	本县 = 2	375	29.64
	本市 = 3	261	20.63
父亲流动的时间特征			
初次流动发生时段			
子女 1 ~ 3 岁	否 = 0	649	60.77
	是 = 1	419	39.23
子女 4 ~ 6 岁	否 = 0	625	54.54
	是 = 1	521	45.46
子女 7 ~ 10 岁	否 = 0	660	55.93
	是 = 1	520	44.07
回家频率	每天 = 0	895	71.03
	半周或一周 = 1	146	11.59
	半个月及以上 = 2	219	17.38

续表

变量	释义与赋值	频数	频率
母亲流动的空间特征			
务工地点	本村 = 0	563	44.51
	本乡/本镇 = 1	289	22.85
	本县 = 2	289	22.85
	本市 = 3	124	9.80
母亲流动的时间特征			
初次流动发生时段			
子女 1~3 岁	否 = 0	741	79.08
	是 = 1	196	20.92
子女 4~6 岁	否 = 0	762	74.93
	是 = 1	255	25.07
子女 7~10 岁	否 = 0	864	78.12
	是 = 1	242	21.88
回家频率	每天 = 0	1002	84.63
	半周或一周 = 1	103	8.70
	半个月及以上 = 2	79	6.67
儿童流动的空间特征			
近半年是否去过父亲务工地	否 = 0	579	46.25
	是 = 1	673	53.75
近半年是否去过母亲务工地	否 = 0	477	40.56
	是 = 1	699	59.44
儿童流动的时间特征			
过去是否有流动或迁移的经历	否 = 0	1074	84.90
	是 = 1	191	15.10

（2）亲子关系类型

亲子关系类型是本章重点关注的自变量。该变量是基于亲子关系三大维度的外显特征，运用潜在类别分析方法来进行识别、生成和命名的（详见第四章）。

根据研究目标和研究设计，本章仅选择那些父母就地就近务工的农村留守儿童作为分析样本，纳入回归分析的亲子关系类型的描述性统计结果见表 5-5。

表 5 - 5　亲子关系类型的描述性统计结果

单位：人，%

亲子关系类型	频数	频率
父子关系类型	（1242）	
亲密且强功能型	224	18.04
亲近却无功能型	279	22.46
中间型	284	22.87
疏远但强功能型	145	11.67
疏离且弱功能型	310	24.96
母子关系类型	（1241）	
亲密且强功能型	399	32.15
亲近却无功能型	222	17.89
中间型	223	17.97
疏远但强功能型	211	17.00
疏离且弱功能型	186	14.99

（3）亲子关系类型组合

通常，儿童在家庭中会受到父亲和母亲的共同影响。换言之，父亲和母亲共同影响儿童的身心健康发展。以往研究极少关注父亲和母亲对留守儿童心理弹性的共同影响。

在分析父子关系类型和母子关系类型对留守儿童心理弹性的不同影响之后，本章进一步引入亲子关系类型组合的概念，分析亲子关系类型组合对留守儿童心理弹性的影响，以考察父亲和母亲对留守儿童心理弹性的共同影响。

为了生成亲子关系类型组合变量，首先交叉分析就地就近务工父母与子女的亲子关系类型，共生成 25 种亲子关系类型组合（见表 5 - 6）；为确保回归分析可行和结果可信，删除占比过小、代表性过低的类型组合（表 5 - 6 中斜体字所标识者），保留那些所占比例达到 5% 的亲子关系类型组合（表 5 - 6 中粗体字所标识者）。

表 5 - 6　亲子关系类型的交叉分析

单位：人

亲子关系类型	母亲亲密且强功能型	母亲亲近却无功能型	母亲中间型	母亲疏远但强功能型	母亲疏离且弱功能型	总计
父亲亲密且强功能型	**95**	**112**	*10*	*4*	*3*	224
父亲亲近却无功能型	**193**	**49**	*23*	*13*	*1*	279

续表

亲子关系类型	母亲亲密且强功能型	母亲亲近却无功能型	母亲中间型	母亲疏远但强功能型	母亲疏离且弱功能型	总计
父亲中间型	**67**	*40*	**156**	*6*	*14*	283
父亲疏远但强功能型	*10*	*14*	*3*	**63**	*55*	145
父亲疏离且弱功能型	*34*	*7*	*31*	**125**	**113**	310
总计	399	222	223	211	186	1241

本章回归分析中亲子关系类型组合的描述性统计结果见表5-7。

表5-7 亲子关系类型组合的描述性统计结果

亲子关系类型组合	赋值	频数（人）	频率（%）
双亲亲密且强功能型	1	95	10.28
父亲亲密且强功能型-母亲亲近却无功能型	2	112	12.12
父亲亲近却无功能型-母亲亲密且强功能型	3	193	20.89
父亲中间型-母亲亲密且强功能型	4	67	7.25
双亲中间型	5	156	16.88
双亲疏远但强功能型	6	63	6.82
父亲疏离且弱功能型-母亲疏远但强功能型	7	125	13.53
双亲疏离且弱功能型	8	113	12.23
总计		924	100.0

3. 控制变量

根据相关研究发现，个人特征、家庭特征、学校特征、家校互动、地域特征等因素可能影响留守儿童心理弹性，结合人口就地就近流动的现实情况和留守儿童的群体特征，本章在回归分析中控制了以下五大类变量。

个人特征：包括留守儿童的性别和年级（年龄）。

家庭特征：包括父母关系，通过询问被试父母吵架的频率来判断，如果被试选择"从不吵"，则记为"好"，否则记为"不好"；祖辈监护，通过分别询问"近半年里爷爷/奶奶、外公/外婆是否住在你家里"来判断，近半年里有任意祖辈住在被试家里，则记为"是"，否则记为"否"；独生子女，问题为"你父母现在共有几个孩子"，如果被试填"1"，记为"是"，否则记为"否"；每周所给生活费，问题为"你平均每周有多少生活费"。

学校特征：包括学校类型，通过"住校生"部分问题是否填答来判断是否为寄宿制学校；同学友好程度，问题为"你觉得同学对你友好吗"，选项为"1＝都友好、2＝大多数友好、3＝一半左右友好、4＝大多数不友好、5＝都不友好"，属于有序变量，进行反向五级计分，数值越高，说明同学关系越好；老师关心程度，问题为"你觉得老师们关心你吗"，选项包括"1＝都关心、2＝大多数关心、3＝一半左右关心、4＝大多数不关心、5＝都不关心"，属于有序变量，进行反向五级计分，数值越高，说明师生关系越好。

家校互动，包括父母参加家长会和老师家访两种基本形式。父母参加家长会是从"家庭端"来反映家校互动情况，测量问题为"参加家长会次数最多的人是谁"，如果被试选择了爸爸或妈妈，则记为"是"，否则记为"否"。老师家访是从"学校端"来反映家校互动情况，老师家访频率的测量问题为"老师到你家里做家访吗"，选项为经常、有时、从不，分别赋值为2、1、0。

地域特征，即父母就地就近流动的留守儿童是否属于 CG 县、NQ 县和 Y 县。

本章纳入回归分析的所有控制变量的描述性统计结果见表5－8。

表5－8　控制变量的描述性统计结果

变量	释义与赋值	频数/样本量（人）	百分比/均值（%）	标准差
个人特征				
性别	女＝0	562	44.53	
	男＝1	700	55.47	
年级	七年级＝0	413	32.65	
	八年级＝1	466	36.84	
	九年级＝2	386	30.51	
家庭特征				
父母关系	不好＝0	940	76.18	
	好＝1	294	23.82	
祖辈监护	否＝0	599	52.54	
	是＝1	541	47.46	

续表

变量	释义与赋值	频数/样本量	百分比/均值	标准差
独生子女	否 = 0	1035	81.82	
	是 = 1	230	18.18	
每周所给生活费（元）	连续变量 [0, 480]	1257	37.047	30.922
学校特征				
学校类型	非寄宿 = 0	496	39.21	
	寄宿 = 1	769	60.79	
同学友好程度	有序变量 [1, 5]	1261	4.129	0.777
老师关心程度	有序变量 [1, 5]	1260	4.116	0.994
家校互动				
父母参加家长会	否 = 0	151	12.08	
	是 = 1	1099	87.92	
老师家访频率	经常 = 2	36	2.86	
	有时 = 1	245	19.46	
	从不 = 0	978	77.68	
地域特征				
所在县	NQ 县 = 0	356	28.14	
	CG 县 = 1	275	21.74	
	Y 县 = 2	634	50.12	

注：同学友好程度和老师关心程度对应的数据为样本量和均值（无单位）。

五　研究方法

首先，通过相关分析来检验就地就近流动父母的亲子关系类型与留守儿童的心理弹性之间的相关情况，以初步判断两类变量之间的关系。

其次，通过多元线性回归模型来揭示父母就地就近流动背景下亲子关系类型及其组合对留守儿童心理弹性个人力因子的影响。

再次，通过多元线性回归模型来揭示父母就地就近流动背景下亲子关系类型及其组合对留守儿童心理弹性支持力因子的影响。

最后，通过多元线性回归模型来揭示父母就地就近流动背景下亲子关系类型及其组合对留守儿童总弹性的影响。

第二节　人口就地就近流动下亲子关系类型
与留守儿童心理弹性的相关性

在具体分析就地就近流动父母的亲子关系类型及其组合对留守儿童心理弹性的影响前，本节首先检验了就地就近流动父母亲的亲子关系类型与留守儿童的心理弹性之间的相关情况（见表5-9）。

一　亲子关系类型与留守儿童心理弹性个人力的相关情况

数据显示，在就地就近流动的父亲中，"亲密且强功能型"父子关系和"亲近却无功能型"父子关系与留守儿童心理弹性个人力之间均存在显著的正向相关关系；"疏远但强功能型"父子关系和"疏离且弱功能型"父子关系与留守儿童心理弹性个人力之间存在显著的负向相关关系。

与此同时，在就地就近流动的母亲中，"亲密且强功能型"母子关系和"亲近却无功能型"母子关系与留守儿童心理弹性个人力之间存在显著正向相关关系；"中间型"母子关系、"疏远但强功能型"母子关系和"疏离且弱功能型"母子关系与留守儿童心理弹性个人力之间存在显著负向相关关系。

据此初步推断，"亲密且强功能型"亲子关系和"亲近却无功能型"亲子关系可能有利于留守儿童心理弹性个人力水平的提升，属于保护因素；"疏远但强功能型"亲子关系和"疏离且弱功能型"亲子关系可能不利于留守儿童心理弹性个人力水平的提升，属于风险因素。

二　亲子关系类型与留守儿童心理弹性支持力的相关情况

数据显示，在就地就近流动的父亲中，"亲密且强功能型"父子关系和"亲近却无功能型"父子关系与留守儿童心理弹性支持力之间均存在显著正向相关关系；而"疏离且弱功能型"父子关系与留守儿童心理弹性支持力之间存在显著负向相关关系。

在就地就近流动母亲中，"亲密且强功能型"母子关系和"亲近却无功能型"母子关系与留守儿童心理弹性支持力之间均存在显著正向相关关系，而"中间型"母子关系、"疏远但强功能型"母子关系和"疏离且弱功能型"母子关系与支持力之间均存在显著负向相关关系。

据此推断，"亲密且强功能型"和"亲近却无功能型"亲子关系均可能有利于留守儿童心理弹性支持力水平的提升，属于保护因素；"疏离且弱功能型"亲子关系不利于留守儿童心理弹性支持力水平的提升，属于风险因素。

三 亲子关系类型与留守儿童总弹性的相关情况

数据显示，在就地就近流动的父亲中，"亲密且强功能型"父子关系和"亲近却无功能型"父子关系与留守儿童总弹性之间均存在显著正向相关关系；而"疏离且弱功能型"父子关系与留守儿童总弹性之间存在显著负向相关关系。

在就地就近流动母亲中，"亲密且强功能型"母子关系和"亲近却无功能型"母子关系与留守儿童总弹性之间均存在显著正向相关关系，而"中间型"母子关系、"疏远但强功能型"母子关系和"疏离且弱功能型"母子关系与总弹性之间均存在显著负向相关关系。

据此推断，"亲密且强功能型"和"亲近却无功能型"亲子关系均可能有利于留守儿童总弹性的提升，属于保护因素；而"疏离且弱功能型"亲子关系不利于留守儿童总弹性的提升，属于风险因素。

此外，在就地就近流动的父亲中，"中间型"父子关系与留守儿童心理弹性个人力之间无显著相关关系，"中间型"父子关系和"疏远但强功能型"父子关系与留守儿童心理弹性支持力和总弹性之间均无显著相关关系。据此，从促进留守儿童心理弹性水平提升的角度来看，在就地就近流动的父亲中，属于"中间型"父子关系和"疏远但强功能型"父子关系者应尽量向"亲近却无功能型"和"亲密且强功能型"父子关系蜕变。

综合以上分析发现，对于就地就近流动的父亲来说，"亲密且强功能型"父子关系和"亲近却无功能型"父子关系可能有利于留守儿童的心理弹性发展，属于保护因素；而"疏离且弱功能型"父子关系可能不利于留守儿童的心理弹性发展，属于风险因素。对于就地就近流动母亲来说，"亲密且强功能型"母子关系和"亲近却无功能型"母子关系可能有利于留守儿童心理弹性发展，属于保护因素；"中间型"母子关系、"疏远但强功能型"母子关系和"疏离且弱功能型"母子关系可能不利于留守儿童的心理弹性发展，属于风险因素。

表5-9 就地就近流动父母的亲子关系类型与其子女心理弹性的相关分析结果

变量	父子关系类型					母子关系类型				
	亲密且强功能型	亲近却无功能型	中间型	疏远但强功能型	疏离且弱功能型	亲密且强功能型	亲近却无功能型	中间型	疏远但强功能型	疏离且弱功能型
个人力	0.125 **	0.159 **	-0.046	-0.064 *	-0.173 **	0.114 **	0.113 **	-0.062 *	-0.080 **	-0.117 **
支持力	0.184 **	0.197 **	-0.034	-0.042	-0.288 **	0.239 **	0.141 **	-0.089 **	-0.145 **	-0.211 **
总弹性	0.176 **	0.202 **	-0.050	-0.058	-0.261 **	0.206 **	0.138 **	-0.080 **	-0.125 **	-0.195 **

注：** 和 * 分别表示相关性在 0.01 和 0.05 水平上显著（双尾）；受空间所限，删除父子关系类型之间、母子关系类型之间、父子关系类型和母子关系类型之间、个人力和支持力之间、个人力与总弹性之间、支持力与总弹性之间的相关结果。表6-9同。

第三节 人口就地就近流动下亲子关系类型对留守儿童个人力的影响

本节研究目标是揭示人口就地就近流动背景下亲子关系类型及其组合对留守儿童心理弹性个人力的影响，具体的分析策略概括如下。

第一，分析个人特征、家庭特征、学校特征、家校互动以及地域特征等对留守儿童个人力的影响（模型1）。

第二，在模型1的基础上纳入父亲、母亲以及儿童自身当前和过去的流动特征，旨在分析人口流动特征对留守儿童个人力的影响（模型2）。

第三，在模型2的基础上纳入父子关系类型，旨在揭示父子关系类型对留守儿童个人力的独立影响（模型3）。

第四，在模型2的基础上纳入母子关系类型，旨在揭示母子关系类型对留守儿童个人力的独立影响（模型4）。

第五，在模型2的基础上同时纳入父子关系类型和母子关系类型，旨在比较父子关系类型和母子关系类型对留守儿童个人力的影响差异（模型5）。

第六，在模型2的基础上纳入父母的亲子关系类型组合，旨在分析父母的亲子关系类型对留守儿童个人力的共同影响（模型6）。

表5-10提供了人口就地就近流动背景下父母的亲子关系类型及其组

合对留守儿童个人力影响的回归分析结果。

一 人口流动特征对留守儿童个人力的影响

由模型 1 可见，个人特征方面，年级对留守儿童个人力有显著正向影响，相较于七年级学生，九年级学生的个人力水平更高，这可能是因为年龄越大，个人力发展水平通常也越高。家庭特征方面，父母关系对留守儿童个人力有显著正向影响，良好的父母关系有利于提升留守儿童个人力；祖辈监护和独生子女对留守儿童个人力均无显著影响；每周所给生活费对留守儿童个人力有显著负向影响，说明父母试图通过增加生活费来弥补外出务工对子女的负面影响反而不利于子女个人力提升。学校特征方面，同学友好程度和老师关心程度均显著正向影响留守儿童个人力，说明父母外出务工情况下良好的同学关系和师生关系有利于留守儿童个人力的提升；学校类型对留守儿童个人力无显著影响。家校互动方面，父母参加家长会和老师家访频率对留守儿童个人力均无显著影响。地域特征方面，与 NQ 县留守儿童相比，Y 县留守儿童的个人力水平明显更高，这可能与 Y 县的经济社会发展水平较高有关。

由模型 2 可见，就地就近流动父母当前流动的空间特征对留守儿童个人力无显著影响，父母过去流动的时间特征对留守儿童个人力有显著影响。

首先，父亲流动特征方面，务工地点对留守儿童个人力无显著影响；初次流动发生时段对留守儿童个人力有显著影响，父亲在子女 7～10 岁流动可显著负向预测留守儿童个人力，父亲在子女 1～6 岁流动对留守儿童个人力无显著影响；回家频率对留守儿童个人力也无显著影响。

其次，母亲流动特征方面，务工地点对留守儿童个人力无显著影响；初次流动发生时段对留守儿童个人力有显著影响，母亲在子女 1～3 岁流动可显著正向预测留守儿童个人力，母亲在子女 4～6 岁流动可显著负向预测留守儿童个人力，这可能是因为该年龄段的儿童与母亲之间已经有强烈的依恋，母亲在子女 7～10 岁流动可显著正向预测留守儿童个人力，这可能与该年龄段的儿童独立意识觉醒有关；回家频率对留守儿童个人力无显著影响。

最后，儿童流动特征方面，留守儿童自身当前和过去流动的时空特征对其个人力均无显著影响，这可能与其流动时长过短和流动频次过少有关。

通过比较模型 2 和模型 1 发现，加入人口流动特征变量后，控制变量对留守儿童个人力的影响发生了变化。与七年级学生相比，八年级和九年级学生的个人力更强了；每周所给生活费对留守儿童个人力的负向影响变弱了，父母关系的正向影响程度略有提升；同学友好程度对留守儿童个人力的正向影响变强了，老师关心程度的正向影响变弱了；老师家访频率对留守儿童个人力有了显著的影响，与老师从不家访相比，老师有时家访对留守儿童个人力有显著正向影响，老师经常家访对留守儿童个人力有显著负向影响，这说明在人口就地就近流动背景下，老师适时地进行家访有利于提升留守儿童个人力水平；与 NQ 县留守儿童相比，Y 县留守儿童在个人力上的优势被削弱了。可见，父母就地就近流动对拥有不同特征的留守儿童的个人力有不同的影响。

二 亲子关系类型对留守儿童个人力的影响

1. 父子关系类型对留守儿童个人力的影响

由模型 3 可见，在控制了个人特征、家庭特征、学校特征、家校互动、地域特征和人口流动的时空特征等变量后，父子关系类型对留守儿童个人力有显著影响。与"疏离且弱功能型"父子关系相比，"亲密且强功能型"父子关系和"亲近却无功能型"父子关系对留守儿童个人力均有显著正向影响。这与相关分析结果一致，说明与子女之间亲密的情感依恋和频繁的联系沟通有利于子女个人力的发展，而不论其教养辅助功能状况如何。与此同时，"中间型"父子关系对留守儿童个人力也有显著正向影响，这反衬出"疏离且弱功能型"父子关系最不利于留守儿童个人力水平的提升。

通过比较模型 3 和模型 2 发现，在纳入父子关系类型之后，父亲和母亲过去流动的时间特征对留守儿童个人力的显著影响在程度上略有变化，在性质上无本质性改变；年级和每周所给生活费及所属地域对留守儿童个人力的显著影响在程度上略有变化，在性质上也无本质性改变；父母关系对留守儿童个人力的影响变得不再显著，这说明父母关系可能通过父子关系来影响留守儿童个人力；同学友好程度、老师关心程度和老师家访频率对留守儿童个人力的显著影响程度均有下降，这部分凸显了父子关系类型的作用。

2. 母子关系类型对留守儿童个人力的影响

由模型 4 可见，母子关系类型对留守儿童个人力有显著影响。相较于"疏离且弱功能型"母子关系，"亲密且强功能型"和"亲近却无功能型"母子关系对留守儿童的个人力均有显著正向影响，并且前者的影响力大于后者。这与相关分析的结果相一致，说明母亲与子女之间亲密或亲近的情感依恋和经常或适时的联系沟通有利于提升留守儿童的个人力，而不论其教养辅助功能状况怎样。

通过比较模型 4 和模型 2 发现，在纳入母子关系类型之后，父亲和母亲过去流动的时间特征对留守儿童个人力的显著影响在程度上有些许变化，但并无根本性改变；年级、每周所给生活费、老师家访频率及地域特征对留守儿童个人力的显著影响在程度上略有变化，在性质上未发生改变；父母关系对留守儿童个人力的影响却不再显著，说明母子关系类型可能在其中发挥了中介作用；同学友好程度和老师关心程度对留守儿童个人力的显著正向影响有所减弱，这可能与母子关系类型产生了影响有关。

3. 亲子关系类型对留守儿童个人力的影响差异

由模型 5 可见，同时纳入父子关系类型和母子关系类型后，父子关系类型对留守儿童个人力有显著影响，相比"疏离且弱功能型"父子关系，"亲近却无功能型"父子关系、"亲密且强功能型"父子关系和"中间型"父子关系均能显著正向影响留守儿童个人力，且影响力呈由大到小的关系；母子关系类型对留守儿童个人力却无显著影响。这说明，在父母就地就近流动背景下，留守儿童的个人力主要受到了父子关系类型的显著影响。

经比较模型 5 和模型 2 发现，在同时纳入父子关系类型和母子关系类型后，年级对留守儿童个人力的显著正向影响几乎没有变化，说明年龄是影响留守儿童个人力的重要内部因素；每周所给生活费和父母关系对留守儿童个人力的影响不再显著，说明亲子关系可能在其中发挥了中介作用；同学友好程度、老师关心程度、老师家访频率及地域特征对留守儿童个人力的显著影响均有所减弱，说明同学关系、师生关系和家校关系均是影响留守儿童个人力的重要外部因素。

三 亲子关系类型组合对留守儿童个人力的影响

由模型 6 可见，父母的亲子关系类型组合对留守儿童个人力有显著影响。相比"双亲疏离且弱功能型"的亲子关系类型组合，"父亲亲近却无功能型 – 母亲亲密且强功能型"、"父亲亲密且强功能型 – 母亲亲近却无功能型"、"双亲亲密且强功能型"以及"父亲中间型 – 母亲亲密且强功能型"的亲子关系类型组合对留守儿童的个人力都具有显著的正向影响，并且影响力呈现由大到小的关系。

由此可见，父母之间不同的亲子关系类型组合是影响留守儿童个人力的重要因素。"双亲疏离且弱功能型"的亲子关系类型组合是最不利的外部影响因素，属于风险因素；"父亲亲近却无功能型 – 母亲亲密且强功能型"是最有利的外部影响因素，属于保护因素；留守儿童个人力是父子关系和母子关系共同作用的结果。

经比较模型 6 和模型 2 发现，在纳入亲子关系类型组合后，年级对留守儿童个人力的正向显著影响有所减弱；每周所给生活费对留守儿童个人力的影响不再显著，相较于家庭经济因素，亲子关系类型的影响更为凸显，并可能在家庭经济对留守儿童个人力的影响中起中介作用；父母关系对留守儿童个人力的影响也不再显著，这可能印证了父母关系通过亲子关系来影响儿童心理发展的观点。

与此同时，同学友好程度、老师关心程度和老师家访频率对留守儿童个人力的显著影响均有所减弱，这可能是被亲子关系类型组合调节的结果；父母初次流动发生时段对留守儿童个人力的显著影响有所增强，这说明亲子初次分离时留守儿童的年龄和亲子关系类型组合是影响留守儿童个人力的重要因素。

综上可见，在人口就地就近流动背景下，年龄是影响留守儿童个人力的重要内部因素，留守儿童初次经历亲子分离时的年龄和当前的年龄均对其个人力有显著的影响；家庭经济状况对留守儿童个人力无显著的影响；父母关系可能通过亲子关系类型进而影响留守儿童个人力；同学关系、师生关系和家校关系是影响留守儿童个人力的重要外部关系；父母当前的流动距离对留守儿童个人力无显著影响；父母的亲子关系类型组合对留守儿童个人力有显著影响。上述分析结果与发现对于就地就近流动的父母来说具有重要的现实指导意义。

表 5-10　就地就近流动父母的亲子关系类型对留守儿童个人力影响的回归分析结果

变量	模型 1（Beta）	模型 2（Beta）	模型 3（Beta）	模型 4（Beta）	模型 5（Beta）	模型 6（Beta）
个人特征						
性别（女）	0.001	-0.022	-0.018	-0.016	-0.020	0.002
年级（七年级）						
八年级	0.048	0.093 *	0.095 *	0.093 *	0.095 *	0.035
九年级	0.105 **	0.147 ***	0.150 ***	0.151 ***	0.147 ***	0.117 *
家庭特征						
父母关系（不好）	0.063 *	0.068 +	0.047	0.056	0.046	0.056
祖辈监护（否）	-0.013	-0.029	-0.029	-0.029	-0.028	-0.058
独生子女（否）	0.050	-0.003	-0.011	-0.015	-0.011	-0.030
每周所给生活费	-0.078 *	-0.066 +	-0.063 +	-0.062 +	-0.061	-0.065
学校特征						
同学友好程度	0.185 ***	0.253 ***	0.233 ***	0.242 ***	0.235 ***	0.240 ***
老师关心程度	0.205 ***	0.185 ***	0.153 ***	0.164 ***	0.150 ***	0.141 **
学校类型（非寄宿）	-0.003	-0.002	-0.013	-0.017	-0.005	0.005
家校互动						
父母参加家长会（否）	-0.024	-0.011	-0.022	-0.024	-0.024	-0.027
老师家访频率（从不）						
有时	0.038	0.077 *	0.076 *	0.075 *	0.075 *	0.061
经常	-0.028	-0.126 ***	-0.122 ***	-0.126 ***	-0.120 ***	-0.123 **
地域特征（NQ 县）						
CG 县	0.032	0.048	0.059	0.047	0.059	0.050
Y 县	0.132 ***	0.108 *	0.109 *	0.109 *	0.102 *	0.080
父亲流动空间特征						
务工地点（本村）						
本乡/本镇		-0.013	0.012	-0.001	0.013	0.030
本县		0.022	0.031	0.027	0.035	0.019
本市		0.045	0.053	0.057	0.067	0.061

续表

变量	模型1 （Beta）	模型2 （Beta）	模型3 （Beta）	模型4 （Beta）	模型5 （Beta）	模型6 （Beta）
父亲流动时间特征						
初次流动发生时段						
子女 1～3 岁 （否）		-0.032	-0.039	-0.031	-0.038	-0.057
子女 4～6 岁 （否）		0.049	0.049	0.043	0.047	0.099
子女 7～10 岁 （否）		-0.087+	-0.081+	-0.090+	-0.081+	-0.138*
回家频率（每天）						
半周或一周		-0.037	-0.035	-0.043	-0.040	-0.057
半个月及以上		0.059	0.070	0.060	0.065	0.075
母亲流动空间特征						
务工地点（本村）						
本乡/本镇		0.043	0.033	0.034	0.030	0.019
本县		0.026	0.040	0.037	0.038	0.059
本市		-0.010	-0.009	-0.014	-0.018	-0.007
母亲流动时间特征						
初次流动发生时段						
子女 1～3 岁 （否）		0.097+	0.113*	0.101*	0.109*	0.111 +
子女 4～6 岁 （否）		-0.153**	-0.143**	-0.148**	-0.140**	-0.164**
子女 7～10 岁 （否）		0.087+	0.077+	0.094+	0.080+	0.122*
回家频率（每天）						
半周或一周		-0.026	-0.030	-0.022	-0.030	0.007
半个月及以上		0.052	0.049	0.050	0.051	0.097*
儿童流动时空特征						
近半年是否去过父 亲务工地（否）		0.035	0.024	0.022	0.022	0.077
近半年是否去过母 亲务工地（否）		-0.048	-0.034	-0.034	-0.033	-0.010
过去是否有流动或 迁移的经历（否）		0.002	0.003	-0.004	0.006	0.043

续表

变量	模型 1 (Beta)	模型 2 (Beta)	模型 3 (Beta)	模型 4 (Beta)	模型 5 (Beta)	模型 6 (Beta)
父子关系类型						
亲密且强功能型			0.179 ***		0.218 ***	
亲近却无功能型			0.197 ***		0.229 ***	
中间型			0.082 +		0.141 *	
疏远但强功能型			0.032		0.025	
疏离且弱功能型			/		/	
母子关系类型						
亲密且强功能型				0.137 *	− 0.043	
亲近却无功能型				0.102 *	− 0.054	
中间型				0.009	− 0.087	
疏远但强功能型				0.013	0.008	
疏离且弱功能型				/	/	
亲子关系类型组合						
双亲亲密且强功能型						0.109 +
父亲亲密且强功能型 – 母亲亲近却无功能型						0.155 **
父亲亲近却无功能型 – 母亲亲密且强功能型						0.190 **
父亲中间型 – 母亲亲密且强功能型						0.089 +
双亲中间型						0.025
双亲疏远但强功能型						0.016
父亲疏离且弱功能型 – 母亲疏远但强功能型						0.014
双亲疏离且弱功能型						/
R^2	0.121	0.201	0.234	0.216	0.237	0.237

变量	模型 1 （Beta）	模型 2 （Beta）	模型 3 （Beta）	模型 4 （Beta）	模型 5 （Beta）	模型 6 （Beta）
Adj. R^2	0.108	0.159	0.188	0.169	0.187	0.172
F	9.271 ***	4.797 ***	5.131 ***	4.636 ***	4.706 ***	3.653 ***
样本量	1027	681	677	677	677	523

注：小括号内为参照项；/为参照项；*** $p < 0.001$，** $p < 0.01$，* $p < 0.05$，+ $p < 0.1$。

第四节　人口就地就近流动下亲子关系类型对留守儿童支持力的影响

本节的研究目标是揭示人口就地就近流动下父母的亲子关系类型及其组合对留守儿童心理弹性支持力的影响。本节的分析策略如下。

第一，分析个人特征、家庭特征、学校特征、家校互动以及地域特征等对留守儿童支持力的影响（模型1）。

第二，在模型1的基础上纳入父亲、母亲以及儿童当前和过去的流动特征，旨在分析人口流动特征对留守儿童支持力的影响（模型2）。

第三，在模型2的基础上纳入父子关系类型，旨在分析父子关系类型对留守儿童支持力的独立影响（模型3）。

第四，在模型2的基础上纳入母子关系类型，旨在分析母子关系类型对留守儿童支持力的独立影响（模型4）。

第五，在模型2的基础上同时纳入父子关系类型和母子关系类型，旨在比较父子关系类型和母子关系类型对留守儿童支持力的影响差异（模型5）。

第六，在模型2的基础上纳入父母的亲子关系类型组合，旨在分析父母的亲子关系类型对留守儿童支持力的共同影响（模型6）。

表5-11提供了人口就地就近流动下亲子关系类型对留守儿童支持力的回归结果。

一　人口流动特征对留守儿童支持力的影响

由模型1可见，个人特征方面，年级对留守儿童支持力无显著影响，性别对留守儿童支持力有显著影响，男生的支持力明显弱于女生，这是因为男生感悟支持的能力通常弱于女生；家庭特征方面，每周所给生活费、独生子女和祖辈监护对留守儿童支持力均无显著影响，父母关系对留守儿童支持力有显著正向影响，良好的父母关系有利于留守儿童支持力的提升；学校特征方面，学校类型对留守儿童支持力无显著影响，而同学友好程度和老师关心程度对留守儿童支持力均有显著正向影响，同学越友好，老师越关心，留守儿童支持力越强，同学友好程度对儿童支持力的影响大于老师关心程度；家校互动方面，父母参加家长会对留守儿童支持力无显著影响，而老师家访频率对留守儿童支持力有显著影响，与老师从不家访相比，老师有时家访有利于留守儿童支持力的提升；地域特征方面，相比NQ县留守儿童，Y县留守儿童的支持力得分明显更高。

　　由模型2可见，父母流动的空间特征对留守儿童支持力无显著的影响，这可能是因为父母的务工地点离家不远，儿童感知的来自家庭的支持和来自他人的协助未明显受到父母流动的影响。父母流动的时间特征对留守儿童支持力有显著的影响，表现在回家频率上，相比父亲每天都回家的留守儿童，父亲半周或一周回家一次的留守儿童和父亲半个月及以上才回家一次的留守儿童，其支持力均明显更弱；母亲回家频率对留守儿童支持力的影响有别于父亲，与母亲每天都回家的留守儿童相比，母亲半周或一周回家一次的留守儿童和母亲半个月及以上回家一次的留守儿童，其支持力水平反而明显更高，这可能与母亲在家庭支持与协助方面通常弱于父亲有关。此外，留守儿童自身流动的时空特征对其支持力几乎没有显著影响。

　　通过比较模型2和模型1发现，在纳入人口流动特征后，性别对留守儿童支持力的显著负向影响有所增强；父母关系对留守儿童支持力的显著正向影响却有所减弱；同学友好程度和老师关心程度对留守儿童支持力的显著正向影响有所增强；老师家访频率对留守儿童支持力的显著影响也有所变化。这些变化部分地体现出人口就地就近流动对留守儿童支持力的作用。

二　亲子关系类型对留守儿童支持力的影响

1. 父子关系类型对留守儿童支持力的影响

　　由模型3可见，父子关系类型对留守儿童支持力有显著影响。相比"疏离且弱功能型"父子关系，"亲密且强功能型"、"亲近却无功能型"、"中间型"和"疏远但强功能型"父子关系对留守儿童支持力均有显著的正向影响，且影响力呈由大到小的关系。这说明，父子之间的情感依恋越亲密、联系沟通越频繁、教养辅助功能越强大，留守儿童的支持力水平越高；父子之间情感依恋疏离、联系沟通贫乏、教养辅助功能薄弱不利于留守儿童支持力的提升。

通过比较模型3和模型2发现，在纳入父子关系类型后，留守儿童的性别、父母关系、同学友好程度、老师关心程度、老师家访频率、父亲回家频率、母亲回家频率对留守儿童支持力的显著影响程度均有所降低，这充分说明父子关系类型是影响留守儿童支持力的重要因素，并可能在上述因素对留守儿童支持力的显著影响中起着重要的调节作用。

2. 母子关系类型对留守儿童支持力的影响

由模型4可见，母子关系类型对留守儿童支持力也有显著影响。相较于"疏离且弱功能型"母子关系，"亲密且强功能型"母子关系和"亲近却无功能型"母子关系对留守儿童支持力均有显著正向影响，并且影响力呈由大到小的关系。这说明，母子之间的情感依恋越亲密、联系沟通越频繁、教养辅助功能越强大，留守儿童支持力水平越高。

通过比较模型4和模型2发现，在纳入母子关系类型后，性别、父母关系、同学友好程度、老师关心程度对留守儿童支持力的显著影响均有所降低；父亲当前流动距离或务工地点对留守儿童支持力的影响变得显著了；父亲回家频率对留守儿童支持力的显著影响也有所改变，母亲回家频率的显著影响程度有所提高。

3. 亲子关系类型对留守儿童支持力的影响差异

由模型5可见，父子关系类型对留守儿童支持力有显著影响。相较于"疏离且弱功能型"父子关系，"亲密且强功能型"、"亲近却无功能型"、"中间型"和"疏远但强功能型"父子关系对留守儿童支持力均有显著正向影响，且影响力呈由大到小的关系。母子关系类型对留守儿童支持力有显著影响。相比"疏离且弱功能型"母子关系，"亲密且强功能型"母子关系对留守儿童支持力有显著正向影响。

相较而言，父子关系类型对留守儿童支持力的影响更大。"亲密且强功能型"父子关系、"亲近却无功能型"父子关系、"亲密且强功能型"母子关系、"中间型"父子关系、"疏远但强功能型"父子关系对留守儿童支持力的显著正向影响程度呈现由大到小的关系。

通过比较模型5和模型2发现，在纳入父子关系类型和母子关系类型之后，性别、父母关系、同学友好程度、老师关心程度以及老师家访频率对留守儿童支持力的显著影响程度均有所降低；父亲当前的务工地点对留守儿童支持力的影响开始变得显著；父亲回家频率和母亲回家频率对留守儿童支持力的显著影响程度均有所变化。

三　亲子关系类型组合对留守儿童支持力的影响

由模型6可见，父母的亲子关系类型组合对留守儿童支持力有显著的影响。相比"双亲疏离且弱功能型"的亲子关系类型组合，"父亲亲近却无功能型－母亲亲密且强功能型"、"父亲亲密且强功能型－母亲亲近却无功能型"、"双亲亲密且强功能型"、"父亲中间型－母亲亲密且强功能型"、"双亲疏远但强功能型"以及"双亲中间型"的亲子关系类型组合对留守儿童的支持力均有显著的正向影响，且影响力呈现由大到小的关系，说明留守儿童的支持力是父母双方的亲子关系类型组合共同作用的结果，"双亲疏离且弱功能型"的亲子关系类型组合最不利于留守儿童支持力水平的提升。

经比较模型6和模型2发现，在纳入亲子关系类型组合后，性别、父母关系、同学友好程度、老师关心程度、老师家访频率和地域特征对留守儿童支持力的影响均有所降低，体现了不同亲子关系类型组合对留守儿童支持力的作用；父亲当前务工地点开始显著影响留守儿童支持力，父亲和母亲的回家频率不同，对留守儿童支持力的显著影响也不同。

综合以上分析发现，在父母就地就近流动背景下，留守儿童的支持力是性别、父母关系、同学关系、师生关系、家校关系、父亲当前务工地点、父亲回家频率、母亲回家频率和父母的亲子关系类型及其组合等诸多因素共同影响的结果。

表5－11　就地就近流动父母的亲子关系类型对留守儿童支持力的回归分析结果

变量	模型1 （Beta）	模型2 （Beta）	模型3 （Beta）	模型4 （Beta）	模型5 （Beta）	模型6 （Beta）
个人特征						
性别（女）	− 0.081 **	− 0.122 ***	− 0.120 ***	− 0.106 **	− 0.118 ***	− 0.117 **
年级（七年级）						

续表

变量	模型 1 （Beta）	模型 2 （Beta）	模型 3 （Beta）	模型 4 （Beta）	模型 5 （Beta）	模型 6 （Beta）
八年级	0.025	0.068	0.063	0.067 +	0.068 +	0.061
九年级	0.001	0.026	0.029	0.044	0.041	0.033
家庭特征						
父母关系（不好）	0.136 ***	0.119 ***	0.084 *	0.088 *	0.077 *	0.081 *
祖辈监护（否）	0.003	0.005	− 0.001	− 0.003	0.000	0.000
独生子女（否）	− 0.004	0.026	0.014	0.001	0.002	− 0.019
每周所给生活费	− 0.007	− 0.014	− 0.012	− 0.007	− 0.010	− 0.017
学校特征						
同学友好程度	0.196 ***	0.228 ***	0.198 ***	0.207 ***	0.198 ***	0.153 ***
老师关心程度	0.193 ***	0.195 ***	0.148 ***	0.149 ***	0.137 ***	0.173 ***
学校类型（非寄宿）	− 0.037	− 0.025	− 0.040	− 0.059	− 0.048	− 0.018
家校互动						
父母参加家长会（否）	− 0.006	0.020	0.002	− 0.006	− 0.016	− 0.021
老师家访频率（从不）						
有时	0.087 **	0.065 +	0.060 +	0.057	0.058 +	0.050
经常	− 0.043	− 0.089 *	− 0.084 *	− 0.089 *	− 0.084 *	− 0.078 *
地域特征（NQ 县）						
CG 县	− 0.004	0.008	0.019	0.003	0.011	0.000
Y 县	0.140 ***	0.107 *	0.113 *	0.114 *	0.108 *	0.094 +
父亲流动空间特征						
务工地点（本村）						
本乡/本镇		− 0.024	0.011	0.005	0.010	0.045
本县		0.084	0.082	0.086	0.085	0.089
本市		0.083	0.086	0.106 +	0.102 +	0.125 *
父亲流动时间特征						
初次流动发生时段						
子女 1~3 岁（否）		0.051	0.030	0.049	0.028	0.036
子女 4~6 岁（否）		0.047	0.058	0.044	0.056	0.074

续表

变量	模型 1 （Beta）	模型 2 （Beta）	模型 3 （Beta）	模型 4 （Beta）	模型 5 （Beta）	模型 6 （Beta）
子女 7～10 岁 （否）		-0.047	-0.038	-0.067	-0.049	-0.082
回家频率（每天）						
半周或一周		-0.094*	-0.092*	-0.104**	-0.104**	-0.120**
半个月及以上		-0.089*	-0.065	-0.083+	-0.068	-0.087+
母亲流动空间特征						
务工地点（本村）						
本乡/本镇		0.059	0.042	0.033	0.038	0.041
本县		-0.064	-0.034	-0.039	-0.028	-0.030
本市		-0.010	0.000	-0.021	-0.013	-0.024
母亲流动时间特征						
初次流动发生时段						
子女 1～3 岁 （否）		-0.050	-0.015	-0.037	-0.015	-0.033
子女 4～6 岁 （否）		0.020	0.039	0.040	0.041	0.035
子女 7～10 岁 （否）		0.000	-0.023	0.010	-0.007	0.048
回家频率（每天）						
半周或一周		0.077+	0.074+	0.092*	0.084*	0.105*
半个月及以上		0.102*	0.091*	0.105*	0.091*	0.084+
儿童流动时空特征						
近半年是否去过父 亲务工地（否）		0.063	0.051	0.037	0.043	0.071
近半年是否去过母 亲务工地（否）		-0.072	-0.060	-0.049	-0.053	-0.047
过去是否有流动或 迁移的经历（否）		-0.062+	-0.048	-0.067+	-0.052	-0.032
父子关系类型						
亲密且强功能型			0.320***		0.259***	
亲近却无功能型			0.313***		0.226***	
中间型			0.139***		0.144**	
疏远但强功能型			0.116**		0.116**	
疏离且弱功能型			/		/	

续表

变量	模型1（Beta）	模型2（Beta）	模型3（Beta）	模型4（Beta）	模型5（Beta）	模型6（Beta）
母子关系类型						
亲密且强功能型				0.348***	0.197**	
亲近却无功能型				0.229***	0.077	
中间型				0.047	-0.021	
疏远但强功能型				0.059	0.056	
疏离且弱功能型				/	/	
亲子关系类型组合						
双亲亲密且强功能型						0.292***
父亲亲密且强功能型-母亲亲近却无功能型						0.321***
父亲亲近却无功能型-母亲亲密且强功能型						0.393***
父亲中间型-母亲亲密且强功能型						0.237***
双亲中间型						0.096+
双亲疏远但强功能型						0.120**
父亲疏离且弱功能型-母亲疏远但强功能型						0.068
双亲疏离且弱功能型						/
R^2	0.156	0.210	0.299	0.294	0.321	0.345
Adj. R^2	0.143	0.169	0.258	0.252	0.276	0.291
F	12.588***	5.123***	7.258***	7.075***	7.231***	6.314***
样本量	1040	688	685	685	685	532

注：小括号内为参照项；/为参照项；*** $p<0.001$，** $p<0.01$，* $p<0.05$，+ $p<0.1$。

第五节　人口就地就近流动下亲子关系类型
对留守儿童总弹性的影响

本节的研究目标是揭示人口就地就近流动下父母的亲子关系类型及其组合对留守儿童总弹性的影响。本节的分析策略如下。

第一，分析个人特征、家庭特征、学校特征、家校互动以及地域特征等对留守儿童总弹性的影响（模型1）。

第二，在模型1的基础上纳入父亲、母亲以及儿童当前和过去的流动特征，旨在分析人口流动特征对留守儿童总弹性的影响（模型2）。

第三，在模型2的基础上纳入父子关系类型，旨在分析父子关系类型对留守儿童总弹性的独立影响（模型3）。

第四，在模型2的基础上纳入母子关系类型，旨在分析母子关系类型对留守儿童总弹性的独立影响（模型4）。

第五，在模型2的基础上同时纳入父子关系类型和母子关系类型，旨在比较父子关系类型和母子关系类型对留守儿童总弹性的影响差异（模型5）。

第六，在模型2的基础上纳入父母的亲子关系类型组合，旨在分析父母的亲子关系类型对留守儿童总弹性的共同影响（模型6）。

表5-12提供了人口就地就近流动下亲子关系类型对留守儿童总弹性的回归结果。

一　人口流动特征对留守儿童总弹性的影响

由模型1可见，个人特征方面，性别对留守儿童总弹性无显著影响，年级对留守儿童总弹性有显著正向影响，与七年级学生相比，九年级学生的总弹性明显更强；家庭特征方面，每周所给生活费对留守儿童总弹性有显著负向影响，父母关系对留守儿童总弹性有显著正向影响，与父母关系不好的留守儿童相比，父母关系好的留守儿童，其总弹性明显更强；学校特征方面，同学友好程度和老师关心程度对留守儿童总弹性均有显著正向影响，学校类型对留守儿童总弹性无显著影响；家校互动方面，父母参加家长会对留守儿童总弹性无显著影响，老师家访频率对留守儿童总弹性有显著影响，与老师从不家访相比，老师有时家访对留守儿童总弹性具有显著正向影响；地域特征方面，相较于 NQ 县留守儿童，Y 县留守儿童的总弹性明显更强。

由模型 2 可见，就地就近流动父母当前流动的空间特征对留守儿童的总弹性均无显著影响；父母流动的时间特征对留守儿童总弹性的显著影响主要体现在回家频率上，父母回家频率不同，对留守儿童总弹性的影响也不同；留守儿童自身流动的时空特征对其总弹性均无显著影响。

比较模型 2 和模型 1 可发现，纳入人口流动特征变量后，性别对留守儿童总弹性的影响变得显著，和女生相比，男生的总弹性明显更弱；年级对留守儿童总弹性的影响变得更显著，这说明不同年级的留守儿童因受到人口流动的影响而呈现总弹性的明显差异；每周所给生活费对留守儿童总弹性的影响不再显著，这说明人口流动背景下存在其他对留守儿童总弹性影响更大的因素；父母关系对留守儿童总弹性的正向显著影响略有减弱；同学友好程度对留守儿童总弹性的正向显著影响明显增强，说明父母就地就近流动背景下同学关系是留守儿童总弹性更为重要的影响因素；老师关心程度对留守儿童总弹性的正向显著影响有所减弱，这可能与同学关系的影响增强有关；老师家访频率对留守儿童总弹性的显著影响有所增强，有时家访的正向显著影响略有增强，而经常家访的负向影响变得显著，且影响程度明显提升，这凸显了父母就地就近流动背景下老师进行家访对留守儿童总弹性的重要作用。

二 亲子关系类型对留守儿童总弹性的影响

1. 父子关系类型对留守儿童总弹性的影响

由模型 3 可见，父子关系类型对留守儿童总弹性有显著影响。相较于"疏离且弱功能型"父子关系，"亲近却无功能型""亲密且强功能型""中间型""疏远但强功能型"父子关系对留守儿童总弹性均有显著正向影响，且影响力呈现由大到小的关系。这说明，外出务工的父亲与留守儿童之间较好的联系沟通和情感联结有利于留守儿童总弹性的提升；"疏离且弱功能型"父子关系是留守儿童心理弹性的风险因素；"亲近却无功能型"父子关系和"亲密且强功能型"父子关系是留守儿童心理弹性重要的保护因素。

比较模型 3 和模型 2 发现，纳入父子关系类型后，性别对留守儿童总弹性的负向影响略有减弱；年级对留守儿童总弹性的正向影响发生变化，相比七年级学生，八年级学生总弹性几乎未变，九年级学生总弹性则略有提升；父母关系、同学友好程度、老师关心程度和老师家访频率对留守儿童总弹性的显著影响均有所减弱，可能是因为受到了家庭内部父子关系的影响；父亲当前务工地点对留守儿童总弹性的影响变得显著，父亲回家频率的显著影响略有降低，这些变化部分地体现了父子关系类型的作用。

2. 母子关系类型对留守儿童总弹性的影响

由模型 4 可见，部分母子关系类型对留守儿童总弹性有显著影响。相比"疏离且弱功能型"母子关系，"亲密且强功能型"和"亲近却无功能型"母子关系对留守儿童总弹性均有显著正向影响，且前者的影响大于后者。这说明，"疏离且弱功能型"母子关系是留守儿童心理弹性的风险因素，"亲密且强功能型"和"亲近却无功能型"母子关系是留守儿童心理弹性的保护因素。"中间型"母子关系和"疏远但强功能型"母子关系对留守儿童总弹性均无显著影响。

比较模型 4 和模型 2 发现，纳入母子关系类型后，性别对留守儿童总弹性的负向影响有所减弱；年级对留守儿童总弹性的正向影响有所增强；父母关系、同学友好程度、老师关心程度和老师家访频率对留守儿童总弹性的显著影响均有所减弱；父亲当前务工地点对留守儿童总弹性的影响变得显著，父亲在子女 7~10 岁初次流动对留守儿童总弹性的负向影响变得显著，父亲和母亲回家频率的显著影响均略有增强。这些变化部分地体现了母子关系类型的作用。

3. 亲子关系类型对留守儿童总弹性的影响差异

模型 5 显示，父子关系类型和母子关系类型对留守儿童总弹性的影响存在较大差异。相比"疏离且弱功能型"父子关系，"亲密且强功能型"、"亲近却无功能型"、"中间型"和"疏远但强功能型"父子关系对留守儿童的总弹性均有显著的正向影响，且影响力呈由大到小的关系；相比"疏离且弱功能型"母子关系，所有其他类型的母子关系对留守儿童总弹性均无显著影响。可见，人口就地就近流动背景下父子关系类型对留守儿童总弹性的显著影响更大。

比较模型 5 和模型 2 发现，在纳入父子关系类型和母子关系类型后，性别对留守儿童总弹性的负向影响略有减弱；年级对留守儿童总弹性的正向影响有所增强；父母关系、同学友好程度、老师关心程度和老师家访频率对留守儿童总弹性的显著影响均有所减弱；父亲当前务工地点对留守儿童总弹性的影响变得显著；父母回家频率对留守儿童总弹性的显著影响也略有变化。这些变化部分地体现了亲子关系类型发挥的重要作用。

三 亲子关系类型组合对留守儿童总弹性的影响

由模型 6 可见，就地就近流动父母的亲子关系类型组合对留守儿童总弹性有显著的影响。相比"双亲疏离且弱功能型"的亲子关系类型组合，"父亲亲近却无功能型 – 母亲亲密且强功能型"、"父亲亲密且强功能型 – 母亲亲近却无功能型"、"双亲亲密且强功能型"、"父亲中间型 – 母亲亲密且强功能型"和"双亲疏远但强功能型"的亲子关系类型组合对留守儿童总弹性均有显著的正向影响，且影响力呈由大到小的关系。

比较模型 6 和模型 2 发现，在纳入亲子关系类型组合后，性别对留守儿童总弹性的影响不再显著；年级对留守儿童总弹性的显著影响也有所减弱；父母关系、同学友好程度、老师关心程度和老师家访频率对留守儿童总弹性的显著影响均有所减弱；父亲当前务工地点对留守儿童总弹性的影响变得显著，父亲在子女 7～10 岁初次流动的负向影响变得显著，父亲回家频率的显著影响有所增强；母亲在子女 7～10 岁初次流动的正向影响也变得显著，母亲回家频率的显著影响也有所增强。

综合以上分析发现，人口就地就近流动背景下，性别和年龄是个体内部影响留守儿童总弹性的重要因素；父母关系是家庭内部影响留守儿童总弹性的重要因素，其显著影响可能因亲子关系类型的调节而减弱；同学关系、师生关系、家校关系是家庭外部影响留守儿童总弹性的重要关系环境，其显著影响可能因亲子关系类型的调节而减弱；在亲子关系类型的作用下，父亲当前务工地点对留守儿童总弹性的影响变得显著；父亲和母亲不同的回家频率对留守儿童总弹性有不同的影响；父子关系类型和母子关系类型是家庭内部影响留守儿童总弹性的重要关系环境。

表 5 - 12　就地就近流动父母的亲子关系类型对留守儿童总弹性的回归分析结果

变量	模型 1 （Beta）	模型 2 （Beta）	模型 3 （Beta）	模型 4 （Beta）	模型 5 （Beta）	模型 6 （Beta）
个人特征						
性别（女）	- 0.039	- 0.072 +	- 0.069 +	- 0.060 +	- 0.069 +	- 0.053
年级（七年级）						
八年级	0.045	0.091 *	0.090 *	0.092 *	0.095 *	0.063
九年级	0.063 +	0.098 *	0.106 **	0.110 **	0.111 **	0.092 *
家庭特征						
父母关系（不好）	0.112 ***	0.109 **	0.079 *	0.087 *	0.075 *	0.088 *
祖辈监护（否）	- 0.010	- 0.019	- 0.022	- 0.024	- 0.021	- 0.036
独生子女（否）	0.023	0.008	- 0.002	- 0.013	- 0.008	- 0.031
每周所给生活费	- 0.054 +	- 0.049	- 0.046	- 0.043	- 0.045	- 0.055
学校特征						
同学友好程度	0.208 ***	0.276 ***	0.248 ***	0.258 ***	0.250 ***	0.234 ***
老师关心程度	0.237 ***	0.223 ***	0.178 ***	0.183 ***	0.170 ***	0.185 ***
学校类型（非寄宿）	- 0.023	- 0.015	- 0.030	- 0.044	- 0.029	0.000
家校互动						
父母参加家长会（否）	- 0.020	0.004	- 0.013	- 0.021	- 0.025	- 0.026
老师家访频率（从不）						
有时	0.070 *	0.085 *	0.081 *	0.079 *	0.078 *	0.064
经常	- 0.044	- 0.128 ***	- 0.121 ***	- 0.127 ***	- 0.120 ***	- 0.120 **
地域特征（NQ 县）						
CG 县	0.017	0.034	0.046	0.028	0.040	0.026
Y 县	0.158 ***	0.125 *	0.127 **	0.128 **	0.120 *	0.094 +
父亲流动空间特征						
务工地点（本村）						
本乡/本镇		- 0.013	0.025	0.013	0.024	0.059
本县		0.083	0.084	0.084	0.088	0.085
本市		0.092	0.099 +	0.116 *	0.116 *	0.125 *
父亲流动时间特征						
初次流动发生时段						
子女 1~3 岁（否）		0.022	0.008	0.027	0.009	0.005
子女 4~6 岁（否）		0.054	0.058	0.042	0.051	0.091

变量	模型 1（Beta）	模型 2（Beta）	模型 3（Beta）	模型 4（Beta）	模型 5（Beta）	模型 6（Beta）
子女 7 ~ 10 岁（否）		− 0.086	− 0.078	− 0.096 +	− 0.081	− 0.139 *
回家频率（每天）						
半周或一周		− 0.078 +	− 0.073 +	− 0.088 *	− 0.085 *	− 0.104 *
半个月及以上		− 0.021	0.002	− 0.017	− 0.002	− 0.003
母亲流动空间特征						
务工地点（本村）						
本乡/本镇		0.056	0.042	0.036	0.040	0.030
本县		− 0.031	− 0.004	− 0.008	− 0.004	0.010
本市		− 0.015	− 0.011	− 0.029	− 0.025	− 0.030
母亲流动时间特征						
初次流动发生时段						
子女 1 ~ 3 岁（否）		0.022	0.051	0.030	0.050	0.032
子女 4 ~ 6 岁（否）		− 0.072	− 0.054	− 0.054	− 0.052	− 0.063
子女 7 ~ 10 岁（否）		0.054	0.037	0.065	0.047	0.107 *
回家频率（每天）						
半周或一周		0.033	0.027	0.045	0.035	0.070
半个月及以上		0.087 *	0.084 *	0.092 *	0.084 *	0.102 *
儿童流动时空特征						
近半年是否去过父亲务工地（否）		0.048	0.033	0.023	0.028	0.077
近半年是否去过母亲务工地（否）		− 0.072	− 0.058	− 0.047	− 0.053	− 0.034
过去是否有流动或迁移的经历（否）		− 0.032	− 0.024	− 0.040	− 0.026	0.005
父子关系类型						
亲密且强功能型				0.282 ***		0.274 ***
亲近却无功能型				0.300 ***		0.273 ***
中间型				0.124 **		0.162 **
疏远但强功能型				0.079 *		0.075 +
疏离且弱功能型				/		/
母子关系类型						
亲密且强功能型					0.279 ***	0.080

续表

变量	模型 1 （Beta）	模型 2 （Beta）	模型 3 （Beta）	模型 4 （Beta）	模型 5 （Beta）	模型 6 （Beta）
亲近却无功能型				0.184 ***	0.003	
中间型				0.034	−0.062	
疏远但强功能型				0.037	0.031	
疏离且弱功能型				/	/	
亲子关系类型组合						
双亲亲密且强功能						0.224 ***
父亲亲密且强功能型－母亲亲近却无功能型						0.268 ***
父亲亲近却无功能型－母亲亲密且强功能型						0.342 ***
父亲中间型－母亲亲密且强功能型						0.187 ***
双亲中间型						0.065
双亲疏远但强功能型						0.079 +
父亲疏离且弱功能型－母亲疏远但强功能型						0.035
双亲疏离且弱功能型						/
R^2	0.168	0.247	0.323	0.302	0.333	0.350
Adj. R^2	0.155	0.206	0.281	0.259	0.287	0.293
F	13.211 ***	6.025 ***	7.760 ***	7.022 ***	7.291 ***	6.167 ***
样本量	995	659	656	656	656	511

注：小括号内为参照项；/为参照项；$*** p < 0.001$，$** p < 0.01$，$* p < 0.05$，$+ p < 0.1$。

第六节　小结

本章以新型城镇化进程中人口就地就近流动为背景，以父母就地就近流动的留守儿童为对象，首先分析了留守家庭的亲子关系类型与留守儿童的心理弹性之间的相关情况，然后重点分析了父母及其子女流动的时空特征和不同的亲子关系类型及其组合对留守儿童心理弹性个人力、支持力和总弹性的影响，主要发现与结论如下。

第一，不同的父子关系类型和母子关系类型与留守儿童的心理弹性之间存在不同的显著相关性。

"亲密且强功能型"父子关系和"亲近却无功能型"父子关系与留守儿童心理弹性之间均存在显著正相关关系，而"疏离且弱功能型"父子关系与留守儿童心理弹性之间存在显著负相关关系。

"亲密且强功能型"母子关系和"亲近却无功能型"母子关系与留守儿童心理弹性之间均存在显著正相关关系，"中间型"母子关系、"疏远但强功能型"母子关系和"疏离且弱功能型"母子关系与留守儿童心理弹性之间均存在显著负相关关系。

第二，年龄是影响留守儿童个人力的内部因素，而父母关系、同学关系、师生关系和家校关系是影响留守儿童个人力的重要外部关系网，不同的父子关系类型、母子关系类型、亲子关系类型组合对留守儿童个人力有不同的显著影响。

人口流动特征的影响方面，就地就近流动父母当前流动的空间特征对留守儿童的个人力无显著影响；父母初次流动发生时段对留守儿童个人力有显著影响。

亲子关系类型的影响方面，相比"疏离且弱功能型"父子关系，"亲近却无功能型"父子关系、"亲密且强功能型"父子关系和"中间型"父子关系对留守儿童个人力均有显著正向影响；与"疏离且弱功能型"母子关系相比，"亲密且强功能型"和"亲近却无功能型"母子关系对留守儿童个人力均有显著正向影响；与母子关系类型相比，父子关系类型对留守儿童个人力的影响明显更大；"亲近却无功能型"父子关系和"亲密且强功能型"母子关系对留守儿童的个人力最为有利，属于保护因素；"疏离且弱功能型"父子关系和母子关系对留守儿童个人力最为不利，属于风险因素。

亲子关系类型组合的影响方面，相比"双亲疏离且弱功能型"的亲子关系类型组合，"父亲亲近却无功能型－母亲亲密且强功能型"、"父亲亲密且强功能型－母亲亲近却无功能型"、"双亲亲密且强功能型"及"父亲中间型－母亲亲密且强功能型"的亲子关系类型组合对留守儿童个人力均有显著正向影响；"双亲疏离且弱功能型"的亲子关系类型组合是最不利的外部影响因素，属于风险因素，"父亲亲近却无功能型－母亲亲密且强功能型"的亲子关系类型组合是最有利的外部影响因素，属于保护因素。

第三，父子关系类型和母子关系类型对留守儿童支持力有显著影响，且存在明显差异，父母不同的亲子关系类型组合对留守儿童支持力有不同的显著影响，性别、亲子关系、父母关系、同学关系、师生关系、家校关系、父亲流动距离和父母回家频率共同构成了影响留守儿童支持力的内外部因素。

与"疏离且弱功能型"父子关系相比，"亲密且强功能型"、"亲近却无功能型"、"中间型"和"疏远但强功能型"父子关系对留守儿童支持力均有显著正向影响；相比"疏离且弱功能型"母子关系，"亲密且强功能型"和"亲近却无功能型"母子关系对留守儿童支持力均有显著的正向影响；父子关系类型对留守儿童支持力的影响明显大于母子关系类型。

相比"双亲疏离且弱功能型"的亲子关系类型组合，"父亲亲近却无功能型 – 母亲亲密且强功能型"、"父亲亲密且强功能型 – 母亲亲近却无功能型"、"双亲亲密且强功能型"、"父亲中间型 – 母亲亲密且强功能型"、"双亲疏远但强功能型"及"双亲中间型"的亲子关系类型组合对留守儿童支持力有显著的正向影响。

人口流动特征的影响方面，母亲流动的空间特征对留守儿童支持力无显著影响，父亲当前流动距离对留守儿童支持力有显著影响，父母回家频率对留守儿童支持力有显著影响，留守儿童流动的时空特征对其支持力几乎无显著影响。

性别、父母关系、同学关系、师生关系和家校关系对留守儿童支持力有显著影响。

第四，父子关系类型、母子关系类型、父母的亲子关系类型组合对留守儿童总弹性有显著影响，并且父子关系类型的影响大于母子关系类型，父亲流动的时空特征和母亲流动的时间特征对留守儿童的总弹性有显著影响，性别、年级、父母关系、同学关系、师生关系、家校关系等对留守儿童总弹性也有显著影响。

相较于"疏离且弱功能型"父子关系，"亲近却无功能型""亲密且强功能型""中间型""疏远但强功能型"父子关系对留守儿童总弹性均有显著正向影响；相比"疏离且弱功能型"母子关系，"亲密且强功能型"和"亲近却无功能型"母子关系对留守儿童总弹性均有显著正向影响；父子关系类型对留守儿童总弹性的影响更大；相比"双亲疏离且弱功能型"

的亲子关系类型组合，"父亲亲近却无功能型 – 母亲亲密且强功能型"、"父亲亲密且强功能型 – 母亲亲近却无功能型"、"双亲亲密且强功能型"、"父亲中间型 – 母亲亲密且强功能型"和"双亲疏远但强功能型"的亲子关系类型组合对留守儿童的总弹性均有显著的正向影响。

父亲流动距离、父亲回家频率和母亲回家频率对留守儿童总弹性均有显著影响；儿童的性别和年级、父母关系、同学友好程度、老师关心程度和老师家访频率对留守儿童的总弹性均有显著影响。

第六章

人口异地流动下亲子关系类型
对留守儿童心理弹性的影响

尽管当前我国正在推进的新型城镇化是以劳动力就地就近务工为主要流动模式，但是劳动力异地流动仍然是社会经济发展过程中的重要现象。根据第三章提出的人口流动背景下留守家庭亲子关系类型影响留守儿童心理弹性的分析框架，本章重点分析异地流动人口的流动特征、亲子关系类型及其组合对留守儿童心理弹性的影响及差异。

第一节　研究设计

一　研究目标

在新型城镇化背景下，人口异地流动模式依然占有较大的比重。相较于就地就近流动，人口异地流动在时间上和空间上有其特殊性，亲子关系的现实特征和潜在类型也将有所不同，并可能对留守儿童的心理弹性产生不同的影响。

因此，本章的核心目标是揭示异地流动父母与留守儿童的亲子关系类型及其组合对留守儿童心理弹性的影响及差异，来作为相关政策建议提出的现实依据。

具体而言，本章将重点回答以下重要问题。

第一，异地流动父母的亲子关系类型与留守儿童的心理弹性之间是否存在显著相关关系？相关的性质和程度如何？

第二，异地流动父母及子女当前和过去流动的时空特征是否显著影响留守儿童的心理弹性？父亲流动特征和母亲流动特征的影响又有什么差异？

第三，异地流动父母的亲子关系类型对留守儿童的心理弹性分别具有怎样的影响？父子关系类型和母子关系类型的影响有何差异？

第四，异地流动父亲和异地流动母亲的亲子关系类型组合对留守儿童的心理弹性分别具有怎样的影响？

通过深入分析异地流动父母的亲子关系类型及其组合对留守儿童心理弹性的影响，为农村家庭流动决策、家庭关系修复、家庭教育教养和地方政府城镇化进程推进等提供现实依据和政策建议，以期切实提升人口异地流动背景下留守儿童的心理弹性，最终促进其心理的健康发展。

二 分析框架

根据研究目标，本章构建的分析框架如图6-1所示，将重点分析：异地流动父母及子女当前和过去流动的时空特征对留守儿童心理弹性的影响及差异；异地流动父母的亲子关系类型及其组合对留守儿童心理弹性的影响及差异。

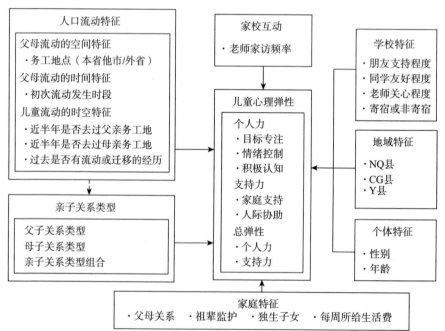

图6-1 人口异地流动背景下亲子关系类型影响留守儿童心理弹性的分析框架

对于异地流动的父母而言，受地理空间因素、往返交通成本因素和因私请假成本因素的制约，他们通常无法像就地就近流动的父母那样方便回家与留守的子女团聚。因此，在分析父母流动的时间特征影响时，将不再纳入父母"回家频率"变量。

同时，由于务工地点离家较远严重制约了异地流动父母的教育卷入方式与程度，他们通常无法像就地就近流动的父母那样亲自去学校参加家长会。因此，在分析家校互动的影响时，将不再纳入"父母参加家长会"变量。

此外，对于父母异地流动的留守儿童来说，同辈群体中朋友的支持极有可能影响其心理弹性。因此，本章特别控制了"朋友支持程度"变量。

三　数据来源

本章所用数据来自西安交通大学公共政策与管理学院"新型城镇化与可持续发展课题组"于 2015 年在河南省平顶山市 Y 县和 2016 年在陕西省汉中市 CG 县与 NQ 县实施的中小学生问卷调查。

本章所用数据的选取标准是父母均在本市范围以外务工的农村留守儿童。城镇化背景下人口流动主要有就地就近流动和异地流动两种模式。本研究根据人口流动的性别特征（父母）和空间特征（务工地点）对农村留守儿童进行群体划分，以期揭示两种不同人口流动模式及城镇化背景的影响差异。

根据研究目标，本章从"三县合库数据"中选取父母均在本市以外务工（异地流动）的农村留守儿童为研究对象。该类父母的务工地点分布情况见表 6 – 1；所选样本的基本分布情况见表 6 – 2。

表 6 – 1　异地流动父母的务工地点分布情况

单位：人

务工地点	母亲在本省其他市务工	母亲在省外务工
父亲在本省其他市务工	102	16
父亲在省外务工	26	502

表 6 - 2　样本分布情况

单位：人，%

变量	频数	频率
性别（女）	311	48.14
男	335	51.86
年级（七年级）	213	32.97
八年级	231	35.76
九年级	202	31.27
独生子女（否）	481	74.46
是	165	25.54
学校类型（非寄宿）	253	39.16
寄宿	393	60.84
地域（NQ县）	197	30.50
CG县	146	22.60
Y县	303	46.90

四　变量测量

1. 因变量

本章的因变量为父母异地流动的留守儿童的心理弹性。为了能够与父母就地就近流动的留守儿童进行比较，本章中因变量的测量工具依然选用胡月琴和甘怡群（2008）编制的青少年心理弹性量表。

该量表是以心理弹性过程模型为理论基础而开发的。心理弹性过程模型兼顾了心理弹性的结果性定义和特质性定义，并且考虑了中国文化情境下儿童心理弹性的独特性，更适用于我国中学生群体，具有令人满意的信效度（刘红升、靳小怡，2018；张丽敏、田浩，2014）。

该量表共有 27 个问题，分为个人力因子和支持力因子，均采用 5 级评分（1 = 完全不符；2 = 比较不符；3 = 说不清；4 = 比较符合；5 = 完全符合）。

个人力因子具体包括目标专注、情绪控制和积极认知三个维度。个人力因子得分为目标专注、情绪控制和积极认知三个维度得分之和，分数越高，说明个人力越强。

支持力因子具体包括家庭支持和人际协助两个维度。支持力因子得分为家庭支持和人际协助两个维度的得分之和，分数越高，说明支持力越强。

心理弹性的总得分（总弹性）为个人力因子和支持力因子的得分之和，得分越高，说明其心理弹性越强。

本章中，目标专注、情绪控制、积极认知、家庭支持和人际协助五个维度的 Cronbach's α 系数分别为 0.702、0.617、0.683、0.616 和 0.663；个人力因子和支持力因子的 Cronbach's α 系数分别为 0.748 和 0.714；心理弹性总量表的 Cronbach's α 系数为 0.819。上述所有信度均在可接受范围之内。

本章中因变量的描述性统计结果见表 6-3。数据显示，该类儿童心理弹性总分均值为 91.62，占满分（135）的 67.867%，仅处于"及格"水平。从心理弹性的内部结构来看，该类儿童心理弹性的个人力因子得分均值为 51.15，占满分（75）的 68.200%，支持力因子得分均值为 40.46，占满分（60）的 67.433%。可见，该类儿童个人力和支持力的基本现状几乎没有差异，说明其心理弹性总体水平不容乐观并非某个因子过低所致，而是两个因子普遍不高的结果。

表 6-3　因变量的描述性统计结果

变量	释义与赋值	样本量	均值	标准差
目标专注	连续变量 [5, 25]	637	16.95	3.643
情绪控制	连续变量 [6, 30]	633	19.99	4.119
积极认知	连续变量 [4, 20]	635	14.12	3.195
个人力	连续变量 [15, 75]	615	51.15	7.932
家庭支持	连续变量 [6, 30]	628	20.66	4.026
人际协助	连续变量 [6, 30]	629	19.82	4.503
支持力	连续变量 [12, 60]	616	40.46	6.986
心理弹性	连续变量 [27, 135]	591	91.62	13.01

2. 自变量

（1）人口流动特征

以往相关研究仅仅关注外出务工父母的流动类型和流动时长对留守儿

童心理弹性的影响，忽略了儿童生命历程中父母流动的时间特征及儿童自身的流动经历。本研究从生命历程的视角引入了人口流动特征变量，全面考察异地流动父母及其子女当前和过去的流动特征对留守儿童心理弹性的影响。

①父母流动的空间特征。父母流动的空间特征主要通过流动距离来测量，具体采用务工地点来代替，以反映父母流动的空间特征。测量父母务工地点的问题是：父母在哪里工作？选项为：本村；本乡/本镇；本县；本市；本省；外省；不知道。被试需要先填答父亲的信息，再填答母亲的信息。由于本章的分析对象是父母不在本市范围内务工的留守儿童，所以父母务工地点仅包括两种情况：本省他市和外省。

需要特别说明的是，父母流动的空间特征存在性别上和时间上的多样性与复杂性，即父亲过去不同时间的流动距离可能存在变化或差异，母亲过去不同时间的流动距离也可能存在变化或差异，父亲和母亲之间在过去不同时间的流动距离方面存在多种组合，而让调查对象在短时间内通过回忆来准确提供上述信息的难度极大，纵使勉强提供，相关信息的信度也可能不高。因此，本研究中父母流动的空间特征暂且仅以他们当前的流动距离来测量。未来针对流动父母的调查中可设计过去流动距离类题项。

②父母流动的时间特征。人口流动的时间特征主要是从儿童出生到调查时父亲、母亲以及儿童自身的流动经历。在问卷中，被试需要按照年龄顺序依次提供父亲、母亲和自己在不同年龄时点的流动状态，备选项包括：1＝在家乡；2＝在外地；3＝不清楚。据此判断人口流动的时间特征。

以往个别研究虽然关注了父母流动时长对留守儿童心理健康的影响，但却忽略了亲子分离时留守儿童的年龄的作用。因此，本研究特别纳入父母"初次流动发生时段"变量。为了确保将尽可能多的流动信息纳入分析，并能够与父母就地就近流动的留守儿童进行比较，本章仍把儿童从出生后到调查时划分为三个阶段：1~3岁（婴幼儿）、4~6岁（学龄前）、7~10岁（小学阶段）。如果父亲/母亲的初次流动发生在儿童某个年龄段，则记为"是"；如果没有，则记为"否"。

需要特别说明的是，放弃就地就近务工而选择异地务工的父母通常是为了获得更高的报酬。与此同时，由于务工地点离家较远，往返所需费用较多，所用时间较长，加之因私请长假难度较大、代价较高，所以异地流动的父母往往无法像就地就近流动的父母那样回家与留守的子女团聚。因此，本章在分析父母流动的时间特征时，将不再纳入"回家频率"变量。

③儿童流动的时空特征。儿童流动的空间特征主要通过近半年内的探亲经历来测量，问题是：你是否去过爸/妈工作的地方？选项为：是，去那里上学；是，去那里玩儿；否。由于本研究并不关注儿童去父母务工地的具体原因，所以在具体分析时，"是，去那里上学"和"是，去那里玩儿"被合并编码为"是"，"否"依然为"否"。

儿童流动的时间特征主要通过曾经是否具有流动或迁移的经历来测量，具体测量问题及选项处理与第五章相同。如果儿童在 1 ~ 10 岁曾经具有跟随父母在外地生活或学习的经历，则记为"是"；如果没有，则记为"否"。

表 6 - 4 提供了本章所有纳入回归分析的人口流动特征的描述性统计分析结果。

首先，在父母异地流动的留守儿童中，父亲在外省务工的比例为81.73%，母亲在外省务工的比例为80.19%，父母在本省其他市务工者所占的比例较小。异地流动父母务工地点分布的均衡性与就地就近流动父母有明显的区别。

其次，父亲初次流动发生在子女 1 ~ 3 岁、4 ~ 6 岁和 7 ~ 10 岁的比例分别为 59.70%、69.37% 和 78.04%，而母亲初次流动发生在子女 1 ~ 3 岁、4 ~ 6 岁和 7 ~ 10 岁的比例分别为 41.21%、57.97% 和 69.30%。可见，父母初次流动发生率随着子女年龄的增长而上升；子女各个年龄段里父亲初次流动发生率均高于母亲；在子女各个年龄段里异地务工父母的初次流动发生率均高于就地就近务工父母。

最后，在近半年里去过父亲务工地点的留守儿童占 53.10%，去过母亲务工地点的留守儿童占 57.68%，这反映了母子之间的互动可能多于父子；过去曾有流动或迁移经历的留守儿童占 32.04%，这明显高于父母就地就近流动的留守儿童。

表 6 - 4　人口流动特征的描述性统计结果

单位：人，%

变量	释义与赋值	频数	频率
父亲流动的空间特征			
务工地点	本省他市 = 0	118	18.27
	外省 = 1	528	81.73
父亲流动的时间特征			
初次流动发生时段			
子女 1~3 岁	否 = 0	218	40.30
	是 = 1	323	59.70
子女 4~6 岁	否 = 0	181	30.63
	是 = 1	410	69.37
子女 7~10 岁	否 = 0	132	21.96
	是 = 1	469	78.04
母亲流动的空间特征			
务工地点	本省他市 = 0	128	19.81
	外省 = 1	518	80.19
母亲流动的时间特征			
初次流动发生时段			
子女 1~3 岁	否 = 0	291	58.79
	是 = 1	204	41.21
子女 4~6 岁	否 = 0	219	42.03
	是 = 1	302	57.97
子女 7~10 岁	否 = 0	171	30.70
	是 = 1	386	69.30
儿童流动的空间特征			
近半年是否去过父亲务工地	否 = 0	303	46.90
	是 = 1	343	53.10
近半年是否去过母亲务工地	否 = 0	248	42.32
	是 = 1	338	57.68
儿童流动的时间特征			
过去是否有流动或迁移的经历	否 = 0	439	67.96
	是 = 1	207	32.04

（2）亲子关系类型

以往研究中尚未见探讨亲子关系类型对留守儿童心理弹性的影响差异者，而不同的亲子关系类型可能对留守儿童的心理弹性有不同的影响。本章将重点关注异地流动父母与子女之间不同的亲子关系类型对留守儿童心理弹性的影响差异。

具体而言，异地流动父母的亲子关系类型变量也是基于亲子关系重要维度的现实特征、运用潜在类别分析方法来进行识别、生成和命名的（详见第四章）。

本章纳入回归分析的亲子关系类型的描述性统计结果见表6-5。

表6-5　亲子关系类型的描述性统计结果

单位：人，%

亲子关系类型	频数	频率
父子关系类型		
亲密且强功能型	100	15.80
亲近却无功能型	209	33.02
中间型	92	14.53
疏远但强功能型	50	7.90
疏离且弱功能型	182	28.75
母子关系类型		
亲密且强功能型	172	27.26
亲近却无功能型	178	28.21
中间型	65	10.30
疏远但强功能型	72	11.41
疏离且弱功能型	144	22.82

（3）亲子关系类型组合

通常，儿童在家庭中会受到父亲和母亲的共同影响。换言之，父亲和母亲共同影响儿童的身心健康发展。以往研究却极少关注父母对留守儿童心理弹性的共同影响。在分析父子关系类型和母子关系类型对留守儿童心理弹性的不同影响之后，本章也将引入亲子关系类型组合变量，分析异地流动父母的亲子关系类型组合对留守儿童心理弹性的影响，以考察父母对留守儿童心理弹性的共同影响。

为了生成亲子关系类型组合变量，首先，交叉分析异地流动父母与其子女的亲子关系类型，共生成 25 种亲子关系类型组合（见表 6-6）。其次，为确保纳入回归分析的各种亲子关系类型组合在总体中所占的比例尽量达到 5%，提高亲子关系类型组合的代表性和结论的适用性，删除了占比过小的类型组合（表 6-6 中斜体字所标识的）。

表 6-6 亲子关系类型的交叉分析（频数）

亲子关系类型	亲密且 强功能型	亲近却 无功能型	中间型	疏远但 强功能型	疏离且 弱功能型	总 计
亲密且强功能型	35	53	2	3	6	99
亲近却无功能型	94	90	17	3	4	208
中间型	24	20	42	0	6	92
疏远但强功能型	3	8	1	16	22	50
疏离且弱功能型	16	7	3	50	106	182
总计	172	178	65	72	144	631

最后，为了方便与就地就近流动父母的亲子关系类型组合进行比较，在对新生成的亲子关系类型组合进行命名与赋值时，尽量采用就地就近流动父母的亲子关系类型组合的命名与赋值方法。

需要说明的是，为了能够与就地就近流动父母的亲子关系类型组合进行充分比较，在异地流动父母中，"父亲中间型-母亲亲密且强功能型"的亲子关系类型组合得以保留下来，尽管其所占比例尚未达到 5%。

本章回归分析中亲子关系类型组合的描述性统计结果见表 6-7。

表 6-7 亲子关系类型组合的描述性统计结果

亲子关系类型组合	赋值	频数（人）	频率（%）
双亲亲密且强功能型	1	35	7.09
父亲亲密且强功能型-母亲亲近却无功能型	2	53	10.73
父亲亲近却无功能型-母亲亲密且强功能型	3	94	19.03
父亲中间型-母亲亲密且强功能型	4	24	4.86
双亲中间型	5	42	8.50
双亲亲近却无功能型	6	90	18.22
父亲疏离且弱功能型-母亲疏远但强功能型	7	50	10.12
双亲疏离且弱功能型	8	106	21.46
总计		494	100.00

3. 控制变量

基于相关文献回顾，结合留守儿童特征，本章的回归分析中控制了以下五类变量。

①个人特征，包括留守儿童的性别和年龄，其中，年龄是通过"调查执行年份"减去"被试出生年份"计算出来的。

②家庭特征，包括父母关系，通过询问被试父母的吵架频率来判断，如果被试选择"从不吵"，则记为"好"，否则记为"不好"；祖辈监护，通过分别询问近半年里爷爷/奶奶、外公/外婆是否住在被试家里来判断，如果近半年里任意祖辈住在被试家里，则记为"是"，否则记为"否"；独生子女，测量问题为"你父母现在共有几个孩子"，如果被试填写"1"，则记为"是"，否则记为"否"；每周所给生活费，测量问题为"你平均每周有多少生活费"，如果被试填写"0"，则记为"无"，否则记为"有"。

③学校特征，包括朋友支持程度，通过感悟社会支持量表中"感悟朋友支持"维度来测量，属于连续变量，维度得分越高，说明其朋友支持程度越高；同学友好程度，问题为"你觉得同学对你友好吗"，选项依次为都友好、大多数友好、一半左右友好、大多数不友好和都不友好，属于有序变量，进行反向五级计分；老师关心程度，问题为"你觉得老师们关心你吗"，选项依次为都关心、大多数关心、一半左右关心、大多数不关心和都不关心，属于有序变量，进行反向五级计分；学校类型，通过"住校生"部分问题是否填答来判断是否为寄宿制学校。

④家校互动，由于受地理空间因素、往返交通成本因素和因私请假成本因素的制约，异地流动的父母通常无法像就地就近流动的父母那样参加家长会，但老师依然可以对父母异地流动的留守儿童进行家访，所以在家校互动方面仅考察老师家访频率的作用。具体测量问题为"老师到你家里做家访吗"，其选项为经常、有时、从不，依次赋值为2、1、0。

⑤地域特征，即该类儿童是否属于 CG 县、NQ 县和 Y 县。

本章纳入回归分析的控制变量的描述性统计结果见表 6-8。

表 6－8　控制变量的描述性统计结果

变量	释义与赋值	样本量	频率（%）	均值	标准差
个人特征					
性别	女＝0	311	48.14		
	男＝1	335	51.86		
年龄（岁）	连续变量［7，16］	645		13.44	1.112
家庭特征					
父母关系	不好＝0	469	75.89		
	好＝1	149	24.11		
祖辈监护	否＝0	124	20.95		
	是＝1	468	79.05		
独生子女	否＝0	481	74.46		
	是＝1	165	25.54		
每周所给生活费	无＝0	33	5.14		
	有＝1	609	94.86		
学校特征					
朋友支持程度	连续变量［4，28］	629		18.86	5.280
同学友好程度	有序变量［1，5］	642		4.11	0.749
老师关心程度	有序变量［1，5］	643		4.15	0.997
学校类型	非寄宿＝0	253	39.16		
	寄宿＝1	393	60.84		
家校互动					
老师家访频率	从不＝0	33	5.14		
	有时＝1	125	19.47		
	经常＝2	484	75.39		
地域特征					
儿童所属县域	CG 县	146	22.60		
	NQ 县	197	30.50		
	Y 县	303	46.90		

五　研究方法

本章的研究思路、内容和方法为：首先，通过相关分析来检验异地流动父母的亲子关系类型与留守儿童心理弹性之间的相关情况；其次，通过多元线性回归模型来分析异地流动父母的亲子关系类型及其组合对留守儿童心理弹性个人力因子的影响；再次，通过多元线性回归模型来分析异地流动父母的亲子关系类型及其组合对留守儿童心理弹性支持力因子的影响；最后，通过多元线性回归模型来分析异地流动父母的亲子关系类型及其组合对留守儿童总弹性的影响。

第二节　人口异地流动下亲子关系类型与留守儿童心理弹性的相关性

在具体分析异地流动父母的亲子关系类型及其组合对留守儿童心理弹性的影响前，本节首先检验了异地流动父母的亲子关系类型与留守儿童的心理弹性之间的相关性情况（见表 6-9）。

一　亲子关系类型与留守儿童心理弹性个人力的相关性情况

数据显示，在异地流动父母中，"亲密且强功能型"父子关系和"亲近却无功能型"父子关系与留守儿童心理弹性个人力之间均存在显著正向相关关系，而"疏离且弱功能型"父子关系与留守儿童心理弹性个人力之间存在显著负向相关关系；"亲密且强功能型"母子关系与留守儿童心理弹性个人力之间存在显著正向相关关系，"疏离且弱功能型"母子关系与留守儿童心理弹性个人力之间存在显著负向相关关系。

据此推断，"亲密且强功能型"亲子关系可能有利于留守儿童心理弹性个人力水平的提升，而"疏离且弱功能型"亲子关系则可能不利于留守儿童心理弹性个人力水平的提升；留守儿童心理弹性个人力水平受到的来自父子关系的影响可能更大。

二　亲子关系类型与留守儿童心理弹性支持力的相关性情况

数据显示，在异地流动父母中，"亲密且强功能型"父子关系和"亲近却无功能型"父子关系与留守儿童心理弹性支持力之间均存在显著正向相关关系，而"疏离且弱功能型"父子关系与支持力之间存在显著负向相关关系；"亲密且强功能型"和"亲近却无功能型"母子关系与留守儿童心理弹性支持力之间均存在显著正向相关关系,而"疏远但强功能型"和"疏离且弱功能型"母子关系与支持力之间均存在显著负向相关关系。

据此推断,"亲密且强功能型"和"亲近却无功能型"亲子关系均可能有利于留守儿童心理弹性支持力水平的提升,而"疏离且弱功能型"亲子关系不利于留守儿童心理弹性支持力水平的提升;留守儿童心理弹性支持力水平可能受母子关系的影响更大。

三 亲子关系类型与留守儿童总弹性的相关性情况

数据显示,在异地流动父母中,"亲密且强功能型"父子关系和母子关系、"亲近却无功能型"父子关系和母子关系与留守儿童总弹性均呈显著正向相关关系;"疏离且弱功能型"父子关系和母子关系与留守儿童总弹性均呈显著负向相关关系;"疏远但强功能型"母子关系与留守儿童总弹性也呈显著负向相关关系。

据此推断,"亲密且强功能型"和"亲近却无功能型"亲子关系均可能有利于留守儿童总弹性的提升,"疏离且弱功能型"亲子关系可能不利于留守儿童总弹性的提升;留守儿童总弹性可能受母子关系的影响更大。

此外,在异地流动父母中,"中间型"和"疏远但强功能型"父子关系及"中间型"母子关系与留守儿童心理弹性之间不存在显著相关关系。据此,从促进留守儿童心理弹性水平提升的角度来看,在异地流动父母中,属"中间型"亲子关系者应尽量向"亲近却无功能型"和"亲密且强功能型"亲子关系蜕变。

表6-9 异地流动父母亲子关系类型与留守儿童心理弹性的相关分析结果

变量	父子关系类型					母子关系类型				
	亲密且强功能型	亲近却无功能型	中间型	疏远但强功能型	疏离且弱功能型	亲密且强功能型	亲近却无功能型	中间型	疏远但强功能型	疏离且弱功能型
个人力	0.102 *	0.083 *	0.003	0.001	-0.170 **	0.127 **	0.035	-0.007	-0.050	-0.130 **
支持力	0.157 **	0.116 **	0.039	-0.018	-0.269 **	0.172 **	0.121 **	0.004	-0.108 **	-0.236 **
总弹性	0.138 **	0.121 **	0.026	-0.005	-0.254 **	0.165 **	0.100 *	0.002	-0.090 *	-0.217 **

注:** 和 * 分别表示相关性在 0.01 和 0.05 水平上显著(双尾)。

第三节　人口异地流动下亲子关系类型
对留守儿童个人力的影响

本节旨在揭示异地流动父母的亲子关系类型对留守儿童心理弹性个人力的影响，分析策略为：第一，分析个人特征、家庭特征、学校特征、家校互动和地域特征对留守儿童个人力的影响（模型1）；第二，在模型1的基础上纳入父母和儿童当前和过去流动的时空特征变量，旨在分析人口流动对留守儿童个人力的影响（模型2）；第三，在模型2的基础上纳入父子关系类型变量，旨在揭示父子关系类型对留守儿童个人力的独立影响（模型3）；第四，在模型2的基础上纳入母子关系类型变量，以揭示母子关系类型对留守儿童个人力的独立影响（模型4）；第五，在模型2的基础上同时纳入父子关系类型和母子关系类型变量，以揭示父子关系类型和母子关系类型对留守儿童个人力的影响差异（模型5）；第六，在模型2的基础上纳入父母双方的亲子关系类型组合变量，旨在揭示父母的亲子关系类型对留守儿童个人力的共同影响（模型6）。上述六大回归模型的分析结果见表6-10。

一　人口流动特征对留守儿童个人力的影响

由模型1的分析结果可见，个人特征中，性别和年龄对留守儿童个人力均无显著影响。家庭特征中，父母关系对留守儿童个人力有显著的影响，父母关系好有利于留守儿童个人力的提升；祖辈监护、独生子女、每周所给生活费对留守儿童个人力均无显著影响，这意味着祖辈和兄弟姐妹可能并非留守儿童个人力的影响因素，异地流动父母企图通过多给生活费来弥补外出务工所带来的遗憾并不能显著提升留守儿童个人力。学校特征中，朋友支持程度和老师关心程度对留守儿童个人力均有显著的正向影响，朋友支持程度越高，越有利于留守儿童个人力的提升，老师关心程度越高，越有利于留守儿童个人力的提升；同学友好程度和学校类型对留守儿童个人力均无显著影响。家校互动方面，老师家访频率对留守儿童个人力有显著影响，相较于老师从不进行家访，老师有时进行家访可以显著提升留守儿童个人力，老师经常进行家访却不能显著提升留守儿童个人力。通过进一步比较发现，朋友支持程度、老师关心程度、老师有时家访和父母关系对留守儿童个人力的影响呈现由大到小的特征。此外，地域特征对留守儿童个人力无显著影响。

由模型 2 的分析结果可见，异地流动父母的人口流动特征中，无论是当前流动的空间特征，还是过去流动的时间特征，或是留守儿童自身近半年的访亲事件和过去的流迁经历，对留守儿童心理弹性的个人力均无显著影响。这可能是因为儿童心理弹性的个人力更多地受自身因素的影响。

通过比较模型 2 和模型 1 的分析结果发现，在纳入各类人口流动特征变量后，朋友支持程度对留守儿童个人力的影响变大，而老师关心程度和老师有时家访对留守儿童个人力的影响变小。这在某种意义上反映了人口异地流动背景下来自朋友的支持对留守儿童个人力的提升具有更为重要的现实意义。

二 亲子关系类型对留守儿童个人力的影响

1. 父子关系类型对留守儿童个人力的影响

由模型 3 的分析结果可见，在控制了个人特征、家庭特征、学校特征、家校互动、地域特征和人口流动的时空特征等变量后，在异地流动父母中，"亲近却无功能型"和"疏远但强功能型"父子关系对留守儿童个人力均有显著的正向影响，相较于"疏离且弱功能型"父子关系，"亲近却无功能型"和"疏远但强功能型"父子关系均可以显著提升留守儿童个人力；通过进一步比较发现，"亲近却无功能型"父子关系对留守儿童个人力的显著影响大于"疏远但强功能型"父子关系。这说明父子之间亲近的情感依恋和经常性联系沟通，或者父亲强韧的教养辅助均有利于留守儿童个人力的提升。此外，在异地流动父母中，其他类型的父子关系对留守儿童个人力均无显著影响。

通过比较模型 3 和模型 2 的分析结果发现，在纳入父子关系类型变量之后，朋友支持程度和老师有时家访对留守儿童个人力的显著影响均变大，老师关心程度和父母关系对留守儿童个人力的显著影响变小。这在某种程度上说明，在人口异地流动背景下，父子关系类型是影响留守儿童个人力的重要因素，来自朋友的高度支持和家校之间适时的互动更有利于留守儿童个人力的提升；来自老师的高度关心和父母之间良好的关系也有利于留守儿童个人力的提升，但是其提升作用均有所减弱。

2. 母子关系类型对留守儿童个人力的影响

由模型 4 的分析结果可见，在控制了个人特征、家庭特征、学校特征、家校互动、地域特征和人口流动的时空特征等变量后，异地流动父母中，"亲密且强功能型"母子关系对留守儿童个人力有显著正向影响；相较于"疏离且弱功能型"母子关系，"亲密且强功能型"母子关系可显著提升留守儿童个人力。其他类型的母子关系对留守儿童个人力均无显著影响。

通过比较模型 4 和模型 2 的分析结果发现，在纳入母子关系类型变量之后，朋友支持程度对留守儿童个人力的显著影响有所增强，老师有时家访的显著影响有所减弱，而老师关心程度的影响则变得不再显著。这进一步说明，在人口异地流动背景下，母子关系类型是影响留守儿童个人力的因素，但是来自朋友的支持对留守儿童个人力的影响更加强烈。

3. 亲子关系类型对留守儿童个人力的影响差异

为了比较父子关系类型和母子关系类型对留守儿童个人力的影响差异，在控制了个人特征、家庭特征、学校特征、家校互动、地域特征和人口流动的时空特征等变量后，同时纳入父子关系类型和母子关系类型变量到回归模型 5 中。由结果可见，异地流动父母中，"疏远但强功能型"父子关系对留守儿童个人力有显著影响，相较于"疏离且弱功能型"父子关系，"疏远但强功能型"父子关系可以显著提升留守儿童的个人力；母子关系类型对留守儿童个人力无显著影响。这说明，对于父母异地流动的留守儿童来说，其心理弹性的个人力水平主要受到父子关系类型的显著影响。

通过比较模型 5 和模型 2 的分析结果发现，在同时纳入父子关系类型和母子关系类型变量之后，朋友支持程度和老师有时家访对留守儿童个人力的显著影响变大了，老师关心程度对留守儿童个人力的显著影响变小了，父母关系对留守儿童个人力的影响却不再显著。这在很大程度上说明，在人口异地流动背景下，亲子关系类型是影响留守儿童个人力的重要因素，来自朋友的高度支持和家校之间适时的互动更加有利于留守儿童个人力的提升；虽然老师的高度关心也有利于留守儿童个人力的提升，但是其提升作用有所减弱。

三 亲子关系类型组合对留守儿童个人力的影响

为探讨父子关系和母子关系对留守儿童个人力的共同影响,在控制了个人特征、家庭特征、学校特征、家校互动、地域特征和人口流动的时空特征等变量后,我们纳入亲子关系类型组合变量到回归模型6中。

由结果可见,异地流动父母中,相较于"双亲疏离且弱功能型"组合,"父亲亲近却无功能型 – 母亲亲密且强功能型"的亲子关系类型组合对留守儿童的个人力水平有显著正向影响。这说明,对于异地流动父母而言,父母双方与子女均保持强烈的情感依恋和良好的联系沟通,母亲经常督促和帮助子女,有利于提升留守儿童的个人力水平。

比较模型6和模型2的分析结果后发现,当考察父母的亲子关系类型组合对留守儿童个人力的共同影响时,父亲的流动特征对留守儿童个人力有了显著影响,相较于父亲在本省他市务工,父亲在外省务工对留守儿童的个人力有显著的负向影响,这启示异地务工父母除了应该重视亲子关系类型的调适与组合之外,父亲还应该注意尽量避免到省外务工;朋友支持程度对留守儿童个人力的显著影响变得更大了,老师关心程度和老师有时家访对留守儿童个人力的影响却变得不再显著了。这再次说明,在人口异地流动背景下,父母的亲子关系类型组合影响留守儿童的个人力;朋友支持程度对留守儿童个人力具有更为显著、更为强烈的影响。

表 6 – 10　异地流动父母的亲子关系类型对留守儿童个人力的回归分析结果

变量	模型 1 (Beta)	模型 2 (Beta)	模型 3 (Beta)	模型 4 (Beta)	模型 5 (Beta)	模型 6 (Beta)
个人特征						
性别（女）	- 0.035	- 0.034	- 0.040	- 0.022	- 0.036	- 0.024
年龄	- 0.031	- 0.050	- 0.054	- 0.049	- 0.055	- 0.043
家庭特征						
父母关系（不好）	0.090 *	0.096 +	0.088 +	0.083	0.084	0.084
祖辈监护（否）	- 0.043	- 0.042	- 0.055	- 0.043	- 0.047	- 0.098
独生子女（否）	0.066	0.059	0.060	0.053	0.058	0.124 +
每周所给生活费（无）	- 0.017	0.023	0.018	0.021	0.015	0.014

续表

变量	模型 1（Beta）	模型 2（Beta）	模型 3（Beta）	模型 4（Beta）	模型 5（Beta）	模型 6（Beta）
学校特征						
朋友支持程度	0.280 ***	0.320 ***	0.322 ***	0.330 ***	0.327 ***	0.381 ***
同学友好程度	0.052	-0.004	-0.025	-0.019	-0.025	-0.031
老师关心程度	0.149 ***	0.134 *	0.105 +	0.098	0.104 +	0.097
学校类型（非寄宿）	-0.026	-0.046	-0.051	-0.045	-0.051	-0.067
家校互动						
老师家访频率（从不）						
有时	0.126 **	0.094 +	0.111 *	0.091 +	0.104 +	0.072
经常	-0.005	-0.006	-0.002	-0.002	0.005	-0.009
地域特征（NQ 县）						
CG 县	0.001	-0.014	0.001	-0.007	0.016	0.037
Y 县	0.040	0.010	0.024	0.011	0.035	0.048
父亲流动的空间特征						
务工地点（本省他市）						
外省		-0.052	-0.054	-0.067	-0.057	-0.206 +
父亲流动的时间特征						
初次流动发生时段						
子女 1~3 岁（否）		0.034	0.014	0.022	0.017	0.067
子女 4~6 岁（否）		-0.013	0.003	-0.019	-0.011	-0.132
子女 7~10 岁（否）		0.065	0.046	0.073	0.051	0.154
母亲流动的空间特征						
务工地点（本省他市）						
外省		-0.065	-0.066	-0.040	-0.053	0.089
母亲流动的时间特征						
初次流动发生时段						
子女 1~3 岁（否）		0.011	0.031	0.034	0.032	-0.057

变量	模型 1（Beta）	模型 2（Beta）	模型 3（Beta）	模型 4（Beta）	模型 5（Beta）	模型 6（Beta）
子女 4～6 岁（否）		-0.018	-0.010	-0.007	0.001	0.082
子女 7～10 岁（否）		0.013	0.013	0.014	0.014	-0.042
儿童流动的时空特征						
近半年是否去过父亲务工地（否）		0.031	-0.009	0.003	-0.004	-0.073
近半年是否去过母亲务工地（否）		0.001	0.019	0.014	0.012	0.022
过去是否有流动或迁移的经历（否）		0.028	0.050	0.047	0.054	0.022
父子关系类型						
亲密且强功能型			0.042		0.030	
亲近却无功能型			0.141 *		0.110	
中间型			0.059		0.045	
疏远但强功能型			0.108 +		0.114 +	
疏离且弱功能型			/		/	
母子关系类型						
亲密且强功能型				0.124 +	0.084	
亲近却无功能型				0.018	-0.023	
中间型				0.050	0.028	
疏远但强功能型				-0.010	-0.021	
疏离且弱功能型				/	/	
亲子关系类型组合						
双亲亲密且强功能型						0.087
父亲亲密且强功能型 - 母亲亲近却无功能型						-0.021
父亲亲近却无功能型 - 母亲亲密且强功能型						0.143 +
父亲中间型 - 母亲亲密且强功能型						0.085
双亲中间型						-0.036

续表

变量	模型 1 （Beta）	模型 2 （Beta）	模型 3 （Beta）	模型 4 （Beta）	模型 5 （Beta）	模型 6 （Beta）
双亲亲近却无功能型						0.034
父亲疏离且弱功能型－母亲疏远但强功能型						− 0.063
双亲疏离且弱功能型						/
R^2	0.172	0.193	0.203	0.199	0.212	0.286
Adj. R^2	0.149	0.130	0.128	0.124	0.126	0.184
F	7.664 ***	3.055 ***	2.702 ***	2.634 ***	2.466 ***	2.812 ***
样本量	531	344	336	336	336	257

注：小括号内为参照项；/为参照项；*** $p < 0.001$，** $p < 0.01$，* $p < 0.05$，+ $p < 0.1$。

第四节　人口异地流动下亲子关系类型对留守儿童支持力的影响

本节将揭示异地流动父母的亲子关系类型对留守儿童支持力的影响，分析策略如下。

第一，首先分析个人特征、家庭特征、学校特征、家校互动和地域特征对留守儿童支持力的影响（模型 1）。

第二，在模型 1 的基础上纳入父母和儿童当前和过去流动的时空特征，以分析人口流动对留守儿童支持力的影响（模型 2）。

第三，在模型 2 的基础上纳入父子关系类型，旨在揭示父子关系类型对留守儿童支持力的独立影响（模型 3）。

第四，在模型 2 的基础上纳入母子关系类型，旨在揭示母子关系类型对留守儿童支持力的独立影响（模型 4）。

第五，在模型 2 的基础上同时纳入父子关系类型和母子关系类型，旨在比较父子关系类型和母子关系类型对留守儿童支持力的影响差异（模型 5）。

第六，在模型 2 的基础上纳入父母的亲子关系类型组合，旨在分析父母的亲子关系类型对留守儿童支持力的共同影响（模型 6）。

六大回归模型的分析结果见表 6 – 11。

一　人口流动特征对留守儿童支持力的影响

由模型 1 的分析结果可见，个人特征因素中，性别对留守儿童支持力具有显著的负向影响，与女生相比，男生心理弹性的支持力明显较弱，这可能与女生通常较敏感、感悟支持的能力较强有关；年龄对留守儿童的支持力产生显著的负向影响，年龄越大，其支持力也越弱。

各类家庭特征因素中，父母关系对留守儿童的支持力具有显著的正向影响，相比父母关系不好的留守儿童，父母关系好的留守儿童支持力明显更强，这说明父母关系是影响留守儿童支持力的重要因素，父母关系的改善有利于留守儿童支持力的提升；祖辈监护对留守儿童的支持力具有显著的负向影响，与其他主体监护的留守儿童相比，由祖辈监护的留守儿童在支持力上明显更弱，这也反映了祖辈在提升留守儿童支持力方面心有余而力不足；独生子女对留守儿童的支持力具有显著的正向影响，与非独生子女相比，独生子女的支持力明显更强，这是因为非独生子女能够分得的家庭支持和人际协助通常会少于独生子女。每周所给生活费对留守儿童的支持力没有显著的影响。

各类学校特征因素中，朋友支持程度、同学友好程度和老师关心程度对留守儿童的支持力均有显著的正向影响，朋友越支持，同学越友好，老师越关心，留守儿童的支持力也越强；通过比较发现，老师关心程度对留守儿童支持力的影响最小，同学友好程度次之，朋友支持程度的影响最大，说明成人群体对留守儿童支持力的影响更小，同辈群体对留守儿童支持力的影响更大，且关系越近，其影响越大。此外，学校类型对留守儿童的支持力没有显著的影响。家校互动和地域特征对留守儿童支持力均无显著的影响。

由模型 2 的分析结果可见，在异地流动父母的人口流动特征中，无论是父亲当前流动的空间特征，还是过去流动的时间特征，对留守儿童心理弹性的支持力水平均无显著影响；母亲当前流动的空间特征对留守儿童心理弹性的支持力水平有显著影响，相比母亲在本省他市务工，母亲在外省务工对留守儿童心理弹性的支持力水平有显著负向影响，意味着母亲流动距离越远，对留守儿童心理弹性支持力水平的提升越不利；母亲过去流动的时间特征和留守儿童近半年的访亲事件及过去的流动经历对其支持力水平均无显著影响。

通过比较模型2和模型1的分析结果发现，在纳入人口流动特征变量之后，各类控制变量对留守儿童支持力的显著影响均发生了变化。

个人特征方面，在人口异地流动背景下，性别对留守儿童支持力的负向影响不再显著；年龄对留守儿童支持力的负向影响变大，这可能是因为母亲异地流动距离越远，年龄越大的留守儿童所能感受到来自母亲的支持越少。

家庭特征方面，相比非独生子女，独生子女感悟到的支持力水平更高了，这可能是因为独生子女感悟到的来自异地流动母亲的支持变多了，并且没有被兄弟姐妹分摊；祖辈监护和父母关系对留守儿童支持力的影响变得不再显著。

学校特征方面，朋友支持程度对留守儿童支持力的正向影响变大，对于母亲异地流动的留守儿童来说，来自朋友的支持更有利于其支持力水平的提升；同学友好程度对留守儿童支持力水平的正向影响变小，这可能是因为母亲异地流动的留守儿童更加需要来自成年人的关心，老师很可能成为其重要的非父母依恋对象；老师关心程度对留守儿童支持力的正向影响变大了，这印证了母亲异地流动的留守儿童更加需要来自成年人的关心，老师关心程度在留守儿童支持力水平提升上的意义也更为凸显，老师给予更多的关心可以大大提升留守儿童的支持力水平。可见，在人口异地流动背景下，对于母亲异地流动距离较远的留守儿童来说，与同学友好程度相比，老师关心程度和朋友支持程度越高，越有利于其支持力水平的提升。

地域特征方面，与NQ县留守儿童相比，Y县留守儿童心理弹性的支持力水平明显更高了，这主要是因为Y县异地流动父母占比较NQ县更大。

二 亲子关系类型对留守儿童支持力的影响

1. 父子关系类型对留守儿童支持力的影响

由模型3的分析结果可见，在控制了个人特征、家庭特征、学校特征、家校互动、地域特征和人口流动的时空特征等变量后，在异地流动父母中，父子关系类型对留守儿童心理弹性的支持力水平有显著影响。

相较于"疏离且弱功能型"父子关系,"亲近却无功能型"父子关系、"亲密且强功能型"父子关系、"疏远但强功能型"父子关系以及"中间型"父子关系对留守儿童心理弹性的支持力水平均有显著的正向影响,并且影响力呈由大到小的关系。这启示异地流动的父亲应该努力将与留守子女之间的关系逐渐转变为"亲密且强功能型"和"亲近却无功能型"。

通过比较模型 3 和模型 2 的分析结果发现,受父子关系类型的影响,年龄仍然能显著负向影响留守儿童心理弹性的支持力水平;独生子女、朋友支持程度、同学友好程度、老师关心程度仍然能显著正向影响留守儿童心理弹性支持力水平,但影响程度均有所减弱;相比 NQ 县留守儿童,CG 县和 Y 县留守儿童心理弹性的支持力水平明显更高;母亲异地流动距离仍然显著负向影响留守儿童心理弹性的支持力水平。

2. 母子关系类型对留守儿童支持力的影响

由模型 4 的分析结果可见,在控制了个人特征、家庭特征、学校特征、家校互动、地域特征和人口流动的时空特征等变量后,在异地流动父母中,母子关系类型对留守儿童心理弹性的支持力水平有显著影响。

相较于"疏离且弱功能型"母子关系,"亲密且强功能型"和"亲近却无功能型"母子关系对留守儿童的支持力水平均有显著的正向影响,"亲密且强功能型"母子关系的影响程度更大。这启示异地流动的母亲应该努力将与留守子女之间的关系逐渐转变为"亲近却无功能型"和"亲密且强功能型"。

通过比较模型 4 和模型 2 的分析结果发现,受母子关系类型的作用,年龄仍然能显著负向影响留守儿童心理弹性的支持力水平,但其影响力有所下降;独生子女和同学友好程度仍然能显著正向影响留守儿童心理弹性支持力水平,但其影响力有所降低;朋友支持程度仍然能显著正向影响留守儿童心理弹性支持力水平,并且影响力有所增强;老师关心程度不再显著正向影响留守儿童心理弹性支持力水平;母亲异地流动距离仍然显著负向影响留守儿童心理弹性的支持力水平。

可见,在人口异地流动背景下留守儿童心理弹性支持力受到的来自母亲和来自同辈的影响更为凸显。

通过比较模型 4 和模型 3 的分析结果发现,父子关系类型和母子关系类型对于留守儿童支持力的影响有相似之处。"亲密且强功能型"父子关系和母子关系，"亲近却无功能型"父子关系和母子关系，对留守儿童支持力均有显著的正向影响。

与此同时，父子关系类型和母子关系类型对留守儿童支持力的影响也有明显不同。"亲密且强功能型"父子关系的影响明显小于"亲近却无功能型"父子关系，"亲密且强功能型"母子关系的影响大于"亲近却无功能型"母子关系；"中间型"和"疏远但强功能型"父子关系对留守儿童支持力水平也有显著正向影响，而这两类母子关系的影响则未达到显著性水平。

3. 亲子关系类型对留守儿童支持力的影响差异

为了比较父子关系类型和母子关系类型对留守儿童支持力的影响，在控制了个人特征、家庭特征、学校特征、家校互动、地域特征和人口流动的时空特征等变量之后，我们同时纳入父子关系类型变量和母子关系类型变量到回归模型 5 中。

结果显示，异地流动父母中，父子关系类型和母子关系类型对留守儿童心理弹性的支持力水平均有显著影响。

相较于"疏离且弱功能型"亲子关系，"亲密且强功能型"父子关系和母子关系对留守儿童心理弹性的支持力水平均有显著的正向影响，"亲密且强功能型"母子关系的影响明显更大。相较于"疏离且弱功能型"父子关系，"疏远但强功能型"父子关系对留守儿童心理弹性的支持力水平也有显著的正向影响，"疏远但强功能型"母子关系却没有显著的影响。

通过比较模型 5 和模型 2 的分析结果发现，受亲子关系类型的影响，独生子女、朋友支持程度、同学友好程度、老师关心程度对留守儿童心理弹性支持力水平的正向影响程度均有所减弱，母亲异地流动距离对留守儿童心理弹性支持力水平的负面影响却有所增强，身为 CG 县儿童和 Y 县儿童的正向影响程度也有所增强。

综合分析模型 2、模型 3、模型 4 和模型 5 之后发现，留守儿童心理弹性的支持力水平受到了年龄、兄弟姐妹数量、朋友支持程度、同学友好程度、老师关心程度、地域特征、母亲流动的空间特征、亲子关系类型等诸多因素的综合影响，且诸因素的影响之间关系较为复杂。

三 亲子关系类型组合对留守儿童支持力的影响

在控制了个人特征、家庭特征、学校特征、家校互动、地域特征和人口流动的时空特征等变量后，纳入亲子关系类型组合变量到回归模型6中，用以揭示父子关系和母子关系对留守儿童心理弹性支持力的共同影响。

结果显示，异地流动父母中，相较于"双亲疏离且弱功能型"组合，"父亲亲近却无功能型 - 母亲亲密且强功能型"、"父亲亲密且强功能型 - 母亲亲近却无功能型"、"双亲亲密且强功能型"、"双亲中间型"和"双亲亲近却无功能型"的亲子关系类型组合对留守儿童支持力均有显著正向影响，且影响程度呈由大到小的关系。

这说明，对于异地流动父母而言，其亲子关系类型组合对留守儿童支持力有显著的影响，父母双方与留守儿童之间保持亲密的情感依恋和良好的联系沟通，以及父母一方给予留守儿童学业上的督导和生活上的帮助，更有利于提升留守儿童心理弹性的支持力水平。

比较模型6和模型2后发现，在考察父母的亲子关系类型组合对留守儿童支持力水平的影响时，母亲流动的空间特征对留守儿童支持力水平的负向影响程度有所降低；各类控制变量对留守儿童支持力水平的影响也发生了改变，年龄、独生子女、朋友支持程度、同学友好程度、老师关心程度等因素对留守儿童支持力水平的影响依然显著，且影响性质未变，但影响程度均有所下降。

这说明，留守儿童的支持力水平是多种因素共同作用的结果，但更多地受到父母亲子关系类型组合的影响。

表 6 – 11 异地流动父母的亲子关系类型对留守儿童支持力的回归分析结果

变量	模型 1 (Beta)	模型 2 (Beta)	模型 3 (Beta)	模型 4 (Beta)	模型 5 (Beta)	模型 6 (Beta)
个人特征						
性别（女）	-0.076^+	-0.073	-0.077	-0.046	-0.071	-0.090
年龄	-0.077^+	-0.155^{**}	-0.154^{**}	-0.143^{**}	-0.153^{**}	-0.110^+
家庭特征						

续表

变量	模型 1（Beta）	模型 2（Beta）	模型 3（Beta）	模型 4（Beta）	模型 5（Beta）	模型 6（Beta）
父母关系（不好）	0.070 +	0.076	0.072	0.059	0.066	0.085
祖辈监护（否）	- 0.067 +	- 0.058	- 0.063	- 0.052	- 0.056	- 0.055
独生子女（否）	0.085 *	0.137 **	0.130 *	0.118 *	0.124 *	0.134 *
每周所给生活费（无）	0.007	- 0.005	- 0.007	- 0.002	- 0.007	- 0.018
学校特征						
朋友支持程度	0.246 ***	0.293 ***	0.284 ***	0.298 ***	0.286 ***	0.256 ***
同学友好程度	0.197 ***	0.162 **	0.136 *	0.138 *	0.129 *	0.153 *
老师关心程度	0.106 *	0.123 *	0.106 +	0.093	0.098 +	0.112 +
学校类型（非寄宿）	0.005	0.064	0.065	0.064	0.055	0.081
家校互动						
老师家访频率（从不）						
有时	0.063	0.054	0.060	0.048	0.060	0.058
经常	- 0.052	0.037	0.033	0.041	0.040	0.018
地域特征（NQ 县）						
CG 县	- 0.011	0.110	0.138 +	0.114	0.145 +	0.120
Y 县	0.060	0.135 +	0.149 *	0.125 +	0.160 *	0.145 +
父亲流动的空间特征						
务工地点（本省他市）						
外省		0.115	0.116	0.113	0.125	0.113
父亲流动的时间特征						
初次流动发生时段						
子女 1～3 岁（否）		0.087	0.077	0.077	0.079	0.034
子女 4～6 岁（否）		- 0.081	- 0.075	- 0.088	- 0.086	- 0.138
子女 7～10 岁（否）		0.060	0.034	0.047	0.025	0.027
母亲流动的空间特征						
务工地点（本省他市）						

变量	模型 1 （Beta）	模型 2 （Beta）	模型 3 （Beta）	模型 4 （Beta）	模型 5 （Beta）	模型 6 （Beta）
外省		−0.185*	−0.186*	−0.186*	−0.195*	−0.171+
母亲流动的时间特征						
初次流动发生时段						
子女 1～3 岁（否）		−0.112	−0.104	−0.098	−0.100	−0.069
子女 4～6 岁（否）		0.001	0.047	0.033	0.057	0.067
子女 7～10 岁（否）		−0.053	−0.046	−0.042	−0.031	0.043
儿童流动的时空特征						
近半年是否去过父亲务工地（否）		−0.024	−0.034	−0.014	−0.015	−0.063
近半年是否去过母亲务工地（否）		−0.034	−0.046	−0.050	−0.060	0.024
过去是否有流动或迁移的经历（否）		−0.029	−0.010	−0.018	−0.006	0.009
父子关系类型						
亲密且强功能型			0.186**		0.135+	
亲近却无功能型			0.204***		0.124	
中间型			0.128*		0.099	
疏远但强功能型			0.158**		0.164**	
疏离且弱功能型			/		/	
母子关系类型						
亲密且强功能型				0.196**	0.154+	
亲近却无功能型				0.130*	0.071	
中间型				0.059	0.031	
疏远但强功能型				0.015	0.013	
疏离且弱功能型				/	/	
亲子关系类型组合						
双亲亲密且强功能型						0.191**
父亲亲密且强功能型－母亲亲近却无功能型						0.219**

续表

变量	模型 1 （Beta）	模型 2 （Beta）	模型 3 （Beta）	模型 4 （Beta）	模型 5 （Beta）	模型 6 （Beta）
父 亲 亲 近 却 无 功能 型 – 母 亲 亲 密且强功能型						0.290 ***
父亲中间型 – 母亲亲密且强功能型						0.086
双亲中间型						0.152 *
双亲亲近却无功能型						0.146 *
父亲疏离且弱功能型 – 母亲疏远但强功能型						0.067
双亲疏离且弱功能型						/
R^2	0.198	0.279	0.314	0.301	0.323	0.333
Adj. R^2	0.177	0.223	0.249	0.235	0.249	0.237
F	9.086 ***	4.939 ***	4.821 ***	4.540 ***	4.371 ***	3.470 ***
样本量	528	344	335	335	335	254

注：小括号内为参照项；/为参照项；*** $p < 0.001$；** $p < 0.01$；* $p < 0.05$；+ $p < 0.1$。

第五节　人口异地流动下亲子关系类型
对留守儿童总弹性的影响

本节将揭示异地流动父母的亲子关系类型对留守儿童总弹性的影响，分析策略如下。

第一，首先分析个人特征、家庭特征、学校特征、家校互动和地域特征对留守儿童总弹性的影响（模型 1）。

第二，在模型 1 的基础上纳入父母和儿童当前和过去流动的时空特征，以分析人口流动对留守儿童总弹性的影响（模型 2）。

第三，在模型 2 的基础上纳入父子关系类型，旨在揭示父子关系类型对留守儿童总弹性的独立影响（模型 3）。

第四，在模型 2 的基础上纳入母子关系类型，旨在揭示母子关系类型对留守儿童总弹性的独立影响（模型4）。

第五，在模型2的基础上同时纳入父子关系类型和母子关系类型，旨在比较父子关系类型和母子关系类型对留守儿童总弹性的影响差异（模型5）。

第六，在模型2的基础上纳入父母的亲子关系类型组合，旨在分析父母的亲子关系类型对留守儿童总弹性的共同影响（模型6）。

六大回归模型的分析结果见表6–12。

一 人口流动特征对留守儿童总弹性的影响

由模型1的分析结果可见，个人特征因素中，性别和年龄对留守儿童总弹性均无显著的影响。

家庭特征因素中，父母关系对留守儿童总弹性有显著的正向影响，异地流动父母之间良好的关系有利于促进留守儿童总弹性的提升；独生子女对留守儿童总弹性有显著的正向影响，父母异地流动的留守儿童中，独生子女的总弹性明显强于非独生子女；每周所给生活费和祖辈监护对留守儿童总弹性均无显著影响。

学校特征因素中，朋友支持程度、老师关心程度和同学友好程度对留守儿童总弹性均有显著的正向影响，朋友越支持，老师越关心，同学越友好，留守儿童的总弹性就越强，并且，朋友支持程度、老师关心程度和同学友好程度的影响力呈现由大到小的关系特征；学校类型对留守儿童的总弹性无显著的正向影响。

家校互动因素对留守儿童总弹性有显著影响，相较于老师从不做家访，老师有时做家访可以显著提高留守儿童的总弹性，而老师经常做家访对留守儿童总弹性无显著的影响。此外，地域特征对留守儿童的总弹性无显著影响。

由模型2的分析结果可见，在异地流动父母的人口流动特征中，父亲当前流动的空间特征和过去流动的时间特征对留守儿童的总弹性均无显著影响；母亲当前流动的空间特征对留守儿童的总弹性有显著影响，相比母亲在本省他市务工，母亲在外省务工对留守儿童的总弹性有显著的负向影响；母亲过去流动的时间特征对留守儿童的总弹性也无显著影响；留守儿童自身流动的时空特征对其总弹性无显著影响。

通过比较模型2和模型1的分析结果发现，纳入人口流动特征因素之后，大部分控制变量对留守儿童总弹性的影响发生了变化。

个人特征因素方面，年龄对留守儿童总弹性的负向影响开始变得显著了，这可能是因为年龄越大的留守儿童感受到的来自异地流动父母的支持越少。

家庭特征因素方面，父母关系和独生子女对留守儿童总弹性的正向影响依然显著，并且影响程度有所提高，反映了人口异地流动背景下家庭成员结构和成员关系对留守儿童总弹性具有重要意义。

学校特征因素方面，同学友好程度对留守儿童总弹性的正向影响力变小了，老师关心程度对留守儿童总弹性的正向影响力变大了，这可能是因为父母异地流动的留守儿童更加需要成年人情感上的关心，然后才是同龄人态度上的友好；朋友支持程度对留守儿童总弹性的正向影响力也明显变大了，反映了父母异地流动的留守儿童最需要关系亲密的同龄人给予实际性支持。

家校互动方面，老师有时做家访对留守儿童总弹性的正向影响却变得不再显著，这可能与母亲异地远距离流动有关。

综上，在人口异地流动背景下，家庭子女越少，父母关系越好，朋友越支持，同学越友好，老师越关心，留守儿童的总弹性水平也就越高；各类人际关系的根本性改善对留守儿童总弹性的水平提升具有重要的现实意义。

二　亲子关系类型对留守儿童总弹性的影响

1. 父子关系类型对留守儿童总弹性的影响

由模型3的分析结果可见，在控制了个人特征、家庭特征、学校特征、家校互动、地域特征和人口流动的时空特征等变量后，在异地流动父母中，父子关系类型对留守儿童总弹性有显著的影响。

相比"疏离且弱功能型"父子关系，"亲近却无功能型"、"疏远但强功能型"、"亲密且强功能型"和"中间型"父子关系对留守儿童总弹性均有显著的正向影响，且影响力呈由大到小的关系。这启示异地流动的父亲应努力将与留守子女之间的关系逐渐转变为"亲近却无功能型"和"疏远但强功能型"。

通过比较模型3和模型2的分析结果发现，受父子关系类型的作用，年龄对留守儿童总弹性的负向影响程度略有提升；独生子女、父母关系、朋友支持程度、老师关心程度对留守儿童总弹性的正向影响程度均略有下降；而同学友好程度对留守儿童总弹性的正向影响变得不再显著。

2. 母子关系类型对留守儿童总弹性的影响

由模型 4 的分析结果可见，在控制了个人特征、家庭特征、学校特征、家校互动、地域特征和人口流动的时空特征等变量后，在异地流动父母中，母子关系类型对留守儿童总弹性有显著影响。相比"疏离且弱功能型"母子关系，"亲密且强功能型"母子关系对留守儿童总弹性有显著的正向影响。这启示异地流动的母亲应该努力将与留守子女的关系逐渐转变为"亲密且强功能型"。

比较模型 4 和模型 2 的分析结果发现，受母子关系类型的作用，年龄对留守儿童总弹性的负向影响程度略有降低；父母关系和老师关心程度对留守儿童总弹性的正向影响程度均略有下降；朋友支持程度对留守儿童总弹性的正向影响程度明显提升；独生子女和同学友好程度对留守儿童总弹性的正向影响却不再显著。此外，母亲异地流动距离对留守儿童总弹性的负向影响也不再显著。

比较模型 4 和模型 3 的分析结果发现，父子关系类型和母子关系类型对留守儿童总弹性的影响有相似之处，"亲密且强功能型"父子关系和母子关系对留守儿童总弹性均有显著正向影响；父子关系类型和母子关系类型对留守儿童总弹性的影响也有不同，各种父子关系类型对留守儿童总弹性均有显著影响，仅有"亲密且强功能型"母子关系类型对留守儿童总弹性有显著影响。

3. 亲子关系类型对留守儿童总弹性的影响差异

为了比较父子关系类型和母子关系类型对留守儿童总弹性的影响差异，在控制了个人特征、家庭特征、学校特征、家校互动、地域特征和人口流动的时空特征等变量后，我们同时纳入父子关系类型和母子关系类型到回归模型 5 中。

结果显示，异地流动父母中，仅有父子关系类型对留守儿童的总弹性产生了显著的影响。相比"疏离且弱功能型"父子关系，"疏远但强功能型"父子关系对留守儿童的总弹性有显著的正向影响，而其他三种父子关系类型对留守儿童的总弹性均没有显著影响。

比较模型 5 和模型 2 发现，受父母亲子关系类型的影响，年龄、朋友支持程度和母亲异地流动距离对对留守儿童总弹性的影响程度均略有提高，独生子女、父母关系和老师关心程度对留守儿童总弹性的正向影响程度均有所降低；而同学友好程度对留守儿童总弹性的正向影响变得不再显著，老师有时家访对留守儿童总弹性的正向影响却变得显著。

综合分析模型 2、模型 3、模型 4 和模型 5 后发现，留守儿童总弹性受到年龄、家庭子女数目、父母关系、老师关心程度、朋友支持程度、家校互动和亲子关系类型等的综合影响。

三　亲子关系类型组合对留守儿童总弹性的影响

在控制了个人特征、家庭特征、学校特征、家校互动、地域特征和人口流动的时空特征等变量后，纳入亲子关系类型组合到回归模型 6 中，以探讨父子关系类型和母子关系类型对留守儿童总弹性的共同影响。

结果显示，异地流动父母中，相较于"双亲疏离且弱功能型"的亲子关系类型组合，"父亲亲近却无功能型 - 母亲亲密且强功能型"、"双亲亲密且强功能型"和"父亲中间型 - 母亲亲密且强功能型"的亲子关系类型组合显著正向影响留守儿童的总弹性，且影响力呈由大到小的关系。这启示异地流动父母与留守儿童之间保持亲密的情感依恋和良好的联系沟通，或在学业上给予留守儿童适宜的督导、在生活上给予留守儿童及时的帮助，更有利于提升留守儿童的心理弹性。

比较模型 6 和模型 2 后发现，在考虑父母的亲子关系类型组合对留守儿童总弹性的影响后，母亲流动的空间特征对留守儿童总弹性的影响不再显著；独生子女和朋友支持程度对留守儿童总弹性的正向影响程度有所提升，父母关系和老师关心程度对留守儿童总弹性的正向影响程度有所下降，同学友好程度对留守儿童总弹性的正向影响变得不再显著。

表 6 - 12　异地流动父母的亲子关系类型对留守儿童总弹性的回归分析结果

变量	模型 1（Beta）	模型 2（Beta）	模型 3（Beta）	模型 4（Beta）	模型 5（Beta）	模型 6（Beta）
个人特征						
性别（女）	- 0.061	- 0.057	- 0.063	- 0.035	- 0.058	- 0.057
年龄	- 0.064	- 0.113*	- 0.115*	- 0.105*	- 0.115*	- 0.085
家庭特征						
父母关系（不好）	0.094*	0.104*	0.097+	0.088+	0.092+	0.100+
祖辈监护（否）	- 0.061	- 0.056	- 0.064	- 0.055	- 0.059	- 0.086

续表

变量	模型 1（Beta）	模型 2（Beta）	模型 3（Beta）	模型 4（Beta）	模型 5（Beta）	模型 6（Beta）
独生子女（否）	0.085 *	0.098 +	0.095 +	0.085	0.091 +	0.131 *
每周所给生活费（无）	0.004	0.022	0.017	0.024	0.018	0.016
学校特征						
朋友支持程度	0.302 ***	0.346 ***	0.343 ***	0.359 ***	0.350 ***	0.359 ***
同学友好程度	0.144 ***	0.099 +	0.073	0.074	0.065	0.084
老师关心程度	0.148 ***	0.155 **	0.129 *	0.117 *	0.125 *	0.126 +
学校类型（非寄宿）	− 0.010	0.009	0.007	0.011	0.000	0.012
家校互动						
老师家访频率（从不）						
有时	0.109 **	0.084	0.098 +	0.078	0.094 +	0.072
经常	− 0.039	0.009	0.009	0.009	0.015	− 0.001
地域特征（NQ 县）						
CG 县	− 0.004	0.050	0.079	0.055	0.091	0.086
Y 县	0.057	0.077	0.100	0.070	0.111	0.100
父亲流动的空间特征						
务工地点（本省他市）						
外省		0.032	0.035	0.024	0.039	− 0.042
父亲流动的时间特征						
初次流动发生时段						
子女 1 ~ 3 岁（否）		0.070	0.052	0.057	0.054	0.060
子女 4 ~ 6 岁（否）		− 0.054	− 0.042	− 0.060	− 0.054	− 0.160
子女 7 ~ 10 岁（否）		0.071	0.041	0.069	0.037	0.096
母亲流动的空间特征						
务工地点（本省他市）						
外省		− 0.143 +	− 0.149 +	− 0.132	− 0.150 +	− 0.062
母亲流动的时间特征						

续表

变量	模型1 （Beta）	模型2 （Beta）	模型3 （Beta）	模型4 （Beta）	模型5 （Beta）	模型6 （Beta）
初次流动发生时段						
子女1~3岁（否）		-0.034	-0.021	-0.014	-0.019	-0.050
子女4~6岁（否）		-0.021	0.013	0.005	0.025	0.081
子女7~10岁（否）		-0.010	-0.004	-0.002	0.005	0.019
儿童流动的时空特征						
近半年是否去过父亲务工地（否）		0.001	-0.035	-0.017	-0.025	-0.082
近半年是否去过母亲务工地（否）		-0.004	0.006	0.000	-0.002	0.045
过去是否有流动或迁移的经历（否）		0.016	0.041	0.037	0.047	0.039
父子关系类型						
亲密且强功能型			0.134 *		0.092	
亲近却无功能型			0.213 ***		0.143	
中间型			0.116 *		0.085	
疏远但强功能型			0.163 **		0.171 **	
疏离且弱功能型			/		/	
母子关系类型						
亲密且强功能型				0.183 **	0.133	
亲近却无功能型				0.097	0.037	
中间型				0.066	0.034	
疏远但强功能型				-0.004	-0.018	
疏离且弱功能型				/	/	
亲子关系类型组合						
双亲亲密且强功能型						0.152 *
父亲亲密且强功能型-母亲亲近却无功能型						0.111

变量	模型 1 (Beta)	模型 2 (Beta)	模型 3 (Beta)	模型 4 (Beta)	模型 5 (Beta)	模型 6 (Beta)
父亲亲近却无功能型 – 母亲亲密且强功能型						0.247 **
父亲中间型 – 母亲亲密且强功能型						0.105 +
双亲中间型						0.063
双亲亲近却无功能型						0.116
父亲疏离且弱功能型 – 母亲疏远但强功能型						- 0.013
双亲疏离且弱功能型						/
R^2	0.237	0.282	0.311	0.298	0.321	0.357
Adj. R^2	0.215	0.224	0.244	0.229	0.244	0.260
F	11.044 ***	4.827 ***	4.600 ***	4.322 ***	4.168 ***	3.692 ***
样本量	512	332	324	324	324	245

注：小括号内为参照项；/为参照项；*** $p < 0.001$，** $p < 0.01$，* $p < 0.05$，+ $p < 0.1$。

第六节　小结

本章主要分析了人口异地流动背景下父母与子女的流动特征和亲子关系类型对于留守儿童心理弹性的影响，主要发现与结论如下。

第一，留守儿童心理弹性的个人力受父母的亲子关系类型及其组合和师生关系与朋友支持的共同影响。

①流动父母与子女的流动特征对留守儿童个人力均无显著影响；②相较于"疏离且弱功能型"亲子关系，"亲近却无功能型"和"疏远但强功能型"父子关系及"亲密且强功能型"母子关系对留守儿童个人力均有显著正向影响；③相比"双亲疏离且弱功能型"组合，"父亲亲近却无功能型 – 母亲亲密且强功能型"的亲子关系类型组合对留守儿童个人力有显著正向影响；④老师关心程度和朋友支持程度对留守儿童个人力有显著正向影响。

第二，留守儿童心理弹性的支持力明显受到父子关系类型、母子关系类型、亲子关系类型组合、父母流动特征、外部关系系统、个体特征等因素的共同影响。

在留守儿童支持力的影响因素方面：①相较于"疏离且弱功能型"父子关系，"亲近却无功能型"、"亲密且强功能型"、"疏远但强功能型"以及"中间型"父子关系均有显著正向影响，且影响力由大到小；②相比"疏离且弱功能型"母子关系，"亲密且强功能型"和"亲近却无功能型"母子关系均有显著正向影响，且前者的影响更大；③"亲密且强功能型"亲子关系和"亲近却无功能型"亲子关系显著正向影响留守儿童支持力；④对父子关系而言，"亲近却无功能型"的影响力更大，对母子关系而言，"亲密且强功能型"的影响力更大；⑤相比母子关系类型，父子关系类型的影响更大；⑥相较于"双亲疏离且弱功能型"组合，"父亲亲近却无功能型 – 母亲亲密且强功能型"、"父亲亲密且强功能型 – 母亲亲近却无功能型"、"双亲亲密且强功能型"、"双亲亲近却无功能型"和"双亲中间型"的亲子关系类型组合均有显著正向影响，且影响程度由大到小；⑦母亲流动距离有显著负向影响，母亲流动的时间特征无显著影响，父亲及子女的流动特征均无显著影响；⑧年龄、独生子女、同学友好程度、朋友支持程度、老师关心程度等均有显著影响。

第三，留守儿童总弹性是父子关系类型、母子关系类型、亲子关系类型组合、母亲流动的空间特征及其他外部关系网络共同影响的结果。

①父子关系类型有显著影响，相较于"疏离且弱功能型"父子关系，"亲近却无功能型"、"疏远但强功能型"、"亲密且强功能型"和"中间型"父子关系均有显著正向影响，且影响力由大到小；②母子关系类型有显著影响，相较于"疏离且弱功能型"母子关系，"亲密且强功能型"母子关系有显著正向影响；③相较于母子关系类型，父子关系类型的影响程度更高；④相比"双亲疏离且弱功能型"，"父亲亲近却无功能型 – 母亲亲密且强功能型"、"双亲亲密且强功能型"和"父亲中间型 – 母亲亲密且强功能型"的亲子关系类型组合有显著正向影响，且影响力由大到小；⑤母亲流动的空间特征有显著负向影响，母亲流动的时间特征和父亲流动的时空特征及儿童自身的流动特征均无显著的影响；⑥年龄、独生子女、父母关系、同学友好程度、朋友支持程度、老师关心程度、老师家访频率等均有显著影响。

| 第七章 |
结论与展望

本章主要包括四部分内容：一是概括本研究的主要工作，提炼本研究的主要结论；二是总结本研究的主要创新点；三是根据第三章至第六章的研究发现，提出促进留守儿童心理弹性发展的政策建议；四是讨论本研究的局限性，并对未来研究进行展望。

第一节　主要结论

本研究基于亲子关系和心理弹性相关理论与经验研究，结合人口流动背景下务工父母与留守儿童之间亲子关系的现实特征，提出了亲子关系类型影响留守儿童心理弹性的分析框架；针对人口就地就近流动背景和人口异地流动背景，分别构建了人口流动特征与亲子关系类型影响留守儿童心理弹性的分析框架；使用社会学、统计学、心理学和管理学等学科的分析方法，识别了流动父母与留守儿童之间的亲子关系类型及其组合，比较了人口就地就近流动和人口异地流动模式下父子关系类型、母子关系类型和亲子关系类型组合的群体差异，进一步分别揭示了两种不同人口流动模式下人口流动特征和亲子关系类型及其组合对留守儿童心理弹性的影响及差异。主要结论如下。

①人口流动背景下流动父母与留守儿童之间存在五种亲子关系类型，并且在人口就地就近流动模式下和人口异地流动模式下具有显著的群体差异。

流动父母与留守儿童之间的五种亲子关系类型分别是"亲密且强功能型"、"亲近却无功能型"、"中间型"、"疏远但强功能型"和"疏离且弱功能型"。在父母性别的视角下五种亲子关系类型均存在显著的差异，总体上母子关系明显好于父子关系。在两种不同人口流动模式下五种父子关系类型和五种母子关系类型均存在显著差异。

②人口流动背景下外出务工父母之间主要有八种典型的亲子关系类型组合，并且在人口就地就近流动模式下和人口异地流动模式下具有显著的群体差异。

八种亲子关系类型组合是"双亲亲密且强功能型"、"父亲亲密且强功能型 - 母亲亲近却无功能型"、"父亲亲近却无功能型 - 母亲亲密且强功能型"、"双亲亲近却无功能型"、"父亲中间型 - 母亲亲密且强功能型"、"双亲中间型"、"父亲疏离且弱功能型 - 母亲疏远但强功能型"和"双亲疏离且弱功能型"。它们在两种人口流动模式下均具有显著的群体差异。

③人口就地就近流动下，父亲流动的空间特征和时间特征对留守儿童心理弹性均有显著影响，母亲流动的时间特征对留守儿童心理弹性有显著影响，母亲流动的空间特征及儿童流动的时空特征对留守儿童心理弹性均无显著影响。

父亲流动距离对留守儿童支持力和总弹性均有显著影响；父母初次流动发生时段仅显著影响留守儿童个人力，父母回家频率对留守儿童支持力和总弹性均有显著影响。

④人口就地就近流动下，父子关系类型和母子关系类型对留守儿童心理弹性均有显著影响，其影响既有相同之处，又有明显差异。

相比"疏离且弱功能型"父子关系，"亲近却无功能型"、"亲密且强功能型"、"中间型"和"疏远但强功能型"父子关系对留守儿童心理弹性均有显著的正向影响，且影响力逐渐变小（亦可见表7-1）。

与"疏离且弱功能型"母子关系相比，"亲密且强功能型"和"亲近却无功能型"母子关系对留守儿童心理弹性有显著正向影响，且前者影响更大（亦可见表7-1）。

父子关系类型和母子关系类型对留守儿童心理弹性的影响既有相同之处，又有不同之处。"亲密且强功能型"父子关系和母子关系、"亲近却无功能型"父子关系和母子关系对留守儿童心理弹性均有显著正向影响，属于保护因素，而"疏离且弱功能型"父子关系和母子关系则属于风险因素；父子关系类型对留守儿童心理弹性的显著影响大于母子关系类型（亦可见表 7 - 1）。

⑤人口异地流动下，父母流动的空间特征对留守儿童心理弹性有显著影响，相比在本省内其他市务工，父亲在外省务工对留守儿童个人力和支持力均有显著负向影响，母亲在外省务工对留守儿童总弹性有显著负向影响；父母流动的时间特征对留守儿童心理弹性无显著影响。

⑥人口异地流动下，父子关系类型和母子关系类型对留守儿童心理弹性均有显著影响，其影响既有相同之处，又有明显差异。

相比"疏离且弱功能型"亲子关系，"亲近却无功能型"、"疏远但强功能型"、"亲密且强功能型"和"中间型"父子关系对留守儿童的心理弹性均有显著正向影响，且影响力逐渐变小；仅"亲密且强功能型"母子关系对留守儿童的心理弹性具有显著的正向影响（亦可见表 7 - 1）。

父子关系类型和母子关系类型对留守儿童心理弹性的影响既有相同之处，又有不同之处。"亲密且强功能型"父子关系和母子关系对留守儿童的心理弹性均有显著正向影响，属于保护因素，而"疏离且弱功能型"父子关系和母子关系则属于风险因素；父子关系类型对留守儿童心理弹性的显著影响大于母子关系类型（亦可见表 7 - 1）。

⑦在两种不同的人口流动模式下，父子关系类型和母子关系类型对留守儿童心理弹性的影响均有明显的不同之处。

就对留守儿童心理弹性的影响而言，在就地就近流动模式下，"亲密且强功能型"父子关系的显著正向影响最大，"中间型"父子关系也有显著正向影响，而"疏远但强功能型"父子关系的显著正向影响最小；在异地流动模式下，"亲近却无功能型"父子关系的显著正向影响最大，"疏远但强功能型"父子关系的显著正向影响次之，"亲密且强功能型"父子关系的显著正向影响较小。在就地就近流动模式下，"亲近却无功能型"母子关系类型对其个人力、支持力和总弹性均有显著影响；在异地流动模式下，"亲近却无功能型"母子关系类型仅对其支持力有显著影响（亦可见表 7 - 1）。

⑧在两种不同的人口流动模式下，父母的亲子关系类型组合对留守儿童心理弹性的显著影响既有相同之处，又有不同之处。

在两种不同的人口流动模式下，"父亲亲近却无功能型 - 母亲亲密且强功能型"的亲子关系类型组合对留守儿童心理弹性均有显著的正向影响，且影响最为有力，属于保护因素；而"双亲疏离且弱功能型"的亲子关系类型组合对留守儿童的心理弹性最为不利，属于风险因素（亦可见表7-1）。

与人口就地就近流动模式下不同，在人口异地流动模式下，"父亲亲密且强功能型-母亲亲近却无功能型"的亲子关系类型组合对总弹性无显著影响；"双亲亲密且强功能型"、"父亲亲密且强功能型-母亲亲近却无功能型"和"父亲中间型-母亲亲密且强功能型"的亲子关系类型组合对个人力均无显著影响（亦可见表7-1）。

⑨在两种不同的人口流动模式下，父母的亲子关系类型对留守儿童个人力的影响都比较小，个人力较难以通过亲子关系类型来提升；亲子关系类型对留守儿童支持力的影响都比较大，它主要通过影响心理弹性的支持力，进而影响心理弹性的总体水平；父子关系类型的影响均大于母子关系类型。

表7-1　人口流动模式下亲子关系类型及组合对留守儿童心理弹性的影响差异

	人口就地就近流动						人口异地流动					
	个人力		支持力		总弹性		个人力		支持力		总弹性	
	单	双	单	双	单	双	单	双	单	双	单	双
父子关系类型												
亲密且强功能型	B	B	A	A	A	A			B	B	C	
亲近却无功能型	A	A	B	B	B	B	A		A		A	
中间型	C	C	C	C	C	C			D		D	
疏远但强功能型		D	D	D	D	D	B	A	C	A	B	A
疏离且弱功能型	/	/	/	/	/	/	/	/	/	/	/	/
母子关系类型												
亲密且强功能型	A		A	A	A	A	A		A	A	A	A
亲近却无功能型	B		B		B				B			
中间型												
疏远但强功能型												
疏离且弱功能型	/		/		/		/		/		/	/
亲子关系类型组合												
双亲亲密且强功能型	C		C		C				C		B	
父亲亲密且强功能型-母亲亲近却无功能型	B		B		B				B			
父亲亲近却无功能型-母亲亲密且强功能型	A		A	A	A		A		A		A	

续表

	人口就地就近流动						人口异地流动					
	个人力		支持力		总弹性		个人力		支持力		总弹性	
	单	双	单	双	单	双	单	双	单	双	单	双
父亲中间型 – 母亲亲密且强功能型	D		D		D						C	
双亲中间型			F						D			
双亲疏远但强功能型/亲近却无功能型			E		E				E			
父亲疏离且弱功能型 – 母亲疏远但强功能型												
双亲疏离且弱功能型	/		/		/		/		/		/	

注："单"，单独纳入父子或母子关系类型；"双"，同时纳入父子和母子关系类型；ABCDEF，显著影响程度由大到小的排序；"/"，参照项；空白表示影响不显著。

第二节　主要创新点

通过理论分析与实证研究，本研究在以下几个方面取得了突破。

第一，提出了人口流动背景下留守家庭的亲子关系类型影响留守儿童心理弹性的分析框架。本研究渐进论证了生态系统理论、家庭系统理论、风险与弹性框架的本土适用可能，全面收集了人口流动和亲子关系影响留守儿童心理弹性的量化经验证据，具体介绍了中国农村人口流动的多维特征和留守家庭亲子关系的现实状况，构建了适用于解释人口城乡流动背景下留守家庭的亲子关系类型影响留守儿童心理弹性的分析框架。首先，该框架综合考察了父亲、母亲、儿童自身三类人口流动的空间特征和时间特征对留守儿童心理弹性的影响，弥补了以往研究忽视各类人口流动时空特征的不足。其次，该框架重点纳入了流动父母与留守儿童之间的亲子关系的视角，弥补以往研究忽视亲子关系的不足。再次，该框架从多元维度全面测量亲子关系，克服了以往从单一维度测量亲子关系的片面性；引入潜在类别分析方法，基于亲子关系多元维度的现实特征分析，识别亲子关系的潜在类型，有利于刻画其整体性面貌、揭示其本质性影响，从而打破以往研究的方法性局限。最后，该框架选择人口就地就近流动和人口异地流动来分别呼应新型城镇化和传统城镇化，基于两种不同人口流动模式下父母的亲子关系类型及其组合的群体差异分析，论证了深入研究不同人口流动模式下亲子关系类型对留守儿童心理弹性的影响差异的必要性，弥补了以往研究忽视城镇化背景和人口流动模式的局限性。

第二，发现了人口就地就近流动模式和人口异地流动模式下流动父母与留守儿童之间存在的五种亲子关系类型及八种典型亲子关系类型组合均呈现显著的群体差异。本研究弥补了以往研究忽视亲子关系影响的不足，纳入了亲子关系的研究视角，丰富了亲子关系测量指标，识别了亲子关系潜在类型，配对了亲子关系类型组合，发现了流动父母与留守儿童之间存在五种亲子关系类型（"亲密且强功能型""亲近却无功能型""中间型""疏远但强功能型""疏离且弱功能型"）；流动父母之间存在八种典型的亲子关系类型组合；五种亲子关系类型均具有显著的性别差异，"亲密且强功能型"父子关系占比明显低于母子关系，"亲近却无功能型"和"疏离且弱功能型"父子关系占比却明显高于母子关系；在人口就地就近流动模式和人口异地流动模式下亲子关系类型、父子关系类型、母子关系类型及八种亲子关系类型组合均存在显著的群体差异，在人口就地就近流动模式下，"亲密且强功能型"和"疏远但强功能型"亲子关系占比均明显高于人口异地流动模式下，"亲近却无功能型"和"疏离且弱功能型"及"中间型"亲子关系占比却明显低于人口异地流动模式下；就地就近流动父母中，"父亲亲近却无功能型－母亲亲密且强功能型"的亲子关系类型组合占比最高，异地流动父母中"双亲疏离且弱功能型"的组合占比最高；人口就地就近流动模式下，留守家庭的亲子关系状况明显好于人口异地流动模式下。

第三，发现了人口就地就近流动背景下由父子关系类型、母子关系类型、亲子关系类型组合、父母关系、同学关系、师生关系和家校关系共同构成的外部关系网络是影响留守儿童心理弹性的重要环境因素。以往研究对人口就地就近流动下父母流动特征和亲子关系类型的影响关注极少。本研究发现：对于父母就地就近流动的留守儿童来说，父母回家频率和父亲流动距离显著影响其支持力和总弹性，父母亲初次流动发生时段显著影响其个人力；"疏离且弱功能型"亲子关系和"双亲疏离且弱功能型"的亲子关系类型组合对其心理弹性最为不利，属于风险因素，"亲密且强功能型"亲子关系和"父亲亲近却无功能型－母亲亲密且强功能型"的亲子关系类型组合对其心理弹性最为不利，属于保护因素；父子关系类型对其心理弹性的影响大于母子关系类型；亲子关系类型对个人力的影响较小，对支持力的影响较大；父母和睦、同学友好、老师关心和家校互动有助于其心理弹性的提升。

第四，发现了人口异地流动背景下留守儿童的心理弹性相比人口就地就近流动下较少受外部环境因素的影响，父母流动距离、父子关系类型、母子关系类型、亲子关系类型组合、父母关系、兄弟姐妹数量、朋友支持程度、老师关心程度和老师家访频率的显著影响能力也较为有限。以往研究忽略了不同人口流动模式下父母流动特征和亲子关系类型对留守儿童心理弹性的影响差异。本研究发现：相较于父母就地就近流动的留守儿童来说，父母异地流动的留守儿童的心理弹性较少受外部环境因素影响。父母流动特征方面，仅有流动距离有显著负向影响；"疏离且弱功能型"亲子关系和"双亲疏离且弱功能型"的亲子关系类型组合是最大的风险因素，但能起保护作用的也仅限于"疏远但强功能型"父子关系和"父亲亲近却无功能－母亲亲密且强功能型"的亲子关系类型组合；父子关系类型的影响大于母子关系类型，但却仅体现在"疏远但强功能型"；除了父母关系、老师关心程度和家校互动外，朋友支持程度也显著正向影响其总弹性。

第三节　政策建议

农村留守儿童的心理弹性和留守家庭的亲子关系问题已经突破个人和家庭领域、成为社会发展中的公共问题，它关乎个人心理健康，关乎家庭美满幸福，关乎城乡协调发展，关乎社会和谐稳定，需要政府、家庭、学校、社会及个人等多元主体相互协调、一致行动，才能得以解决。基于本研究的主要发现，结合我国的政策现实，本节面向政府、家庭、学校、社会以及儿童个人分别提出以下建议。

1. 面向政府

（1）加强顶层设计，完善相关政策和制度

①以促进农村留守儿童的全面健康发展为出发点和落脚点，从家庭的

层面切入，完善与农村留守儿童心理健康发展相关的政策和制度。

如前所述，当前我国的公共政策视野中尚缺乏家庭视角下促进农村留守儿童心理健康发展的政策。本研究发现，心理弹性是农村留守儿童心理健康发展的重要保障和促进因素，它与留守家庭的亲子关系类型关系密切。因此，为了促进农村留守儿童的心理健康发展，亟须从家庭的层面切入，通过干预亲子关系类型来提升心理弹性水平，进而保障和促进留守儿童的心理健康发展。

具体而言，可以根据《儿童权利公约》、《未成年人保护法》、《义务教育法》和《母婴保健法》有关条款的规定，结合农村留守儿童心理健康发展问题，通过多种宣传方式，呼吁农村留守家庭重视留守儿童的心理健康发展问题，引导农村留守家庭重视家庭发展能力建设，倡导农村留守家庭营造和谐家庭关系氛围，并要求外出务工父母务必重视亲子关系改善；可以进一步完善农村留守儿童监护制度，明确外出务工父母作为农村留守儿童法定监护人的责任与义务；可以进一步完善村委会辅助委托监护人制度及其他民间委托监护制度，明确各种委托监护人的责任与义务；可以进一步完善监护人激励机制和问责机制，以激励监护人的正性监护行为，约束其负性监护行为。

②以促进农村留守儿童的心理弹性发展为重要内容，在生态系统的视角下，完善由政府、家庭、学校、社区以及社会组织等多元主体协同合作的农村留守儿童关爱保护工作体系。

通过政策回顾发现，当前我国与农村留守儿童相关的公共政策尚缺乏以积极发展理念为指导、与心理弹性发展相关联的政策。本研究发现，农村留守儿童的心理弹性水平是人口流动背景下离散化留守家庭中不同的亲子关系类型、师生关系、同学关系、朋友关系及家校关系等共同作用的结果。本研究认为，农村儿童留守现象是我国现代化、工业化、城镇化进程中出现的社会公共问题，所以，农村留守儿童心理健康发展问题的解决需要以政府为主导、以家庭为主体、以学校为辅助、以社会力量为补充来构建和完善多层次、全方位的关爱保护工作体系。

第一，中央政府统领农村留守儿童关爱保护工作体系，建议进一步完善部际联席会议制度，使各相关部门和单位的责任和义务及相互协作关系进一步明晰化、科学化。

第二，省市级政府具体肩负着农村留守儿童关爱保护工作的领导主体责任，建议把部际联席会议制度具体化到省市级层面，进一步明晰民政、教育、公安、卫生计生、扶贫等相关部门和妇联、共青团、残联等群团组织的责任、义务及相互协作关系。

第三，县乡级政府具体肩负着农村留守儿童关爱保护工作的行动主体责任，建议认真学习领会相关制度与精神，积极贯彻落实相关制度及工作要求。例如，乡镇政府可以地缘和亲缘关系为基础，组织邻居和亲戚来担任留守儿童的委托监护人；可以组织党政机关和企事业单位的干部、职工、村组干部、优秀党员等担任农村留守儿童的心灵呵护者；不断探索和创新社区共育、结对帮扶、还原家教、家校一体、托管中心等关爱保护工作模式。

第四，家庭是影响农村留守儿童心理健康发展的重要微观环境系统，在农村留守儿童关爱保护工作体系中占据核心地位，肩负主体责任，建议从法律、政策和制度层面强化家庭监护责任，端正家庭教养观念，优化家庭流动决策，调适亲子关系类型，提升留守儿童的心理弹性水平，促进留守儿童的心理健康发展。

第五，学校是影响农村留守儿童心理健康发展的重要微观环境系统，寄宿制学校是农村留守儿童的重要监护体系，建议教育等相关部门加强对寄宿制学校进行督导，完善其课程体系，增设心理健康类课程和亲情教育类课程，培训委托监护人，增进家校之间的沟通、互动与合作；教师是应对和缓解留守儿童心理健康发展问题的关键力量，各级政府应加强农村教师队伍建设，强化其社会责任感与文化使命感。

第六，呼吁社会力量，整合社会资源，会聚心理医生、科研工作者和社会工作者等专业人员，围绕留守家庭亲子关系的完善与维系，向农村父母提供科学的指导和干预，实现对农村留守儿童的心理健康发展进行精准帮扶。

（2）人口流出地政府应该大力推进新型城镇化

本研究认为，父母外出务工、亲子长期分离是留守儿童心理弹性发展的风险因素。分析结果显示，父亲异地流动对留守儿童心理弹性的个人力和支持力水平均有显著的负向影响，母亲异地流动对留守儿童心理弹性的总体水平也有显著的负向影响。因此，对于人口流出地政府来说，应该从以下几个方面来推进新型城镇化。

第一，大力推进就地就近城镇化，积极发挥职能作用，调整经济发展模式，促进地方经济发展，缩小城乡发展差距，为农村剩余劳动力就地就近就业创造机会。

第二，加快农村剩余劳动力就地就近市民化，通过吸引和鼓励父母就地就近就业创业，来缩小父母流动的空间距离，拉近父母与子女的心理距离，移除亲子分离、异地流动等风险因素，这是促进留守儿童心理弹性发展的基本策略。

第三，大力推广普及型、转移型、创业型技能培训，帮助农村劳动力掌握实用技术，成为有文化、懂技术、会经营的新型技能人才，为农村经济发展、社会稳定和儿童健康发展提供人力资源支持。

第四，确保各种相关政策和制度能够得以贯彻和落实。只有真正推进新型城镇化、促成农村劳动力就地就近就业创业、引导外出农民工返乡就业创业，才能够从源头上减少农村儿童留守现象，保障农村儿童心理健康发展。

（3）人口流入地政府尤其应该继续深化制度性改革

对于人口流入地政府来说，应认识和把握人口城乡流动的新趋势和新特征，掌握流动人口及其随迁子女的客观需求，进一步深化户籍制度、教育制度、社会保障制度等制度性改革，以消除人口流动屏障，为流动人口举家流动创造环境和条件，使留守儿童不再留守农村，能够随迁进城，并能够平等享受流入地城市的教育和医疗卫生等社会公共服务，不会沦为"城市边缘人"或"城乡夹缝人"，切实保障其全面健康发展。

2. 面向家庭

（1）优化家庭流动决策

第一，为了保障留守儿童的心理弹性，父母应尽量避免异地流动。本研究发现，与母亲在本省他市务工的儿童相比，母亲在外省务工的留守儿童心理弹性明显更差。因此，母亲应避免异地流动；如果迫不得已，也尽量不要出省。同时，本研究发现，与父亲在本省他市务工的儿童相比，父亲在外省务工的留守儿童个人力水平和支持力水平均明显更低。因此，父亲应避免异地流动；如果迫不得已，也尽量不要出省。

第二，选择就地就近流动的父母，尤其应该注意外出务工时间的选择。本研究结果显示，人口就地就近流动模式下，父亲在子女7～10岁初次流动对于子女心理弹性的个人力和总体水平均有显著负向影响，不利于子女心理弹性个人力水平和心理弹性总体水平的提升。所以，打算就地就近务工的父亲应尽量避免在子女7～10岁流动。同时，本研究还发现，与父亲每天都回家相比，父亲半周或一周才回家一次的留守儿童心理弹性支持力水平和总体水平明显更低；父亲半个月及以上才回家一次的留守儿童心理弹性支持力水平明显更低。所以，就地就近务工的父亲应该争取做到每天都回家。对于打算就地就近务工的母亲来说，应尽量避免在子女4～6岁流动，因为这不利于子女心理弹性个人力水平的提升。总之，就地就近流动的父母应该经常回家与子女团聚，通过提高父母临时性回流的频率来增加亲子共处的时间，以消减亲子分离的负面影响。

第四，对于异地流动的父母，应该定期返乡与子女团聚，争取利用法定节假日返乡与子女团聚，至少保障寒暑假返乡与子女团聚。对于路途遥远、时间有限、经济紧张的父母来说，应该通过各种形式与子女联系沟通，并注意语气语调；应该给予子女全方位的关注，而不是只有"学习"；还应该多与监护人和班主任及相关老师联系沟通，了解子女的综合发展情况。

（2）调适亲子关系类型

第一，明确父母的责任是解决留守儿童问题的关键。作为父母，应意识到自己对子女身心健康发展负有责任。研究表明，务工父母与留守儿童之间的亲子关系是影响留守儿童心理弹性的重要因素。因此，强化亲子关系是增强留守儿童心理弹性的优先策略；不同流动模式的父母应采取相应的亲子关系调整与优化策略。

第二，对于就地就近流动的父亲来说，应该杜绝"疏离且弱功能型"父子关系，争取养成"亲近却无功能型"父子关系。分析结果表明，与"疏离且弱功能型"父子关系相比，"亲密且强功能型"、"亲近却无功能型"、"中间型"以及"疏远但强功能型"父子关系对留守儿童心理弹性有显著正向影响，且影响力由大到小。因此，就地就近流动的父亲应该争取养成"亲密且强功能型"父子关系，以提升子女的心理弹性水平。

第三，对于就地就近流动的母亲来说，应该杜绝"疏离且弱功能型"母子关系，争取养成"亲密且强功能型"母子关系。分析结果表明，与

"疏离且弱功能型"母子关系相比,"亲密且强功能型"和"亲近却无功能型"母子关系对留守儿童心理弹性均有显著正向影响,且前者影响力更大。因此,就地就近流动的母亲应该杜绝"疏离且弱功能型"母子关系,并争取养成"亲密且强功能型"母子关系。

第四,对于就地就近流动的父母来说,应该杜绝"疏离且弱功能型"亲子关系,争取达成"父亲亲近却无功能型-母亲亲密且强功能型"的亲子关系类型组合。研究发现,相比"双亲疏离且弱功能型"的亲子关系类型组合,"父亲亲近却无功能型-母亲亲密且强功能型"、"父亲亲密且强功能型-母亲亲近却无功能型"、"双亲亲密且强功能型"、"父亲中间型-母亲亲密且强功能型"和"双亲疏远但强功能型"的亲子关系类型组合对于留守儿童心理弹性均有显著正向影响,并且影响力由大到小。因此,父母应该杜绝"疏离且弱功能型"亲子关系,并且争取达成"父亲亲近却无功能型-母亲亲密且强功能型"的亲子关系类型组合,以最大限度地提升留守儿童的心理弹性水平。

第五,对于异地流动的父母来说,应该杜绝"疏离且弱功能型"亲子关系;父亲应该争取养成"亲近却无功能型"父子关系,母亲应该争取养成"亲密且强功能型"母子关系,最终养成"父亲亲近却无功能型-母亲亲密且强功能型"或者"双亲亲密且强功能型"的亲子关系类型组合,至少养成"父亲中间型-母亲亲密且强功能型"的亲子关系类型组合,从而提升留守子女心理弹性的总体水平。

(3)端正父母教养观念

第一,父母应该杜绝以外出务工忙碌且辛苦为借口而推脱家庭教养责任。在现代家庭教养中,父母共同承担教养责任、共同参与教养过程、共同完成教养任务应成为最基本的共识和原则。在传统农村的家庭教养中,父亲缺位现象较为普遍,其后果较为严重。在父亲外出务工后,农村家庭中父亲缺位的现象更为普遍,其后果更为严重。在母亲也外出务工后,农村家庭中双亲缺位的现象愈加普遍,如果父母家庭责任意识、教养意识、亲子关系维系和改善意识淡漠,其后果不堪设想。因此,政府应该大力宣传家庭教养责任,强化父母教养责任,端正父母教养观念,倡导双亲教养参与,提升双亲教养参与能力,要求父母重视亲子关系,教育家长眼前的经济利益可能牺牲孩子和家庭的美好前途,应从家庭发展和孩子发展的角度经营家庭生活。

第二，父母应重视与留守子女之间的良性互动。对于无法经常性返乡的父母来说，应该制订"促沟通、保亲情"计划。在沟通方式方面，父母可以通过手机或电子邮箱给孩子发短信或发邮件，可以通过各种社交软件定时给孩子文字留言、语音留言和视频留言，可以通过手机和社交软件与孩子语音通话，或者视频聊天，从而保护亲子情感。在沟通频率方面，在确保"经常性、周期性"原则下，父母可以根据自己的工作和生活、子女的学习和生活情况来具体商定各种沟通方式的使用频率，以达到沟通效率最大化。在沟通内容方面，父母应该遵循"全面性、深层性"原则，既要关注和讨论子女的身体发育和学业进展，又要关注和聆听子女的愿望和心声，还要关注和满足子女精神层面的需要，让子女感受到被尊重、被关爱，而不是被遗弃，从而保护亲情，最终教会子女面对困境、克服困难、解决问题和走出困境。

第三，父母应重视利用周末、节日、假日，与孩子团聚、陪他们游玩，让他们体会到父母的关爱、家庭的温暖，从而健康发展。

第四，父母应重视共同教育的作用，扭转父亲淡出、依赖母亲的局面，发挥父亲的优势，以提高子女的心理弹性水平。

第五，父母还应该高度重视夫妻关系的改善与维系。研究结果表明，无论是在哪种人口流动模式下，父母关系良好均能够显著正向影响留守儿童的心理弹性水平。因此，流动父母务必重视改善和维系夫妻之间的关系，为子女营造良好的家庭关系氛围。

3. 面向学校

本研究发现，除了离散化留守家庭的亲子关系，学校是影响留守儿童心理弹性的重要近端环境，老师、同学和朋友对留守儿童心理弹性均有直接而显著的影响。因此，老师、同学、朋友和学校应该积极采取相关措施，共同促进留守儿童心理弹性发展。

第一，老师应勇做心灵向导。研究发现，师生关系可以显著正向影响留守儿童心理弹性；老师关心程度越高，留守儿童的心理弹性越强。因此，对于父母外出务工的学生，老师应该从观念上重视他们，从情感上喜欢他们，从言行上关心他们，并提供学业上的教导、心理上的疏导、行为上的引导，引导他们树立理想、坚定信念、明确目标，维持情绪稳定，保持对人、事、物的积极认知。

第二，同学应争做最佳同伴。研究发现，同学关系可以显著正向影响留守儿童心理弹性，同学越友好，其心理弹性越强。因此，同学之间应该友好、友爱、互帮、互助，在学习和生活中争做彼此的最佳同伴，提升人际协助水平，促进心理弹性发展。

第三，朋友应甘当最强后盾。本研究还发现，对于父母异地务工的留守儿童来说，朋友支持程度可以显著正向影响其心理弹性。因此，作为朋友，应该心甘情愿地做对方最强有力的后盾，给予最强有力的支持，以维系友谊、促进共同发展。

第四，学校应优化软硬环境。保障和促进留守儿童心理健康发展，学校责无旁贷。一方面，应完善心理咨询、图书阅览、文体娱乐等方面的基础设施，并提供相关服务，增加留守儿童可利用资源；另一方面，应加强心理健康教育，开设心理健康课程、讲座，建立心理健康档案，特别是借助专业力量，开发心理弹性训练课程。

第五，重视并发挥学校和家庭的联合作用，建立老师和父母之间的联动机制，促进学校和家庭之间的有效沟通和两性互动，以消除横亘于家校之间的信息交流鸿沟。本研究发现，无论是在哪种人口流动模式下，与老师从不做家访相比，老师有时做家访有利于提升留守儿童的心理弹性水平；但是对于人口就地就近流动模式下的留守儿童来说，老师经常做家访反而对其心理弹性有显著的负向影响。因此，学校和老师在家访频率方面应该达成共识，要高度重视家访的质量，而非一味地追求家访的频率。

第六，寄宿制学校可探索和推广"家校一体"模式，在政府和社会力量的支持下，在专业心理工作者、教育工作者、社会工作者的共同努力下，改善留守儿童留守情境，减轻留守儿童的留守压力，强化留守儿童的适应能力，提升留守儿童的心理弹性水平。

4.面向儿童个人

儿童心理弹性是个体与外部环境之间交互作用的动态过程和结果。留守儿童应发挥个人能动作用，以提高自身心理弹性水平。

本研究发现，亲子关系类型及组合是影响留守儿童心理弹性的重要家庭因素，而亲子关系又是一个父母和子女之间双向互动的过程。因此，留守儿童重视自身的主体地位，主动与外出务工的父母联系沟通，吐露心声，表达需要，寻求帮助，以便维护与外出务工父母之间的亲子关系。

本研究发现，老师关心、同学友好及朋友支持有利于提升留守儿童的心理弹性水平。因此，留守儿童应发挥个人的能动作用，有意识地与老师、同学和朋友保持良好的人际关系，从而提升彼此的心理弹性水平。

5. 面向群团组织

各级工会、共青团、妇联、残联、关工委等群团组织应发挥各自优势，积极为留守儿童提供生活照料、学业辅导、心理问题疏导等服务。工会和共青团要动员广大职工、团员和少先队员等开展留守儿童心理健康关爱活动。妇联要统领妇女之家和儿童之家等开展留守儿童心理健康关爱活动。家庭教育指导机构要强调家庭教育的意义和作用，开展留守家庭教育指导活动和流动父母科学教养培训活动，帮助他们提高教养参与意识和能力，掌握教养参与方法和技巧，引导他们关注留守儿童身心健康。

第四节　研究展望

第一，人口流动是一个复杂的、动态的社会现象，既涉及空间特征，又涉及时间特征，尽管本研究分别通过流动距离和流动时段考察了人口流动的空间特征和时间特征对留守儿童心理弹性的影响，但人口流动的时空特征包含的信息是非常丰富的，对留守儿童心理弹性的影响是复杂的，在未来研究中可通过追踪调查以获取更多人口流动信息，并揭示其对留守儿童心理弹性的影响机制。

第二，依据父母外出务工类型和流动距离，农村留守儿童可以细分为多个亚群体，本研究重点关注了父母均在本市以内务工的留守儿童和父母均在本市以外务工的留守儿童，对于父亲在本市以外务工母亲在本市以内务工的留守儿童，本研究未能实证分析人口流动下父母的亲子关系类型对其心理弹性的影响。但是，伴随着新型城镇化的有序推进，该类儿童的规模可能有所扩大，这类儿童是独具时代特色的社会群体，后续研究中将给予重点关注。

第三，亲子关系是父母与子女之间双向交互的动态过程与结果，其对于亲子双方均有重要影响，尽管本研究通过双向测量方法获取了流动父母与留守儿童之间亲子关系的内容信息，并据此识别其亲子关系的潜在类型，但亲子关系的动态特征信息存在缺失，无法考察外出务工前的亲子关系类型对当前留守儿童心理弹性的影响；未来研究既要关注亲子关系的动态特征，通过系列追踪研究，把握亲子关系变化历程，又要关注亲子关系的双向特征，揭示其对父母和子女的双向影响。

第四，留守儿童心理弹性是个体和外界环境之间进行交互作用的过程和结果，尽管本研究以务工父母与留守儿童的亲子关系为主要关切，同时兼顾家庭其他因素、学校因素和地域因素的影响，但受限于数据，尚未揭示亲子关系、师生关系、同学关系、邻里关系对留守儿童心理弹性的影响机制；未来研究更应关注留守儿童心理弹性的生态特征，分析不同环境系统的影响差异和影响机制。

参考文献

北京师范大学中国基础教育质量监测协同创新中心、北京师范大学中国教育
　　与社会发展研究院、北京师范大学儿童家庭教育研究中心等，2018，
　　《全国家庭教育状况调查报告（2018）》，http://www.jyb.cn/zcg/xwy/
　　wzxw/201809/W020180927730230778351.pdf。

蔡颖、梁宝勇、周亚娟，2010，《中学生的升学考试压力、心理弹性与压
　　力困扰的关系》，《中国临床心理学杂志》第 2 期。

柴唤友、牛更枫、孙晓军等，2017，《基于网络的亲子沟通对留守儿童社
　　会适应的影响：亲子关系的中介作用以及感恩的调节作用》，载《第
　　二十届全国心理学学术会议——心理学与国民心理健康摘要集》。

柴唤友、孙晓军、牛更枫等，2016，《亲子关系、友谊质量对主观幸福感
　　的影响：间接效应模型及性别差异》，《中国临床心理学杂志》第
　　3 期。

柴晓运、郭海英、林丹华等，2018，《情绪调节策略对流动儿童主观幸福
　　感的影响：自尊和心理弹性的序列中介作用》，《心理科学》第 1 期。

陈锋菊、罗旭芳，2016，《家庭功能对农村留守儿童问题行为的影响——
　　兼论自尊的中介效应》，《湖南农业大学学报》（社会科学版）第 1 期。

陈惠惠、刘巧兰、胡冰霜，2011，《农村留守初中生社会支持、同伴关系
　　与心理弹性的关系研究》，《现代预防医学》第 6 期。

陈佳月，2018，《亲子关系与留守儿童学校适应性的关系：心理弹性的中
　　介作用》，硕士学位论文，湖南师范大学。

陈晶晶，2008，《亲子沟通特点对海外留守儿童社会行为影响的研究》，硕
　　士学位论文，福建师范大学。

陈亮、张丽锦、沈杰，2009，《亲子关系对农村留守儿童主观幸福感的影响》，《中国特殊教育》第 3 期。

陈万芬、张大均、潘彦谷等，2016，《青少年父母依恋与抑郁的研究：心理素质的中介作用》，《心理科学》第 6 期。

陈雪婷，2018，《大学生亲子关系及其对学业成就影响的质性研究》，《扬州大学学报》（高教研究版）第 3 期。

陈友庆、张瑞，2013，《留守初中生的社会支持与心理韧性的关系》，《中国健康心理学杂志》第 9 期。

陈玉兰、戴艳、陈宏等，2015，《父亲教养参与对中学生心理健康发展的影响》，《中国学校卫生》第 11 期。

陈哲、付丽、彭咏梅等，2011，《父母教养方式、儿童期虐待、依恋与反社会人格障碍倾向的关系》，《中国临床心理学杂志》第 2 期。

程培霞、达朝锦、曹枫林等，2010，《农村留守与非留守儿童心理虐待与忽视及情绪和行为问题对比研究》，《中国临床心理学杂志》第 2 期。

池瑾、胡心怡、申继亮，2008，《家庭背景与留守儿童生活满意度的关系》，《心理研究》第 2 期。

崔丽娟，2009，《农村留守儿童社会化困境及其对策研究报告》，《思想理论教育》第 10 期。

崔烨、靳小怡，2015，《亲近还是疏离？乡城人口流动背景下农民工家庭的代际关系类型分析——来自深圳调查的发现》，《人口研究》第 3 期。

党清秀、李英、张宝山，2016，《不同类型人际关系对青少年抑郁情绪的影响——自尊和性别的作用》，《中国临床心理学杂志》第 1 期。

丁慧思、韩娟、张敏莉等，2017，《青少年抑郁症状与儿童期创伤、心理弹性的关系》，《中国心理卫生杂志》第 10 期。

丁腾慧，2011，《亲子关系对农村青少年社会适应性的影响研究》，硕士学位论文，湖南师范大学。

丁艳华，2012，《母婴依恋关系的影响因素及其对幼儿期认知和行为发展作用的研究》，博士学位论文，复旦大学。

董才生、马志强，2017，《留守儿童关爱保护政策需要从"问题回应"型转向"家庭整合"型》，《社会科学研究》第 4 期。

董泽松、张大均，2013a，《536 名少数民族留守儿童心理弹性与生活满意度关系研究》，《中国妇幼保健》第 22 期。

董泽松、张大均，2013b，《少数民族地区留守儿童心理弹性与孤独感的关系》，《中国学校卫生》第 7 期。

董泽松、张大均，2013c，《云南少数民族地区留守儿童心理弹性现状及影响因素研究》，《中国儿童保健杂志》第 9 期。

杜文军、刘馨宇、张建明等，2015，《小学高年级留守儿童亲子依恋与养育状况关系分析》，《中国学校卫生》第 6 期。

段成荣、程梦瑶、秦敏，2017a，《剧变中的我国留守妻子及其学术与公共政策含义》，《中国农业大学学报》（社会科学版）第 6 期。

段成荣、刘涛、吕利丹，2017b，《当前我国人口流动形势及其影响研究》，《山东社会科学》第 9 期。

段成荣、吕利丹、邹湘江，2013，《当前我国流动人口面临的主要问题和对策——基于 2010 年第六次全国人口普查数据的分析》，《人口研究》第 2 期。

段成荣、秦敏，2016，《创新共建共享机制 化解留守儿童问题》，《社会治理》第 6 期。

段成荣、周福林，2005，《我国留守儿童状况研究》，《人口研究》第 1 期。

段成荣，2016，《解决留守儿童问题的根本在于止住源头》，《武汉大学学报》（人文科学版）第 2 期。

范丽恒、赵文德、牛晶晶，2009，《农村留守儿童心理依恋特点》，《河南大学学报》（社会科学版）第 6 期。

范兴华、方晓义、刘勤学等，2009，《流动儿童、留守儿童与一般儿童社会适应比较》，《北京师范大学学报》（社会科学版）第 5 期。

范兴华、何苗、陈锋菊，2016，《父母关爱与留守儿童孤独感：希望的作用》，《中国临床心理学杂志》第 4 期。

范兴华、余思、彭佳等，2017，《留守儿童生活压力与孤独感、幸福感的关系：心理资本的中介与调节作用》，《心理科学》第 2 期。

方建华，2009，《心灵深处的刺痛——从社会学视角审视农村留守儿童的亲子关系》，《当代学前教育》第 5 期。

方晓义、戴丽琼、房超等，2006，《亲子沟通问题与青少年社会适应的关系》，《心理发展与教育》第 3 期。

风笑天，2007，《在职青年与父母的关系：独生与非独生子女的比较及相关因素分析》，《江苏社会科学》第 5 期。

符明弘、李鹏，2002，《中小学生亲子关系现状及教育建议》，《云南师范大学学报》（对外汉语教学与研究版）第 2 期。

符平、唐有财，2009，《倒"U"型轨迹与新生代农民工的社会流动——新生代农民工的流动史研究》，《浙江社会科学》第 12 期。

付秋瑾，2015，《儿童问题行为和亲子关系、亲社会行为的相关研究》，硕士学位论文，云南师范大学。

国家卫生健康委员会，2018，《国家卫生健康委员会 2018 年 12 月 22 日新闻发布会散发材料之八：〈中国流动人口发展报告 2018〉内容概要》，http://www.nhc.gov.cn/wjw/xwdt/201812/a32a43b225a740c4bff8f2168b0e9688.shtml。

国务院，2016，《国务院关于加强农村留守儿童关爱保护工作的意见》（国发〔2016〕13 号），http://www.gov.cn/zhengce/content/2016 - 02/14/content_5041066.htm。

郝振、崔丽娟，2007a，《留守儿童界定标准探讨》，《中国青年研究》第 10 期。

郝振、崔丽娟，2007b，《自尊和心理控制源对留守儿童社会适应的影响研究》，《心理科学》第 5 期。

何芙蓉、刘巧兰、周欢等，2011，《四川省南部农村留守初中生心理弹性影响因素分析》，《中国学校卫生》第 2 期。

河南省统计局，2016，《"十二五"时期河南人口发展报告》，http://www.ha.stats.gov.cn/sitesources/hntj/page_pc/tjfw/tjfx/qsfx/ztfx/article34d3ed67e0e04e99ae1d973c5e4a6cdd.html。

侯珂、刘艳、屈智勇等，2014，《留守对农村儿童青少年社会适应的影响：倾向值匹配的比较分析》，《心理发展与教育》第 6 期。

胡心怡、刘霞、申继亮等，2007，《生活压力事件、应对方式对留守儿童心理健康的影响》，《中国临床心理学杂志》第 5 期。

胡义秋、方晓义、刘双金等，2018，《农村留守儿童焦虑情绪的异质性：基于潜在剖面分析》，《心理发展与教育》第 3 期。

胡月琴、甘怡群，2008，《青少年心理韧性量表的编制和效度验证》，《心理学报》第 8 期。

胡湛、彭希哲，2012，《家庭变迁背景下的中国家庭政策》，《人口研究》第 2 期。

贾文华，2011，《亲子关系对留守小学生自我意识的影响及启示》，《现代预防医学》第 7 期。

江琴，2013a，《儿童发展的心理弹性理论在留守儿童教育中的应用》，《福建论坛》（人文社会科学版）第 10 期。

江琴，2013b，《福建省初中留守儿童情绪与行为问题调查》，《中国公共卫生》第 12 期。

蒋玉红、孙业桓、杨林胜等，2013，《安徽省某农村地区在校留守儿童心理弹性及其影响因素分析》，《中国学校卫生》第 3 期。

金灿灿、刘艳、陈丽，2012，《社会负性环境对流动和留守儿童问题行为的影响：亲子和同伴关系的调节作用》，《心理科学》第 5 期。

靳小怡、刘红升、刘朔等，2015，《家庭教养方式对农村流动儿童生活满意度的影响——基于深圳市中小学调查数据的分析》，《南方人口》第 6 期。

靳小怡、刘红升，2018，《农民工教养方式与流动儿童心理弹性：特征和关系》，《西安交通大学学报》（社会科学版）第 2 期。

康岚，2012，《反馈模式的变迁：转型期城市亲子关系研究》，上海社会科学院出版社。

赖运成、叶一舵，2015，《中学生人际敏感性的发展特点研究》，《江汉大学学报》（社会科学版）第 1 期。

乐国安、李文姣、王雪松，2011，《亲子关系对自尊的影响：一项基于贫困大学生的研究》，《应用心理学》第 1 期。

李彩娜、邹泓，2006，《青少年孤独感的特点及其与人格、家庭功能的关系》，《陕西师范大学学报》（哲学社会科学版）第 1 期。

李洁、罗柳芬、黄仁辉等，2018，《社会支持对流动儿童社会退缩的影响，心理弹性的中介作用》，《心理学探新》第 2 期。

李勉、张平平、张兴慧等，2015，《初中寄宿生亲子依恋与学校适应的关系：分离－个体化的中介作用》，《中国临床心理学杂志》第 4 期。

李霓霓、张卫、李董平等,2009,《青少年的依恋、情绪智力与攻击性行为的关系》,《心理发展与教育》第 2 期。

李强、陈振华、张莹,2015,《就近城镇化与就地城镇化》,《广东社会科学》第 1 期。

李强、孟育群,2001,《孩子特质的哪些因素影响亲子关系》,《江西教育科研》第 8 期。

李强、臧文斌,2011,《父母外出对留守儿童健康的影响》,《经济学》(季刊)第 1 期。

李卫民,2016,《城乡关系重构下乡村人口城镇化微观进程研究——基于家庭流动人口的视角》,《未来与发展》第 6 期。

李文倩,2017,《初中生亲子关系与心理健康的关系:自尊的中介效应》,硕士学位论文,河北师范大学。

李晓巍、刘艳,2013,《父教缺失下农村留守儿童的亲子依恋、师生关系与主观幸福感》,《中国临床心理学杂志》第 3 期。

李旭、李志鸿、李霞等,2016,《留守儿童的心理弹性与父母情感温暖的关系——基于潜在剖面分析的研究》,《中国心理卫生杂志》第 5 期。

李雪平、李双双,2016,《公正世界信念对青少年主观幸福感的影响:心理韧性和自尊的链式中介效应》,《中国特殊教育》第 3 期。

李彦章、向娟,2010,《留守儿童视角下的亲子状况研究——以四川宣汉县新芽村为例》,《社会心理科学》第 Z2 期。

李燕、黄舒华、张筱叶等,2010,《父亲参与及其对儿童发展影响的研究综述》,《外国中小学教育》第 5 期。

李燕芳、刘丽君、吕莹等,2015,《人际关系状况与学龄前流动儿童的问题行为》,《心理学报》第 7 期。

李燕平、杜曦,2016,《农村留守儿童抗逆力的保护性因素研究——以曾留守大学生的生命史为视角》,《中国青年政治学院学报》第 4 期。

李永鑫、骆鹏程、聂光辉,2009,《人格特征、社会支持对留守儿童心理弹性的影响》,《河南大学学报》(社会科学版)第 6 期。

李永鑫、骆鹏程、谭亚梅,2008,《农村留守儿童心理弹性研究》,《河南大学学报》(社会科学版)第 1 期。

李媛,2016,《初中生感知学校气氛、心理弹性与学习倦怠的关系研究》,

硕士学位论文，河北师范大学。

梁挺、郑丽莉、秦凯等，2014，《广州留守儿童主观幸福感现况调查研究》，《中国健康心理学杂志》第 4 期。

廖永伦，2015，《就地就近城镇化：新型城镇化的现实路径选择》，《贵州社会科学》第 11 期。

凌辉、张建人、钟妮等，2012，《留守儿童的孤独感与友谊质量及社交地位的关系》，《中国临床心理学杂志》第 6 期。

刘斌、邵月芬、杜屏，2018，《同胞数量对小学生亲子关系的影响》，《教育科学研究》第 11 期。

刘丹、石国兴、郑新红，2010，《论积极心理学视野下的心理韧性》，《心理学探新》第 4 期。

刘海娇、田录梅、王姝琼等，2011，《青少年的父子关系、母子关系及其对抑郁的影响》，《心理科学》第 6 期。

刘红升、靳小怡，2018，《教养方式与留守儿童心理弹性、特征和关系——来自河南省叶县的调查证据》，《西南民族大学学报》（人文社科版）第 1 期。

刘红艳、常芳、岳爱等，2017，《父母外出务工对农村留守儿童心理健康的影响：基于面板数据的研究》，《北京大学教育评论》第 2 期。

刘巧兰、周欢、杨洋等，2011，《四川资中县农村留守儿童心理弹性的结构方程模型分析》，《卫生研究》第 4 期。

刘琴、孙敏红、赵勇等，2011，《影响我国留守儿童心理健康相关因素的系统评价》，《中国循证医学杂志》第 12 期。

刘小先，2009，《父母教养观念、亲子关系与儿童青少年自我意识的相关研究》，硕士学位论文，华东师范大学。

刘晓梅、李康，1996，《亲子关系研究浅识》，《贵州师范大学学报》（社会科学版）第 3 期。

刘玉梅、高健、王英等，2009，《母子关系与女大学生友好相处能力的相关性》，《中国健康心理学杂志》第 5 期。

卢茜、佘丽珍、李科生，2015，《留守儿童情绪性问题行为与亲子依恋的相关研究》，《当代教育理论与实践》第 2 期。

罗静、王薇、高文斌，2009，《中国留守儿童研究述评》，《心理科学进展》

第 5 期。

吕利丹、阎芳、段成荣等，2018，《新世纪以来我国儿童人口变动基本事实和发展挑战》，《人口研究》第 3 期。

马龙，2015，《初中生亲子关系、同伴关系与问题行为的交互作用》，《亚太教育》第 33 期。

马伟娜、姚雨佳、曹亮等，2010，《幼儿情绪理解层次的发展及其与依恋的关系》，《心理发展与教育》第 5 期。

毛向军、王中会，2013，《流动儿童亲子依恋及对其心理韧性的影响》，《中国特殊教育》第 3 期。

梅红、王璇、司如雨，2019，《西部农村家庭父母教育卷入现状及成效——基于陕西省宁强县 4643 份数据的实证研究》，《西北农林科技大学学报》（社会科学版）第 2 期。

孟仙、余毅震、刘卓娅等，2011，《小学高年级儿童攻击行为与亲子依恋关系》，《中国学校卫生》第 8 期。

孟育群、李强，2001，《建设少年儿童良好亲子关系的要素》，《教育科学》第 3 期。

孟育群，1992，《关于亲子关系对少年问题行为及人格特征的影响的研究》，《教育研究》第 9 期。

孟育群，1994，《少年期的亲子矛盾与良好亲子关系的建立》，《教育科学》第 4 期。

牛更枫、范翠英、周宗奎等，2015，《青少年乐观对抑郁的影响：心理韧性的中介作用》，《中国临床心理学杂志》第 4 期。

牛英，2014，《留守儿童心理弹性与领悟社会支持的关系和干预研究》，硕士学位论文，南京师范大学。

潘海生、曹小锋，2010，《就地城镇化：一条新型城镇化道路——浙江小城镇建设的调查》，《政策瞭望》第 9 期。

潘晓莉、甘晓伟，2001，《影响农村小学生心理健康的多因素分析》，《中国学校卫生》第 1 期。

潘颖秋，2015，《初中青少年自尊发展趋势及影响因素的追踪分析》，《心理学报》第 6 期。

彭希哲、胡湛，2015，《当代中国家庭变迁与家庭政策重构》，《中国社会科学》第 12 期。

蒲少华、李臣、卢宁等，2011，《国外"父亲在位"理论研究新进展及启示》，《深圳大学学报》（人文社会科学版）第 2 期。

蒲少华、卢宁，2008，《父亲教养的研究进展》，《中国健康心理学杂志》第 10 期。

蒲少华、卢宁，2012，《父亲在位理论——留守儿童教养新视角》，《乐山师范学院学报》第 8 期。

全国妇联课题组，2013，《我国农村留守儿童、城乡流动儿童状况研究报告》，http://news. china. com. cn/txt/2013－05/18/content_28862083. htm。

桑利杰、陈光旭、朱建军，2016，《大学生社会支持与学习适应的关系：心理韧性的中介作用》，《中国健康心理学杂志》第 2 期。

陕西省统计局，2016，《陕西省 2015 年人口发展报告》，http://tjj. shaanxi. gov. cn/site/1/html/126/131/138/12533. htm。

申继亮，2009，《透视处境不利儿童的心理世界》，北京师范大学出版社。

申晓燕、陈世联，2009，《留守儿童亲子关系残缺的情绪问题及对策》，《重庆科技学院学报》（社会科学版）第 5 期。

宋广文、何云凤、丁琳等，2013，《有留守经历的中学生心理健康、心理弹性与主观幸福感的关系》，《中国特殊教育》第 2 期。

宋璐、李树茁，2017，《农村老年人家庭代际关系及其影响因素——基于性别视角的潜在类别分析》，《人口与经济》第 6 期。

宋淑娟、廖运生，2008，《初中留守儿童一般生活满意度及其与家庭因素的关系》，《中国特殊教育》第 8 期。

宋月萍，2018，《父母流动对农村大龄留守儿童在校行为的影响——来自中国教育追踪调查的证据》，《人口研究》第 5 期。

孙全胜，2018，《城市化的二元结构和城乡一体化的实现路径》，《经济问题探索》第 4 期。

孙仕秀、范方、郑裕鸿等，2012，《青少年创伤后应激障碍症状与父母教养方式的关系：心理弹性的中介作用》，《中国临床心理学杂志》第 4 期。

孙文凯、王乙杰，2016，《父母外出务工对留守儿童健康的影响——基于微观面板数据的再考察》，《经济学》（季刊）第 3 期。

谭深,2011,《中国农村留守儿童研究述评》,《中国社会科学》第1期。

谭水桃、张曼莉、孙利娜等,2009,《不同心理复原力中学生家庭环境因子比较》,《中国学校卫生》第2期。

唐开聪,2012,《留守儿童家庭教养方式、心理弹性、学业拖延的关系》,硕士学位论文,广州大学。

唐有财、符平,2011,《亲子分离对留守儿童的影响——基于亲子分离具体化的实证研究》,《人口学刊》第5期。

田菲菲、田录梅,2014,《亲子关系、朋友关系影响问题行为的3种模型》,《心理科学进展》第6期。

田录梅、陈光辉、王姝琼等,2012,《父母支持、友谊支持对早中期青少年孤独感和抑郁的影响》,《心理学报》第7期。

万江红、李安冬,2016,《从微观到宏观:农村留守儿童抗逆力保护因素分析——基于留守儿童的个案研究》,《华东理工大学学报》(社会科学版)第5期。

王东宇、王丽芬,2005,《影响中学留守孩心理健康的家庭因素研究》,《心理科学》第2期。

王晖、熊昱可、刘霞,2018,《亲子关系和朋友支持对流动儿童情绪和行为适应的保护作用》,《心理发展与教育》第5期。

王丽妮,2017,《高中生亲子关系与心理发展:自主性的中介作用》,硕士学位论文,广州大学。

王蔺、韩茹、蒋舒阳等,2018,《主观社会支持在亲子依恋与儿童抑郁间中介作用》,《中国公共卫生》第12期。

王美萍,2010,《亲子关系与青少年社会适应的联系:遗传与环境的影响》,博士学位论文,山东师范大学。

王楠、韩娟、丁慧思等,2017,《农村在校留守儿童心理健康及影响因素》,《中国公共卫生》第9期。

王瑞、吴颖惠、张红健,2015,《随迁子女复原力对其焦虑的影响:多重中介模型的检验》,《中国特殊教育》第7期。

王淑芳,2010,《农村留守儿童的心理弹性及其与依恋应对方式的关系》,硕士学位论文,河南大学。

王素华、李新影、陈杰,2014,《父母监管和温暖与青少年交往不良同伴对自身问题行为的影响》,《中国临床心理学杂志》第 3 期。

王铁柱、陈明春、孙业桓等,2011,《某农村地区儿童抑郁现状与留守状况的关系》,《中国学校卫生》第 12 期。

王鑫强、张大均,2012,《初中生生活满意度的发展趋势及心理韧性的影响:2 年追踪研究》,《心理发展与教育》第 1 期。

王学琛,2018,《〈2018 中国留守儿童心灵状况白皮书〉发布:4 成留守儿童每年与父母见面不到 2 次》,http://www.sohu.com/a/260330743_653051。

王永、王振宏,2013,《大学生的心理韧性及其与积极情绪、幸福感的关系》,《心理发展与教育》第 1 期。

王云峰、冯维,2006,《亲子关系研究的主要进展》,《中国特殊教育》第 73 期。

王志杰、张晶晶、潘毅等,2014,《社会支持对流动儿童抑郁的影响:韧性的中介作用》,《中国临床心理学杂志》第 2 期。

王中会、Gening Jin、蔺秀云,2014,《流动儿童心理韧性对其抑郁、孤独的影响》,《中国特殊教育》第 4 期。

王中会、蔺秀云,2012,《流动儿童心理韧性及对其城市适应的影响》,《中国特殊教育》第 12 期。

王中会、蔺秀云,2018,《流动儿童的亲子依恋与其城市适应的关系:心理韧性的中介作用》,《心理发展与教育》第 3 期。

魏军锋,2014,《留守儿童气质性乐观、应对方式与生活满意度的关系》,《中国特殊教育》第 11 期。

温馨、陈启山、杨舒婷等,2016,《亲子依恋对小学儿童心理弹性的影响:领悟性社会支持的中介效应》,载《第十九届全国心理学学术会议摘要集》。

吴舸,1990,《劳教男性青少年童年亲子关系的对照研究》,《应用心理学》第 3 期。

吴旻、刘争光、梁丽婵,2016,《亲子关系对儿童青少年心理发展的影响》,《北京师范大学学报》(社会科学版)第 5 期。

吴念阳、张东昀,2004,《青少年亲子关系与心理健康的相关研究》,《心理科学》第 4 期。

吴庆兴、王美芳，2014，《亲子依恋、同伴依恋与青少年焦虑症状的关系》，《中国临床心理学杂志》第4期。

吴艺方、韩秀华、韦唯等，2013，《小学生父母教育卷入行为理论模型的建构与验证》，《北京师范大学学报》（社会科学版）第1期。

伍新春、陈玲玲、刘畅等，2014，《中国父亲教养投入的特点及其相关影响因素》，《华南师范大学学报》（社会科学版）第6期。

肖聪阁、陈旭，2009，《农村留守初中生依恋与应对方式的关系研究》，《心理发展与教育》第1期。

肖慧，2015，《家庭功能、亲子关系和青少年逆反心理的关系研究》，硕士学位论文，天津师范大学。

谢家树、李杰、易嫦娥等，2014，《初中生生活事件与生活满意度的关系：心理弹性的中介作用》，《中国临床心理学杂志》第4期。

谢玲平、邹维兴，2015，《农村留守初中生自我效能感与应对方式的关系：心理韧性的中介作用》，《中国卫生统计》第6期。

谢湘，2017，《2017〈留守儿童心灵状况白皮书〉报告显示：留守儿童期待父母陪伴远甚于物质》，http://news.cyol.com/content/2017-07/22/content_16323432.htm。

邢淑芬、梁熙、岳建宏等，2016，《祖辈共同养育背景下多重依恋关系及对幼儿社会－情绪性发展的影响》，《心理学报》第5期。

徐杰、张越、詹文琦等，2016，《亲子沟通对青少年社会适应的影响：社会支持的中介作用》，《中国健康心理学杂志》第1期。

徐礼平、田宗远、邝宏达，2013a，《留守儿童心理安全感与心理韧性现状及其关系分析》，《中国儿童保健杂志》第9期。

徐礼平、田宗远、邝宏达，2013b，《农村留守儿童社会适应状况及其与心理韧性相关性》，《中国儿童保健杂志》第7期。

徐良苑，2015，《早期母子、父子关系状况及其对儿童社会适应的影响——基于性别差异的视角》，载《中国心理学会发展心理专业委员会第十三届学术年会摘要集》。

徐贤明、钱胜，2012，《心理韧性对留守儿童品行问题倾向的保护作用机制》，《中国特殊教育》第3期。

徐晓新、张秀兰，2016，《将家庭视角纳入公共政策——基于流动儿童义务教育政策演进的分析》，《中国社会科学》第 6 期。

许传新、陈国华、王杰，2011，《亲子关系："流动"与"留守"子女的比较》，《中国青年研究》第 7 期。

许松芽，2011，《留守儿童心理弹性与社会支持关系的调查研究》，《集美大学学报》（教育科学版）第 3 期。

杨莲清，1998，《特区中小学生亲子关系及其对心理健康的影响作用》，《心理发展与教育》第 2 期。

叶敬忠、孟祥丹，2010，《外出务工父母视角的留守儿童》，《中国农村经济》第 12 期。

叶艳、范方、陈世键等，2014，《心理弹性、负性生活事件和抑郁症状的关系：钢化效应和敏化效应》，《心理科学》第 6 期。

叶一舵、白丽英，2002，《国内外关于亲子关系及其对儿童心理发展影响的研究》，《福建师范大学学报》（哲学社会科学版）第 2 期。

蚁璇瑶、凌宇，2013，《家庭关系对高中生自尊与抑郁情绪的影响》，《教育测量与评价》（理论版）第 5 期。

尹霞云，2012，《儿童与父亲的关系：影响因素及儿童的心理适应》，博士学位论文，中南大学。

应湘、白景瑞、郭绵玲等，2014，《外来工子女心理弹性、社会支持与积极情绪特征》，《广州大学学报》（社会科学版）第 2 期。

应湘、郭绵玲、方佳燕，2013，《外来务工人员子女与留守儿童的心理弹性结构的比较研究》，《教育导刊》第 11 期。

曾守锤、李其维，2003，《儿童心理弹性发展的研究综述》，《心理科学》第 6 期。

张娥、訾非，2012，《留守高中生安全感自尊与生活满意度的关系》，《中国学校卫生》第 3 期。

张娥，2012，《大学生父母关系、亲子关系感知及其与安全感的关系》，硕士学位论文，北京林业大学。

张峰、张永水、孙厚才，2016，《农民工随迁子女一般自我效能感与主观幸福感的关系：心理韧性的中介作用》，《中国特殊教育》第 2 期。

张洁婷、焦璨、张敏强，2010，《潜在类别分析技术在心理学研究中的应用》，《心理科学进展》第 12 期。

张坤，2016，《我国儿童心理弹性研究的回顾与展望》，《华东师范大学学报》（教育科学版）第 4 期。

张丽芳、唐日新、胡燕等，2006，《留守儿童主观幸福感与教养方式的关系研究》，《中国健康心理学杂志》第 4 期。

张丽敏、田浩，2014，《流动儿童心理韧性的团体辅导干预研究》，《中国特殊教育》第 10 期。

张莉、王乾宇、赵景欣，2014，《养育者支持、逆境信念与农村留守儿童孤独感的关系》，《中国临床心理学杂志》第 2 期。

张胜、黄丹丹、刘兴利等，2012，《四川某县农村留守儿童的亲子关系调查》，《现代医药卫生》第 6 期。

张晓、陈会昌、张桂芳等，2008，《亲子关系与问题行为的动态相互作用模型：对儿童早期的追踪研究》，《心理学报》第 5 期。

张一波、张卫、朱键军等，2017，《社区暴力暴露与初中生外化问题行为的关系：一个有调节的中介模型》，《心理发展与教育》第 2 期。

张志学，1990，《家庭系统理论的发展与现状》，《心理学探新》第 1 期。

赵景欣、刘霞、李悦，2013a，《日常烦恼与农村留守儿童的偏差行为：亲子亲合的作用》，《心理发展与教育》第 4 期。

赵景欣、刘霞、张文新，2013b，《同伴拒绝、同伴接纳与农村留守儿童的心理适应：亲子亲合与逆境信念的作用》，《心理学报》第 7 期。

赵景欣、张文新，2008，《农村留守儿童生活适应过程的质性研究》，《河南大学学报》（社会科学版）第 1 期。

赵景欣，2015，《抗逆力让留守儿童摆脱成长困境》，《人民教育》第 22 期。

赵乐东，2005，《新时期人口流动和流动人口的统计学研究》，《经济经纬》第 6 期。

赵欣，2018，《青年期亲子关系中的情绪管理》，《河北青年管理干部学院学报》第 4 期。

赵永婧、范红霞、刘丽，2014，《亲子依恋与初中留守儿童心理韧性的关系》，《中国特殊教育》第 7 期。

郑希付，1996，《亲子关系与子女行为异常》，《中国心理卫生杂志》第 6 期。

郑希付，1998，《良性亲子关系创立模式》，《湖南师范大学社会科学学报》
　　第 1 期。

中华人民共和国国家统计局，2018，《2017 年农民工监测调查报告》，ht-
　　tp：//www. stats. gov. cn/tjsj/zxfb/201804/t20180427_1596389. html。

中华人民共和国民政部，2018，《图表：2018 年农村留守儿童数据》，ht-
　　tp：//www. mca. gov. cn/article/gk/tjtb/201809/20180900010882. shtml。

周步成，1991，《亲子关系诊断测验（PCRT）》，华东师范大学出版社。

周福林、段成荣，2006，《留守儿童研究综述》，《人口学刊》第 3 期。

周永红、吕催芳、徐凡皓，2013，《留守儿童心理弹性与心理健康的关系
　　研究》，《中国特殊教育》第 10 期。

周宗奎，1995，《儿童社会化》，湖北少年儿童出版社。

朱慧慧、卢国华、刘海涛，2012，《亚洲复原力量表在中学生中的信度效
　　度检验及应用》，《中国健康心理学杂志》第 4 期。

朱俊卿，2004，《农村亲子关系模式及特点研究》，《心理科学》第 5 期。

朱茂玲、徐晓叶楠、林丹华，2013，《小学生受虐待经历与焦虑的关系：
　　心理弹性的中介作用分析》，《中国特殊教育》第 10 期。

朱清、范方、郑裕鸿等，2012，《心理弹性在负性生活事件和抑郁症状之
　　间的中介和调节：以汶川地震后的青少年为例》，《中国临床心理学杂
　　志》第 4 期。

朱斯琴，2016，《父母外出对农村留守儿童心理健康的影响——基于四省
　　农户的实证研究》，《暨南学报》（哲学社会科学版）第 2 期。

邹新树，2005，《农民工向城市流动的动因，"推—拉"理论的现实解读》，
　　《农村经济》第 10 期。

Agerup, T. , Lydersen, S. , Wallander, J. et al. 2015. "Associations Be-
　　tween Parental Attachment and Course of Depression Between Adolescence
　　and Young Adulthood. " *Child Psychiatry & Human Development* 46 （4）：
　　632 – 642.

Ai, H. and Hu, J. 2016. "Psychological Resilience Moderates the Impact of So-
　　cial Support on Loneliness of 'Left-behind' Children. " *Journal of Health
　　Psychology* 21 （6）：1066 – 1073.

Ainsworth, M. D. S. 2006. "Attachments and Other Affectional Bonds Across the

Life Cycle." In *Attachment Across the Life Cycle*, edited by Parkes, C. M., Joan, S. H., and Marris, P., pp. 41 – 59. New York: Routledge.

Akhter, N., Hanif, R., Tariq, N. et al. 2011. "Parenting Styles as Predictors of Externalizing and Internalizing Behavior Problems Among Children." *Pakistan Journal of Psychological Research* 26 (1): 23 – 41.

Al-Yagon, M. 2011. "Adolescents' Subtypes of Attachment Security with Fathers and Mothers and Self-perceptions of Socioemotional Adjustment." *Psychology* 2 (4): 291 – 299.

Armstrong, A. R., Galligan, R. F., and Critchley, C. R. 2011. "Emotional Intelligence and Psychological Resilience to Negative Life Events." *Personality and Individual Differences* 51 (3): 331 – 336.

Atwool, N. 2006. "Attachment and Resilience: Implications for Children in Care." *Child Care in Practice* 12 (4): 315 – 330.

Beavers, R. and Hampson, R. B. 2000. "The Beavers Systems Model of Family Functioning." *Journal of Family Therapy* 22 (2): 128 – 143.

Benzies, K. and Mychasiuk, R. 2009. "Fostering Family Resiliency: A Review of the Key Protective Factors." *Child & Family Social Work* 14 (1): 103 – 114.

Berlin, L. J., Ziv, Y., Amaya-Jackson, L. et al. 2007. "Enhancing Early Attachments: Theory, Research, Intervention, and Policy." *Journal of the Canadian Academy of Child & Adolescent Psychiatry* 16 (1): 147 – 149.

Boldt, L. J., Kochanska, G., Yoon, J. E. et al. 2014. "Children's Attachment to both Parents from Toddler Age to Middle Childhood: Links to Adaptive and Maladaptive Outcomes." *Attachment & Human Development* 16 (3): 211 – 229.

Bowes, L., Maughan, B., Caspi, A. et al., 2010. "Families Promote Emotional and Behavioural Resilience to Bullying: Evidence of an Environmental Effect." *Journal of Child Psychology & Psychiatry & Allied Disciplines* 51 (7): 809 – 817.

Bowlby, J. 1969. *Attachment and Loss: Attachment*. New York: Basic Books.

Bowlby, J. 1982. "Attachment and Loss: Retrospect and Prospect." *American*

Journal of Orthopsychiatry 52 (4): 664 – 678.

Bowlby, J. 2012. *The Making and Breaking of Affectional Bond*s. London and New York: Routledge.

Bradley, B., Davis, T. A., Wingo, A. P. et al. 2013. "Family Environment and Adult Resilience: Contributions of Positive Parenting and the Oxytocin Receptor Gene." *European Journal of Psychotraumatology* 4 (9): 649 – 654.

Braza, P., Carreras, R., Muñoz, J. M. et al. 2015. "Negative Maternal and Paternal Parenting Styles as Predictors of Children's Behavioral Problems: Moderating Effects of the Child's Sex." *Journal of Child and Family Studies* 24 (4): 847 – 856.

Brennan, P. A., LeBrocque, R., and Hammen, C. 2003. "Maternal Depression, Parent-child Relationships, and Resilient Outcomes in Adolescence." *Journal of the American Academy of Child & Adolescent Psychiatry* 42 (12): 1469 – 1477.

Bronfenbrenner, U. 1986. "Ecology of the Family as a Context for Human Development: Research Perspectives." *Developmental Psychology* 22 (6): 723 – 742.

Bronfenbrenner, U. 2005. *Making Human Beings Human: Bioecological Perspectives on Human Development*. Thousand Oaks, CA: Sage.

Brooks, J. E. 2006. "Strengthening Resilience in Children and Youths: Maximizing Opportunities Through the Schools." *Children & Schools* 28 (2): 69 – 76.

Brumariu, L. E. and Kerns, K. A. 2008. "Mother-child Attachment and Social Anxiety Symptoms in Middle Childhood." *Journal of Applied Developmental Psychology* 29 (5): 393 – 402.

Buist, K. L., Deković, M., and Gerris, J. R. M., 2011. "Dyadic Family Relationships and Adolescent Internalizing and Externalizing Problem Behavior: Effects of Positive and Negative Affect." *Family Science* 2 (1): 34 – 42.

Burk, W. J. and Laursen, B. 2010. "Mother and Adolescent Reports of Associations Between Child Behavior Problems and Mother-child Relationship Qualities: Separating Shared Variance from Individual Variance." *Journal of Abnormal Child Psychology* 38 （5）： 657 – 667.

Buyse, E. , Verschueren, K. , and Doumen, S. 2011. "Preschoolers' Attach-ment to Mother and Risk for Adjustment Problems in Kindergarten： Can Teachers Make a Difference? . " *Social Development* 20 （1）： 33 – 50.

Cheung, C. S. S. and Pomerantz, E. M. 2011. "Parents' Involvement in Children's Learning in the United States and China： Implications for Children's Aca-demic and Emotional Adjustment. " *Child Development* 82 （3）： 932 – 950.

Chris Fraley, R. 2002. "Attachment Stability from Infancy to Adulthood： Meta-analysis and Dynamic Modeling of Developmental Mechanisms. " *Personality and Social Psychology Review* 6 （2）： 123 – 151.

Cicchetti, D. 2010. "Resilience Under Conditions of Extreme Stress： A Multi-level Perspective. " *World Psychiatry* 9 （3）： 145 – 154.

Conger, K. J. and Kramer, L. 2010. "Introduction to the Special Section： Perspec-tives on Sibling Relationships： Advancing Child Development Research. " *Child Development Perspectives* 4 （2）： 69 – 71.

Coyl-Shepherd, D. D. and Newland, L. A. 2013. "Mothers' and Fathers' Couple and Family Contextual Influences, Parent Involvement, and School-age Child At-tachment. " *Early Child Development and Care* 183 （3 – 4）： 553 – 569.

Crockett, L. J. , Brown, J. , Russell, S. T. et al. 2007. "The Meaning of Good Parent-child Relationships for Mexican American Adolescents. " *Jour-nal of Research on Adolescence* 17 （4）： 639 – 668.

Crosnoe, R. and Elder, Jr. G. H. 2004. "Family Dynamics, Supportive Rela-tionships, and Educational Resilience During Adolescence. " *Journal of Family Issues* 25 （5）： 571 – 602.

Cummings, E. M. , Schermerhorn A. C. , Keller, P. S. et al. 2008. "Parental Depressive Symptoms, Children's Representations of Family Relationships, and Child Ajustment. " *Social Development* 17 （2）： 278 – 305.

Dai, Q. and Chu, R. X. 2018. "Anxiety, Happiness and Self-esteem of West-ern Chinese Left-behind Children. " *Child Abuse & Neglect* 86： 403 – 413.

Desimone, L. 1999. "Linking Parent Involvement with Student Achievement： Do Race and Income Matter? . " *The Journal of Educational Research* 93

(1): 11 – 30.

Ding, Y. H. , Xu, X. , Wang, Z. Y. et al. 2014. "The Relation of Infant At-
tachment to Attachment and Cognitive and Behavioral Outcomes in Early
Childhood. " *Early Human Development* 90 (9): 459 – 464.

Dmitrieva, J. , Chen, C. , Greenberger, E. et al. 2004. "Family Relation-
ships and Adolescent Psychosocial Outcomes: Converging Findings from
Eastern and Western Cultures. " *Journal of Research on Adolescence* 14
(4): 425 – 447.

Dray, J. , Bowman, J. , Freund, M. et al. 2014. "Improving Adolescent
Mental Health and Resilience Through a Resilience-based Intervention in
Schools: Study Protocol for a Randomized Controlled Trial. " *Trials* 15
(1): 289 – 289.

Duchesne, S. and Ratelle, C. F. 2014. "Attachment Security to Mothers and
Fathers and the Developmental Trajectories of Depressive Symptoms in Ado-
lescence: Which Parent for Which Trajectory? . " *Journal of Youth and
Adolescence* 43 (4): 641 – 654.

Dykstra, P. A. and Fokkema, T. 2011. "Relationships Between Parents and
Their Adult Children: A West European Typology of Late-life Families. "
Ageing & Society 31 (4): 545 – 569.

Eisenberg, N. , Valiente, C. , Morris, A. S. et al. 2003. "Longitudinal Rela-
tions Among Parental Emotional Expressivity, Children's Regulation, and
Quality of Socioemotional Functioning. " *Developmental Psychology* 39 (1):
3 – 19.

El Nokali, N. E. , Bachman, H. J. , and Votruba-Drzal, E. 2010. "Parent
Involvement and Children's Academic and Social Development in Elementary
School. " *Child Development* 81 (3): 988 – 1005.

El-Sheikh, M. , Keiley, M. , Erath, S. et al. 2013. "Marital Conflict and
Growth in Children's Internalizing Symptoms: The Role of Autonomic
Nervous System Activity. " *Developmental Psychology* 49 (1): 92.

Epstein, J. L. 2010. "School/Family/Community Partnerships: Caring for the
Children We Share. " *Phi Delta Kappan* 92 (3): 81 – 96.

Epstein, R. M. and Krasner, M. S. 2013. "Physician Resilience: What It Means, Why It Matters, and How to Promote It." *Academic Medicine* 88 (3): 301 – 303.

Fang, X. Y., Dai, L. Q., Fang, C. et al. 2006. "The Relationship Between Parent-adolescent Communication Problems and Adolescents' Social Adjustments." *Psychological Development Education* 22: 47 – 52.

Fantuzzo, J., Tighe, E., and Childs, S. 2000. "Family Involvement Questionnaire: A Multivariate Assessment of Family Participation in Early Childhood Education." *Journal of Educational Psychology* 92 (2): 367.

Fergus, S. and Zimmerman, M. A. 2005. "Adolescent Resilience: A Framework for Understanding Healthy Development in the Face of Risk." *Annual Review of Public Health* 26: 399 – 419.

Fincham, D. S., Altes, L. K., Stein, D. J. et al. 2009. "Posttraumatic Stress Disorder Symptoms in Adolescents: Risk Factors Versus Resilience Moderation." *Comprehensive Psychiatry* 50 (3): 193 – 199.

Fletcher, D. and Sarkar, M. 2013. "Psychological Resilience: A Review and Critique of Definitions, Concepts, and Theory." *European Psychologist* 18 (1): 12 – 23.

Flouri, E. and Buchanan, A. 2003. "The Role of Father Involvement and Mother Involvement in Adolescents' Psychological Well-being." *British Journal of Social Work* 33 (3): 399 – 406.

Fosco, G. M., Stormshak, E. A., Dishion, T. J. et al. 2012. "Family Relationships and Parental Monitoring During Middle School as Predictors of Early Adolescent Problem Behavior." *Journal of Clinical Child & Adolescent Psychology* 41 (2): 202 – 213.

Gallarin, M. and Alonso-Arbiol, I. 2012. "Parenting Practices, Parental Attachment and Aggressiveness in Adolescence: A Predictive Model." *Journal of Adolescence* 35 (6): 1601 – 1610.

Geanellos, R. 2005. "Adversity as Opportunity: Living with Schizophrenia and Developing a Resilient Self." *International Journal of Mental Health Nursing* 14 (1): 7 – 15.

Gilligan, R. 2010. "Adversity, Resilience and Young People: The Protective Value of Positive School and Spare Time Experiences. " *Children & Society* 14 (1): 37 –47.

Gribble, P. A., Cowen, E. L., Wyman, P. A. et al. 1993. "Parent and Child Views of Parent-child Relationship Qualities and Resilient Outcomes Among Urban Children. " *Journal of Child Psychology and Psychiatry* 34 (4): 507 –519.

Grolnick, W. S. and Slowiaczek, M. L. 1994. "Parents' Involvement in Children's Schooling: A Multidimensional Conceptualization and Motivational Model. " *Child Development* 65 (1): 237 –252.

Gudmundsdottir, E., Schirren, M., and Boman, K. K. 2011. "Psychological Resilience and Long-term Distress in Swedish and Icelandic Parents' Adjustment to Childhood Cancer. " *Acta Oncologica* 50 (3): 373 –380.

Haase, J. E. 2004. "The Adolescent Resilience Model as a Guide to Interventions. " *Journal of Pediatric Oncology Nursing* 21 (5): 289 –299.

Haddadi, P. and Besharat, M. A. 2010. "Resilience, Vulnerability and Mental Health. " *Procedia-Social and Behavioral Sciences* 5: 639 –642.

Hair, E. C., Moore, K. A., Garrett, S. B. et al. 2005. "The Parent-adolescent Relationship Scale. " In *What Do Children Need to Flourish? Conceptualizing and Measuring Indicators of Positive Development*, edited by K. A. M. L. H. Lippman, pp. 183 –202. New York: Springer.

Harris, M. A., Gruenenfelder-Steige, A. E., Ferrer, E. et al. 2015. "Do Parents Foster Self-esteem? Testing the Prospective Impact of Parent Closeness on Adolescent Self-esteem. " *Child Development* 86 (4): 995 –1013.

Harvey, J. and Delfabbro, P. H. 2011. "Psychological Resilience in Disadvantaged Youth: A Critical Overview. " *Australian Psychologist* 39 (1): 3 –13.

Hauser, S. T. 1999. "Understanding Resilient Outcomes: Adolescent Lives Across Time and Generations. " *Journal of Research on Adolescence* 9 (1): 1 –24.

He, F., Guan, H., Kong, Y. et al. 2014. "Some Individual Differences Influencing the Propensity to Happiness: Insights from Behavioral Economics. "

Social Indicators Research 119 （2）: 897 – 908.

Henley, R. 2010. "Resilience Enhancing Psychosocial Programmes for Youth in Different Cultural Contexts: Evaluation and Research. " *Progress in Development Studies* 10 （4）: 295 – 307.

Howard, S. and Johnson, B. 2000. "What Makes the Difference? Children and Teachers Talk About Resilient Outcomes for Children 'at Risk'. " *Educational Studies* 26 （3）: 321 – 337.

Hu, J. and Ai, H. 2016. "Self-esteem Mediates the Effect of the Parent-adolescent Relationship on Depression. " *Journal of Health Psychology* 21 （6）: 897 – 904.

Jacelon, C. S. 1997. "The Trait and Process of Resilience. " *Journal of Advanced Nursing* 25 （1）: 123 – 129.

Jia, Z. and Tian, W. 2010. "Loneliness of Left-behind Children: A Cross-sectional Survey in a Sample of Rural China. " *Child Care Health & Development* 36 （6）: 812 – 817.

Johnson, J. G. , Liu, L. , and Cohen, P. 2011. "Parenting Behaviors Associated with the Development of Adaptive and Maladaptive Offspring Personality Traits. " *The Canadian Journal of Psychiatry* 56 （8）: 447 – 456.

Johnson, M. D. and Galambos, N. L. 2014. "Paths to Intimate Relationship Quality from Parent-adolescent Relations and Mental Health. " *Journal of Marriage and Family* 76 （1）: 145 – 160.

Jouriles, E. N. , Rosenfield, D. , McDonald, R. et al. 2014. "Child Involvement in Interparental Conflict and Child Adjustment Problems: A Longitudinal Study of Violent Families. " *Journal of Abnormal Child Psychology* 42 （5）: 693 – 704.

Kim-Cohen, J. , Moffitt, T. E. , Caspi, A. et al. 2004. "Genetic and Environmental Processes in Young Children's Resilience and Vulnerability to Socioeconomic Deprivation. " *Child Development* 75 （3）: 651 – 668.

Kochanska, G. and Kim, S. 2013. "Early Attachment Organization with Both Parents and Future Behavior Problems: From Infancy to Middle Childhood. " *Child Development* 84 （1）: 283 – 296.

Krampe, E. M. 2009. "When Is the Father Really There? A Conceptual Reformulation of Father Presence. " *Journal of Family Issues* 30 (7): 875 – 897.

Kritzas, N. and Grobler, A. A. 2005. "The Relationship Between Perceived Parenting Styles and Resilience During Adolescence. " *Journal of Child and Adolescent Mental Health* 17 (1): 1 – 12.

Lamb, M. E. 2000. "The History of Research on Father Involvement: An Overview. " *Marriage & Family Review* 29 (2 – 3): 23 – 42.

Lamond, A. J. , Depp, C. A. , Allison, M. et al. 2009. "Measurement and Predictors of Resilience Among Community-dwelling Older Women. " *Journal of Psychiatric Research* 43 (2): 148 – 154.

Leidy, M. S. , Guerra, N. G. , and Toro, R. I. 2010. "Positive Parenting, Family Cohesion, and Child Social Competence Among Immigrant Latino Families. " *Journal of Family Psychology* 24 (3): 252 – 260.

Lieberman, M. , Doyle, A. B. , and Markiewicz D. 1999. "Developmental Patterns in Security of Attachment to Mother and Father in Late Childhood and Early Adolescence: Associations with Peer Relations. " *Child Development* 70 (1): 202 – 213.

Lin, K. K. , Sandler, I. N. , Ayers, T. S. et al. 2004. "Resilience in Parentally Bereaved Children and Adolescents Seeking Preventive Services. " *Journal of Clinical Child and Adolescent Psychology* 33 (4): 673 – 683.

Liu, Y. L. 2008. "An Examination of Three Models of the Relationships Between Parental Attachments and Adolescents' Social Functioning and Depressive Symptoms. " *Journal of Youth and Adolescence* 37 (8): 941 – 952.

Liu, Y. , Li, X. , Chen, L. et al. 2015. "Perceived Positive Teacher-student Relationship as a Protective Factor for Chinese Left-behind Children's Emotional and Behavioral Adjustment. " *International Journal of Psychology* 50 (5): 354 – 362.

Luk, J. W. , Farhat, T. , Iannotti, R. J. et al. 2010. "Parent-child Communication and Substance Use Among Adolescents: Do Father and Mother Communication Play a Different Role for Sons and Daughters? . " *Addictive Behaviors* 35 (5): 426 – 431.

Luthar, S. S. 2015. "Resilience in Development: A Synthesis of Research Across Five Decades." In *Developmental Psychopathology: Volume Three: Risk, Disorder, and Adaptation*, edited by D. Cicchetti and D. J. Cohen, pp. 739 – 795. New York, NY: Wiley.

Luthar, S. S., Cicchetti, D., and Becker, B. 2000. "The Construct of r = Resilience: A Critical Evaluation and Guidelines for Future Work." *Child Development* 71 (3): 543 – 562.

Luthar, S. S., Sawyer, J. A., and Brown, P. J. 2006. "Conceptual Issues in Studies of Resilience." *Annals of the New York Academy of Sciences* 1094 (1): 105 – 115.

Mandleco, B. L. and Peery, J. C. 2010. "An Organizational Framework for Conceptualizing Resilience in Children." *Journal of Child & Adolescent Psychiatric Nursing* 13 (3): 99 – 112.

Markstrom, C. A., Marshall, S. K., and Tryon, R. J. 2000. "Resiliency, Social Support, and Coping in Rural Low-Income Appalachian Adolescents from Two Racial Groups." *Journal of Adolescence* 23 (6): 693 – 703.

Martin, A., Ryan, R. M., and Brooks-Gunn, J. 2010. "When Fathers' Supportiveness Matters Most: Maternal and Paternal Parenting and Children's School Readiness." *Journal of Family Psychology* 24 (2): 145 – 155.

Martin, J., Bureau, J. F., Yurkowski, K. et al. 2016. "Family-based Risk Factors for Non-suicidal Self-injury: Considering Influences of Maltreatment, Adverse Family-life Experiences, and Parent-child Relational Risk." *Journal of Adolescence* 49: 170 – 180.

Martinez-Torteya, C., Anne Bogat G., Von Eye A. et al. 2009. "Resilience Among Children Exposed to Domestic Violence: The Role of Risk and Protective Factors." *Child Development* 80 (2): 562 – 577.

Masten, A. S. 2001. "Ordinary Magic: Resilience Processes in Development." *American psychologist* 56 (3): 227.

Masten, A. S. 2009. "Ordinary Magic: Lessons from Research on Resilience in Human Development." *Education Canada* 49 (3): 28 – 32.

Masten, A. S. 2007. "Resilience in Developing Systems: Progress and Promise

as the Fourth Wave Rises. " *Development and Psychopathology* 19 (3):
921 – 930.

Masten, A. S. 2011. "Resilience in Children Threatened by Extreme Adversity:
Frameworks for Research, Practice, and Translational Synergy. " *Develop-ment and Psychopathology* 23 (2): 493 – 506.

Masten, A. S. and Narayan, A. J. 2012. "Child Development in the Context of
Disaster, War, and Terrorism: Pathways of Risk and Resilience. " *Annual Review of Psychology* 63: 227 – 257.

Masten, A. S. and Obradović, J. 2006. " Competence and Resilience in
Development. " *Annals of the New York Academy of Sciences* 1094 (1): 13 –
27.

Masten, A. S. and Osofsky, J. D. 2010. "Disasters and Their Impact on Child
Development: Introduction to the Special Section. " *Child Development* 81
(4): 1029 – 1039.

Masten, A. S. and Reed, M. G. J. 2002. " Resilience in Development. " In
Handbook of Positive Psychology, edited by Snyder, C. R. and Lopez,
S. J., pp. 74 – 88. New York: Oxford University Press.

Mcbride, B. A., Dyer, W. J., Liu, Y. et al. 2009. "The Differential Impact
of Early Father and Mother Involvement on Later Student Achievement. "
Journal of Educational Psychology 101 (2): 498 – 508.

McHale, S. M., Updegraff, K. A., and Whiteman, S. D. 2012. "Sibling Re-lationships and Influences in Childhood and Adolescence. " *Journal of Mar-riage and Family* 74 (5): 913 – 930.

Michalos, A. C. 2014. *Encyclopedia of Quality of Life and Well-being Research.*
Berlin: Springer Netherlands.

Minuchin, P. 1985. "Families and Individual Development: Provocations from
the Field of Family Therapy. " *Child Development* 56: 289 – 302.

Morrison, G. M. and Allen, M. R. 2007. " Promoting Student Resilience in
School Contexts. " *Theory into Practice* 46 (2): 162 – 169.

Moullin, S., Waldfogel, J., and Washbrook, E. 2014. "Baby Bonds: Par-enting, Attachment and a Secure Base for Children. " https://www. suttontrust. com/wp-content/uploads/2014/03/baby-bonds-final. pdf.

Murphy, L. D. C. , Donohue, B. , Azrin, N. H. et al. 2003. "Adolescents and Their Parents: A Critical Review of Measures to Assess Their Satisfaction with One Another. " *Clinical Psychology Review* 23 (1): 129 – 170.

Muthén, L. K. and Muthén, B. O. 2010. *Mplus: Statistical Analysis with Latent Variables: User's Guide.* Los Angeles: Muthén & Muthén.

Neff, K. D. and McGehee, P. 2010. "Self-compassion and Psychological Resilience Among Adolescents and Young Adults. " *Self and Identity* 9 (3): 225 – 240.

Newman, T. and Blackburn, S. 2002. "Transitions in the Lives of Children and Young People: Resilience Factors. Interchange 78. " https://files. eric. ed. gov/fulltext/ED472541. pdf.

Olsson, C. A. , Bond, L. , Burns, J. M. et al. 2003. "Adolescent Resilience: A Concept Analysis. " *Journal of Adolescence* 26 (1): 1 – 11.

Peters, B. and Ehrenberg, M. F. 2008. "The Influence of Parental Separation and Divorce on Father-child Relationships. " *Journal of Divorce & Remarriage* 49 (1 – 2): 78 – 109.

Pinkerton, J. and Dolan, P. 2007. "Family Support, Social Capital, Resilience and Adolescent Coping. " *Child & Family Social Work* 12 (3): 219 – 228.

Ranson, K. E. and Urichuk, L. J. 2008. "The Effect of Parent-child Attachment Relationships on Child Biopsychosocial Outcomes: A Review. " *Early Child Development and Care* 178 (2): 129 – 152.

Raudino, A. , Fergusson, D. M. , and Horwood, L. J. 2013. "The Quality of Parent/Child Relationships in Adolescence Is Associated with Poor Adult Psychosocial Adjustment. " *Journal of Adolescence* 36 (2): 331 – 340.

Resnick, M. D. 2000. "Protective Factors, Resiliency, and Healthy Youth Development. " *Adolescent Medicine: State of the Art Reviews* 11 (1): 157 – 164.

Rew, L. and Horner, S. D. 2003. "Youth Resilience Framework for Reducing Health-risk Behaviors in Adolescents. " *Journal of Pediatric Nursing* 18 (6): 379 – 388.

Richardson, G. E. 2002. "The Metatheory of Resilience and Resiliency. " *Jour-

nal of Clinical Psychology 58 (3): 307 – 321.

Riesch, S. K. , Anderson, L. S. , and Krueger, H. A. 2006. "Parent-child Communication Processes: Preventing Children's Health-risk Behavior. " *Journal for Specialists in Pediatric Nursing* 11 (1): 41 – 56.

Rinaldi, C. M. and Howe, N. 2012. "Mothers' and Fathers' Parenting Styles and Associations with Toddlers' Externalizing, Internalizing, and Adaptive Behaviors. " *Early Childhood Research Quarterly* 27 (2): 266 – 273.

Ritchie, C. and Buchanan, A. 2010. "Self-report of Parenting Style, Socio-economic Status and Psychological Functioning in a Community Sample of 13 – 15-year-old Students. " *Journal of Social Work* 10 (3): 317 – 332.

Rooyackers, I. N. , De Valk, H. A. G. , and Merz, E. M. 2014. "Mother-child Relations in Adulthood: Immigrant and Nonimmigrant Families in the Netherlands. " *Journal of Cross-Cultural Psychology* 45 (4): 569 – 586.

Rueger, S. Y. , Malecki, C. K. , and Demaray, M. K. 2010. "Relationship Between Multiple Sources of Perceived Social Support and Psychological and Academic Adjustment in Early Adolescence: Comparisons Across Gender. " *Journal of Youth and Adolescence* 39 (1): 47 – 61.

Rutter, M. 2000. "Resilience Reconsidered: Conceptual Considerations, Empirical Findings, and Policy Implications. " In *Handbook of Early Childhood Intervention*, edited by Shonkoff J. P. , Meisels S. J. , pp. 651 – 682. New York: Cambridge University Press.

Rutter, M. 2006. "Implications of Resilience Concepts for Scientific Understanding. " *Annals of the New York Academy of Science* 1094 (1): 1 – 12.

Salzinger, S. , Feldman, R. S. , Rosario, M. et al. 2011. "Role of Parent and Peer Relationships and Individual Characteristics in Middle School Children's Behavioral Outcomes in the Face of Community Violence. " *Journal of Research on Adolescence* 21 (2): 395 – 407.

Sandhu, D. and Kaur, D. 2012. "Adolescent Problem Behavior in Relation to Emotional Autonomy and Parent-child Relationship. " *Canadian Social Science* 8 (1): 29 – 35.

Santiago, C. D. C. and Wadsworth, M. E. 2011. "Family and Cultural Influences on Low-income Latino Children's Adjustment. " *Journal of Clinical Child & Adolescent Psychology* 40 （2）: 332 – 337.

Schneider, B. H. , Atkinson, L. , and Tardif, C. 2001. "Child-parent Attachment and Children's Peer Relations: A Quantitative Review. " *Developmental Psychology* 37 （1）: 86 – 100.

Schofield, T. J. , Parke, R. D. , Kim, Y. et al. 2008. "Bridging the Acculturation Gap: Parent-child Relationship Quality as a Moderator in Mexican American Families. " *Developmental Psychology* 44 （4）: 1190 – 1194.

Semiz, U. B. , Basoglu, C. , Ebrinc, S. et al. 2007. "Childhood Trauma History and Dissociative Experiences Among Turkish Men Diagnosed with Antisocial Personality Disorder. " *Social Psychiatry and Psychiatric Epidemiology* 42 （11）: 865 – 873.

Shek, D. T. L. 1999. "Paternal and Maternal Influences on the Psychological Well-being of Chinese Adolescents. " *Genet Soc Gen Psychol Monogr* 125 （3）: 269 – 296.

Sippel, L. , Pietrzak, R. , Charney, D. et al. 2015. , "How Does Social Support Enhance Resilience in the Trauma-exposed Individual? . " *Ecology and Society* 20 （4）: 10.

Sroufe, L. A. 2005. "Attachment and Development: A Prospective, Longitudinal Study from Birth to Adulthood. " *Attachment & Human Development* 7 （4）: 349 – 367.

Su, S. , Li, X. , Lin, D. et al. 2013. "Psychological Adjustment Among Left-behind Children in Rural China: The Role of Parental Migration and Parent-child Communication. " *Child: Care, Health and Development* 39 （2）: 162 – 170.

Suárez-Orozco, Cerola, Todorova, I. L. G. et al. 2010. "Making Up for Lost Time: The Experience of Separation and Reunification Among Immigrant Families. " *Fam Process* 41 （4）: 625 – 643.

Tamis-LeMonda, C. S. 2004. "Conceptualizing Fathers' Roles: Playmates and More. " *Human Development* 47 （4）: 220 – 227.

Terrill, A. L. , Molton, I. R. , Ehde, D. M. et al. 2016. "Resilience, Age, and Perceived Symptoms in Persons with Long-term Physical Disabilities. " *Journal of Health Psychology* 21 (5): 640 – 649.

Tiet, Q. Q. , Bird, H. R. , Davies, M. et al. 1998. "Adverse Life Events and Resilience. " *Journal of the American Academy of Child & Adolescent Psychiatry* 37 (11): 1191 – 1200.

Toth, S. L. , Rogosch, F. A. , Sturge-Apple, M. et al. 2009. "Maternal Depression, Children's Attachment Security, and Representational Development: An Organizational Perspective. " *Child Development* 80 (1): 192 – 208.

Tusaie, K. , Puskar, K. , and Sereika, S. M. 2007. " A Predictive and Moderating Model of Psychosocial Resilience in Adolescents. " *Journal of Nursing Scholarship* 39 (1): 54 – 60.

Verma, P. and Talebi, B. Z. 2007. "Aggression and Attachment Security. " *Iranian Journal of Psychiatry* 2 (2): 72 – 77.

Verschueren, K. and Marcoen, A. 1999. "Representation of Self and Socioemotional Competence in Kindergartners: Differential and Combined Effects of Attachment to Mother and to Father. " *Child Development* 70 (1): 183 – 201.

Videon, T. M. 2005. "Parent-child Relations and Children's Psychological Wellbeing: Do Dads Matter? . " *Journal of Family Issues* 26 (1): 55 – 78.

Vyverman, V. and Vettenburg, N. 2009. "Parent Participation at School: A Research Study on the Perspectives of Children. " *Childhood* 16 (1): 105 – 123.

Wang, J. L. , Zhang, D. J. , and Zimmerman, M. A. 2015. " Resilience Theory and Its Implications for Chinese Adolescents. " *Psychological Reports* 117 (2): 354 – 375.

Ward, R. A. 2008. "Multiple Parent-adult Child Relations and Well-being in Middle and Later Life. " *The Journals of Gerontology Series B: Psychological Sciences and Social Sciences* 63 (4): S239-S247.

Wen, M. 2008. "Family Structure and Children's Health and Behavior: Data from the 1999 National Survey of America's Families. " *Journal of Family Issues* 29 (11): 1492 – 1519.

Wen, M. and Lin, D. 2012. "Child Development in Rural China: Children Left

Behind by Their Migrant Parents and Children of Non-migrant Families. " *Child Development* 83 (1): 120 – 136.

Werner, E. E. 2010. "High-risk Children in Young Adulthood: A Longitudinal Study from Birth to 32 Years. " *American Journal of Orthopsychiatry* 59 (1): 72 – 81.

Werner, E. E. and Smith, R. S. 1992. *Overcoming the Odds: High Risk Children from Birth to Adulthood.* New York: Cornell University.

White, B. , Driver, S. , and Warren, A. M. 2010. "Resilience and Indicators of Adjustment During Rehabilitation from a Spinal Cord Injury. " *Rehabilitation Psychology* 55 (1): 23 – 32.

Windle, G. 2011. "What Is Resilience? A Review and Concept Analysis. " *Reviews in Clinical Gerontology* 21 (2): 152 – 169.

Wingo, A. P. , Wrenn, G. , Pelletier, T. et al. 2010. "Moderating Effects of Resilience on Depression in Individuals with a History of Childhood Abuse or Trauma Exposure. " *Journal of Affective Disorders* 126 (3): 411 – 414.

Wissink, I. B. , Dekovic, M. , and Meijer, A. M. 2006. "Parenting Behavior, Quality of the Parent-adolescent Relationship, and Adolescent Functioning in Four Ethnic Groups. " *The Journal of Early Adolescence* 26 (2): 133 – 159.

Wong, D. F. K. 2006. "Differential Impacts of Stressful Life Events and Social Support on the Mental Health of Mainland Chinese Immigrant and Local Youth in Hong Kong: A Resilience Perspective. " *British Journal of Social Work* 38 (2): 236 – 252.

Wu, H. C. 2011. "The Protective Effects of Resilience and Hope on Quality of Life of the Families Coping with the Criminal Traumatisation of One of Its Members. " *Journal of Clinical Nursing* 20 (13 – 14): 1906 – 1915.

Ye, Jingzhong . 2011. "Left-behind Children: The Social Price of China's Economic Boom. " *Journal of Peasant Studies* 38 (3): 613 – 650.

Zakeri, H. , Jowkar, B. , and Razmjoee, M. 2010. "Parenting Styles and Resilience. " *Procedia-Social and Behavioral Sciences* 5: 1067 – 1070.

Zhao, J. , Liu, X. , and Wang, M. 2015. "Parent-child Cohesion, Friend Companionship and Left-behind Children's Emotional Adaptation in Rural

China. " *Child Abuse & Neglect* 48: 190 – 199.

Zhou, C., Sylvia, S., Zhang, L. et al. 2015. "China's Left-behind Children: Impact of Parental Migration on Health, Nutrition, and Educational Out-comes. " *Health Affairs* 34 (11): 1964 – 1971.

图书在版编目（CIP）数据

亲子关系与留守儿童的心理弹性：人口流动背景下
的实证分析 / 刘红升，靳小怡著. -- 北京：社会科学
文献出版社，2023.1
　　ISBN 978 - 7 -5228 -0952 -6

　　Ⅰ.①亲…　Ⅱ.①刘…②靳…　Ⅲ.①亲子关系 - 影
响 - 农村 - 少年儿童 - 心理健康 - 健康教育 - 研究 - 中国
Ⅳ.①G444

　　中国版本图书馆 CIP 数据核字（2022）第 196054 号

亲子关系与留守儿童的心理弹性
——人口流动背景下的实证分析

著　　者 / 刘红升　靳小怡

出 版 人 / 王利民
组稿编辑 / 高　雁
责任编辑 / 颜林柯
文稿编辑 / 张真真
责任印制 / 王京美

出　　版 / 社会科学文献出版社·经济与管理分社 （010）59367226
　　　　　　地址：北京市北三环中路甲 29 号院华龙大厦　邮编：100029
　　　　　　网址：www. ssap. com. cn
发　　行 / 社会科学文献出版社 （010）59367028
印　　装 / 三河市龙林印务有限公司

规　　格 / 开　本：787mm × 1092mm　1/16
　　　　　　印　张：18.75　字　数：308 千字
版　　次 / 2023 年 1 月第 1 版　2023 年 1 月第 1 次印刷
书　　号 / ISBN 978 - 7 -5228 -0952 -6
定　　价 / 138.00 元

读者服务电话：4008918866